21世纪全国高职高专旅游系列规划教材

旅行社计调实务

主　编　叶娅丽　陈学春
副主编　方　澜　金玉玲
　　　　李　嘉　吉凤娟

北京大学出版社
PEKING UNIVERSITY PRESS

内容简介

本书根据旅行社计调工作岗位对计调员在素质、知识、能力等方面的具体要求，以对计调工作岗位的职业能力分析结果为依据，打破了传统书籍的编排方式，以计调工作项目和工作任务流程为主线，按照循序渐进的学习规律及不同类型计调实际工作中的操作流程及侧重点，将内容分为旅行社计调认知、国内接待计调实务、国内组团计调实务、出境组团计调实务和入境接待计调实务 5 个项目。

本书可作为高职高专院校和本科院校旅游类专业课程教材，也可以作为旅行社计调员业务培训教材，还可供广大旅游从业人员参考使用。

图书在版编目(CIP)数据

旅行社计调实务/叶娅丽，陈学春主编．—北京：北京大学出版社，2013.7

(21 世纪全国高职高专旅游系列规划教材)

ISBN 978-7-301-22778-7

Ⅰ.①旅…　Ⅱ.①叶…②陈…　Ⅲ.①旅行社—企业管理—高等职业教育—教材　Ⅳ.①F590.63

中国版本图书馆 CIP 数据核字(2013)第 146262 号

书　　名：旅行社计调实务
著作责任者：叶娅丽　陈学春　主编
责 任 编 辑：刘国明
标 准 书 号：ISBN 978-7-301-22778-7/F·3662
出 版 发 行：北京大学出版社
地　　址：北京市海淀区成府路 205 号　100871
网　　址：http://www.pup.cn　新浪官方微博：@ 北京大学出版社
电 子 信 箱：pup_6@ 163.com
电　　话：邮购部 62752015　发行部 62750672　编辑部 62750667　出版部 62754962
印　刷　者：山东百润本色印刷有限公司
经　销　者：新华书店
787 毫米×1092 毫米　16 开本　18 印张　423 千字
2013 年 7 月第 1 版　2019 年 7 月第 7 次印刷
定　　价：35.00 元

前　言

《旅行社计调实务》项目教材打破了传统教材按照教学章节设计的编排方式，以计调工作项目和工作任务流程为主线，依据计调种类和工作流程，合理设置课程项目和教学任务，将计调工作所需理论知识、实践融为一体，对学生的能力训练过程进行精心设计，从而优化了教学效果，具体表现在以下几个方面。

1）内容选择符合职业教育的要求，注重培养学生的核心能力，充分体现了职业性。

本书根据旅行社计调工作岗位对计调员在素质、知识、能力等方面的具体要求，设置了旅行社计调认知、国内接待计调实务、国内组团计调实务、出境组团计调实务和入境接待计调实务 5 个项目。每个项目分别设置了若干具体教学任务。全书理论讲解精练、浅显易懂，每个任务都配有针对性强的模拟实训和丰富的实际案例，理论与实践紧密结合；内容选取注重培养学生的学习能力、实践能力、创新能力和可持续发展能力，体现了职业教育的规律，反映了职业教育的基本要求，充分体现了职业性。

2）体例完整，风格清新，形式多样，增强了可读性，降低了学习难度。

本书在贯彻“素质、知识、能力”三位一体原则的基础上，力求在编写风格和表达形式方面有所突破，运用了较多图片、表格、流程图、案例、仿真实训等，能提高学生的学习兴趣和操作能力。体例完整，每个项目均设置了项目概述、知识目标、能力目标、同步练习等主要教学环节。每个任务均以“任务导入—任务分析—任务实训—任务完成”为线索来组织安排，符合旅行社的工作实际与学生的认知规律。每个项目都配有同步练习题，便于学生从不同的角度来掌握计调知识，提高实践能力，降低了学习难度。

3）配套资源丰富，便于教师和学生共享。

本书的配套资源有课程标准、教学实施方案、授课计划、同步练习及参考答案、试题库及参考答案、PPT 教学课件、实训项目、案例库等资源，供教师和学生共享。

4）校企合作共同开发，资料来源于不同的旅行社，突出了实用性。

本书由教学经验丰富的高职院校教师和实践经验丰富的旅行社专家共同编写，具有系统的理论知识，可以提升计调员的理论水平，又具有很强的可操作性，可以帮助计调员提高操作能力。书中的所有案例、表格、行程、报价等资料均来自于不同类型的旅行社，无缝对接旅行社，保证了教材的实用性。

本书由叶娅丽、陈学春任主编，方澜、金玉玲、李嘉、吉凤娟任副主编，具体分工如下。绵阳职业技术学院方澜编写项目 1；成都纺织高等专科学校陈学春编写项目 2；成都纺织高等专科学校叶娅丽负责全书的整体规划和各章的修改工作，并编写项目 3、项目 4；安徽池州职业技术学院金玉玲编写项目 5；四川师范大学李嘉负责部分统稿工作，制作了项目1~3课件，长春职业技术学院吉凤娟负责部分统稿工作，制作项目4~5课件。

编者在编写本书的过程中，得到了四川康辉国际旅行社有限公司孟友、王德海、毛力爽、沈锦、伍婷婷，四川省中国国际旅行社的梁东、吴建蓉、陈奇、郭倩，成都京都旅行社肖军、黄英、吴迪、蒋春梅，四川省中国青年旅行社的曾莉云、李玉洁、张慧，四川新东方国际旅行社倪春艳等同志的大力帮助，并获得了旅行社真实的一线资料，增强了本书的实用性。在此，对以上各位的付出表示深深的感谢。另外，编者在编撰过程中参阅了大量国内外研究资料，查阅了一些旅游网站，在百度等网站收集了一些风景图片和资料，书中未能一一注明出处，在此，对原创作者表示诚挚的感谢。

由于编者水平及资料所限，加之时间仓促，本书在内容、体例编排等方面尚有不足之处，敬请读者批评指正，以便今后再作修订，使之更加完善。

编　者

2013年2月

目　录

1 旅行社计调认知

项目概述

本项目主要介绍旅行社和计调部的基本知识。首先，介绍旅行社的经营范围、主要业务、基本职能、组织结构及主要岗位；其次，介绍计调业务、计调员、计调部的相关知识。该项目分为两个任务，每个任务按照“任务导入—任务分析—任务实训—任务完成”来组织安排。

知识目标

1. 了解旅行社的经营范围。
2. 明确旅行社的主要业务和基本职能。
3. 掌握旅行社的主要工作部门和工作岗位。
4. 掌握旅行社计调业务和计调员的相关知识。

能力目标

1. 能通过旅行社调研，正确区分旅行社的各种职能和主要业务。

2. 能通过旅行社调研，正确地分清计调员的业务范围和工作职责。

任务 1.1　旅行社认知

【任务导入】

▶案情介绍

某地接社和组团旅行社约定，负责接待旅游团来当地度假。地接社立即着手开始准备，向当地一家三星级宾馆发出订房传真，要求预订 5 月 1~4 日 47 人共 24 间房间，房价、标准按照原来的协议。宾馆当天传真回复，每天只能安排 15 间左右客房。5 月 1 日，47 位旅游者如期来到宾馆，宾馆以该地接社未确认为由，只为旅行社提供了 15 间客房。由于正值黄金周期间，该市宾馆爆满，一直到 22：00，17 位旅游者依旧不能入住，旅游者对此表示了强烈的不满。为了稳定旅游者的情绪，地接社临时让旅游者入住当地一家五星级宾馆的总统套房和普通套房。虽然地接社为此多支出 8000 元，尚有部分旅游者在饭店住地铺。为了安抚旅游者的情绪，旅行社通过加餐、免费增加景点等办法对客户进行弥补，额外支出共 1 万多元。该地接社向有关管理部门投诉，要求宾馆赔偿该公司所遭受的全部损失。

▶问题

1. 旅行社与饭店之间的合同关系是否成立？为什么？

2. 旅行社的额外损失是否应当由宾馆来承担？为什么？

▶案例解析

1. 合同不成立。合同的成立，必须经过要约和承诺两个阶段。该旅游租赁成立与否，是看旅行社发出租赁客房的要约、宾馆的承诺是否符合法律规定。按照《中华人民共和国合同法》的规定，承诺生效的条件之一，是承诺必须与要约的内容相一致。在该案例中，旅行社要求租赁 24 间客房，而宾馆只能提供 15 间客房，宾馆的回复和旅行社的要约不一致，宾馆的回复不属于承诺，所以该合同不成立。

2. 既然旅行社与宾馆之间的租赁合同关系不成立，宾馆就没有为旅行社提供客房的义务。旅行社的损失与宾馆不提供客房没有因果关系，旅行社的损失只能由自己承担。

【任务分析】

作为计调员，必须要对旅行社的基本情况有详细的了解，要掌握旅行社的经营范围、主要业务、基本职能、组织结构和主要工作岗位，现分析如下。

1.1.1　旅行社的经营范围

2009年2月20日国务院颁布的《旅行社条例》第二条规定："本条例适用于中华人民共和国境内旅行社的设立及经营活动。本条例所称旅行社，是指从事招徕、组织、接待旅游者等活动，为旅游者提供相关旅游服务，开展国内旅游业务、入境旅游业务或者出境旅游业务的企业法人。"该规定表明了旅行社的经营范围包括3个方面。

1. 国内旅游业务

国内旅游业务，是指旅行社招徕、组织和接待中国内地居民在境内旅游的业务。

2. 入境旅游业务

入境旅游业务，是指旅行社招徕、组织、接待外国旅游者来我国旅游，香港特别行政区、澳门特别行政区旅游者来内地旅游，台湾地区居民来大陆旅游，以及招徕、组织、接待在中国内地的外国人，在内地的香港特别行政区、澳门特别行政区居民和在大陆的台湾地区居民在境内旅游的业务。

3. 出境旅游业务

出境旅游业务，是指旅行社招徕、组织、接待中国内地居民出国旅游，赴香港特别行政区、澳门特别行政区和台湾地区旅游，以及招徕、组织、接待在中国内地的外国人，在内地的香港特别行政区、澳门特别行政区居民和在大陆的台湾地区居民出境旅游的业务。

国内旅游业务和入境旅游业务所有的旅行社都可以经营，经营出境旅游业务就需要重新申请。旅行社取得经营许可满两年，在两年中未因侵害旅游者合法权益受到行政机关罚款以上处罚的，可以向国务院旅游行政主管部门或者其委托的省、自治区、直辖市旅游行政管理部门提出申请经营出境旅游业务，受理申请的旅游行政管理部门自受理申请之日起20个工作日内做出许可或者不予许可的决定。获得许可就可以经营出境旅游业务，没有获准许可则不能经营出境旅游业务。

相关链接 1-1

2012 年全国旅行社各项业务收入和百分比

国家旅游局监督管理司发布《关于 2012 年度全国旅行社统计调查情况的公报》，公报指出：截止 2012 年底，全国旅行社的总数为 24944 家，同比增长 5.29%。

2012 年度全国旅行社营业收入 3374.75 亿元，同比增长 17.51%；营业成本 3141.51 亿元，同比增长 18.05%；营业利润 24.58 亿元，同比增长 11.17%；利润总额 31.16 亿元，同比增长 44.55%；营业税金及附加 14.71 亿元，同比增长 12.62%；所得税 7.16 亿元，同比减少 6.05%；旅游业务营业收入 3096.75 亿元，同比增长 17.90%；旅游业务利润 148.28 亿元，同比增长 11.82%。

2012 年度全国旅行社国内旅游营业收入 1878.33 亿元，同比增长 12.35%，占全国旅行社旅游业务营业收入总量的 60.65%；国内旅游业务利润 87.01 亿元，同比增长 9.75%，占全国旅行社旅游业务利润总量的 58.68%。

2012 年度全国旅行社出境旅游营业收入 936.06 亿元，同比增长 40.11%，占全国旅行社旅游业务营业收入总量的 30.23%；出境旅游业务利润为 44.67 亿元，同比增长 24.25%，占全国旅行社旅游业务利润总量的 30.13%。

2012 年度全国旅行社入境旅游营业收入 282.36 亿元，同比减少 1.46%，占全国旅行社旅游业务营业收入总量的 9.12%；入境旅游业务利润为 16.59 亿元，同比减少 4.43%，占全国旅行社旅游业务利润总量的 11.19%。见图 1.1。

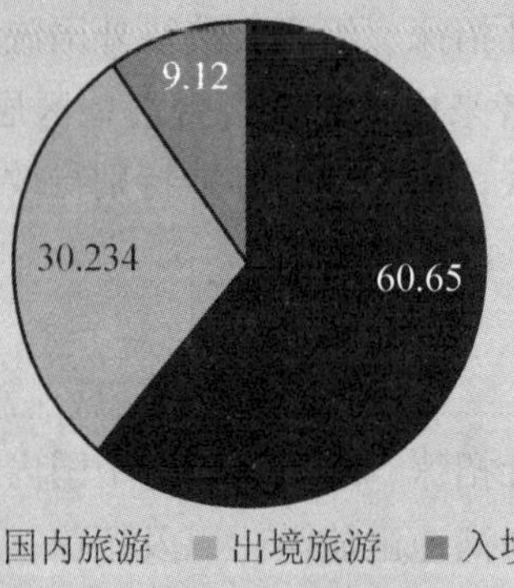

图 1.1 2012 年旅行社各项业务收入和百分比

1.1.2 旅行社的主要业务

由于旅行社在所属类型和企业规模方面存在较大差异，各种旅行社经营的业务范围也各不相同。尽管如此，旅行社的基本业务却大致相同。一般来说，按照旅行社的操作流程，其基本业务可以划分为旅行社产品设计与开发、旅行社产品销售、旅游服务采购、旅游服务接待4个方面。

1. 旅行社产品设计与开发业务

按照旅行社业务操作流程，其第一项业务是产品设计与开发，是旅行社的基础性业务。在激烈的市场竞争中，旅行社能否立于不败之地很大程度上取决于旅行社产品的竞争力。产品设计与开发的决定因素主要包括资源禀赋、设施配置和旅游需求3个方面。旅行社产品的设计与开发业务包括产品设计、产品试产与试销、产品投放市场和产品效果检查评估4项内容。

（1）旅行社在市场调查的基础上，根据对旅游市场需求分析和预测，结合本旅行社的业务特点、经营实力及各种旅游服务供应的状况，设计出各种能够对旅游者产生较强吸引力的产品。

（2）旅行社将设计出来的产品进行小批量的试产和试销，以考察产品的质量和旅游者对其喜爱的程度。

（3）当产品试销成功后，旅行社应将产品成批量地投放市场，以扩大销路，加速产品投资的回收和赚取经营利润。

（4）旅行社应定期对投放市场的各种产品进行检查和评价，并根据检查与评价的结果对产品相应地进行完善和改进。

2. 旅行社产品销售业务

在市场经济条件下，如果没有畅通的销售渠道，没有行之有效的销售策略，产品的价值或使用价值均无法得以实现，消费者的需求也无法得到满足，旅游产品价值和使用价值的实现同样如此。旅游产品存在生产与消费同一性的特点，使得旅游产品销售对销售渠道的依赖较其他产品的销售表现得更为明显。旅行社销售业务主要包括制定产品销售战略、选择产品销售渠道、制定产品销售价格和开展旅游促销4项内容。

（1）旅行社根据产品成本、市场需求、竞争状况等因素制定产品的价格。

（2）旅行社根据所确定的目标市场选择适当的产品销售渠道。

（3）旅行社根据其经营实力和目标市场来确定与实施旅行社的销售战略。

（4）选择适当的促销手段，以便将旅行社产品的信息传递到旅游客源市场，引起旅游者的购买欲望，促进更多产品的销售。

3. 旅游服务采购业务

旅游服务采购是指旅行社为组合旅游产品而以一定的价格向其他旅游企业及与旅游业相关的其他行业和部门购买相关服务项目的行为。旅行社与其他旅游企业和服务部门既是客户关系，又是战略伙伴关系。协作网络是旅行社旅游服务采购的保障，而旅游服务采购的管理直接关系到旅行社产品的质量和成本。

旅游活动的基本要素包括食、住、行、游、购、娱等方面，旅游者的需要是通过以上几方面的满足来获取的。旅行社作为旅游活动的中间商，其主要的功能就是将与旅游活动有关的食、住、行、游、购、娱等各项服务有机结合起来，去满足旅游者的整体性需要。然而，以上这些项目的服务，都不是旅行社自己直接生产提供的，旅行社必须与交通部门、参观游览部门、住宿部门、餐饮部门、购物部门、娱乐部门、保险公司及相关的旅行社等企业进行协作联系，向他们采购各类旅游服务，以保证旅游者所需各项服务的供给。另外，组团旅行社还需要向旅游线路沿途的各地接待旅行社采购接待服务。

为保证旅行社和相关旅游企业各自利益的实现，旅行社与各相关旅游企业和部门之间的关系应建立在合同的基础之上，才能避免可能发生的纠纷，做到互惠互利、友好合作，保证旅行社采购到高质量的旅游产品，以满足旅游者整体性的旅游需要。

4. 旅游服务接待业务

旅行社的接待工作是对已经预订旅游产品或服务的旅游者，在其到达目的地后提供这些产品或服务，使其圆满地实现此次出游的目的。这一过程往往是通过与各种旅游服务部门的合作完成的。旅游者结束旅游活动以后，旅行社还应该提供售后服务，解决旅游者可能存在的问题，并与旅游者保持联系。虽然像家用电器等的工业产品的厂商都承诺有售后服务，但一般都是在购买以后出现了故障或质量问题的情况下，消费者才会主动联系厂商的售后服务机构。而旅行社则无论是否出现服务质量问题都要提供售后服务，即应该在旅游者返程的第二天，旅行社的经理或主管业务人员就应主动与旅游者联系，表示对旅游者的关怀并征询意见。如果旅游者有投诉，经理或主管业务人员首先应以诚恳的态度表示歉意，然后妥善处理好问题，给旅游者一个满意的答复。

由于旅游产品存在着生产与消费的同一性特点，决定了接待过程也就是旅游产品的消费过程，同时也是旅行社提供旅游服务、实现旅游产品价值的过程。旅行社接待服务水平的高低决定着旅游者对产品质量评价的高低，关系到旅游者需求的满足程度，也影响到一个国家或地区的声誉，反映了一个旅行社的总体经营管理水平，决定着旅行社发展的未来。

相关链接 1-2

2012 年度全国旅行社集团十强见表 1-1。

表1-1 2012年度全国旅行社集团十强

名次	许可证编号	旅行社名称
1	L-BJ-CJ00003	中青旅控股股份有限公司
2	L-SH-CJ00009	上海春秋国际旅行社（集团）有限公司
3	L-BJ-CJ00002	中国旅行社总社有限公司
4	L-BJ-CJ00001	中国国际旅行社总社有限公司
5	L-GD-CJ00002	广东省中国旅行社股份有限公司
6	L-BJ-CJ00011	中国康辉旅行社集团有限责任公司
7	L-SH-CJ00002	上海锦江国际旅游股份有限公司
8	L-GD-CJ00004	广州广之旅国际旅行社股份有限公司
9	L-HUN-CJ00002	湖南省亲和力旅游国际旅行社有限公司
10	L-SH-CJ00011	上海航空国际旅游（集团）有限公司

1.1.3 旅行社的基本职能

旅行社既是为旅游者提供旅行服务的专门机构，又是连接旅游供给者和旅游需求者的中介组织。虽然不同国家和地区的旅行社具有本国或本地区的特点，然而，作为向旅游者提供各种有偿服务的旅游企业，各国和各地区的旅行社在企业职能和经营业务方面也有许多共同之处。现代旅行社最基本的职能就是满足旅游者在旅行和游览方面的各种需要，协调和帮助交通、食宿、景点、娱乐场所和旅游商店等服务供应部门将其旅游服务产品销售给旅游者。

1. 生产职能

旅行社的生产职能也可以称之为组装职能，是指旅行社设计和组装各种包价旅游产品的职能。旅行社类似工厂里的组装车间，以低于市场的价格向饭店、旅游交通和其他相关部门批量购买旅游者所需要的各种产品要素（服务项目），然后进行设计、组装和加工，同时融入旅行社自身的理念和特色，形成含有自己服务内容的旅游包价产品，出售给旅游消费者。对团体旅游而言，旅行社最终出售的是一件完整的旅游产品，而非组成旅游产品的零散服务项目。旅游者也可以直接向旅游要素供给部门和企业直接购买各个单项的旅游产品，但因购买数量有限，难以获得理想的价格，也不能享受旅行社提供的相关服务。因此，旅行社出售的不是简单的服务项目，而是经过精心设计、加工和装配的综合产品。从这一意义而言，旅行社具有生产职能。

2. 销售职能

旅行社是营利性组织，它不仅需要在旅游市场上销售自己的旅游产品，而且还承担着旅游者和各旅游服务部门之间的媒介与桥梁作用。旅行社在销售自身包价旅游产品的同时，也代理销售旅游服务供应部门和企业的各种单项服务项目，如旅行社为旅游者代购、代订车船票、机票等。由于受到空间、时间、价格等多种因素的影响，旅游者要在对旅游目的地一无所知或知之不多的情况下，广泛搜集有关旅游信息，办理各种繁琐的旅游手续，特别是当旅游者所需要的不仅是本国或本地区的个别旅游服务项目，而是一种跨国界、综合性的旅游产品时，这种状况无疑会在一定程度上使旅游者自行外出旅游受到一定限制。旅行社正是迎合消费者的需要，承担起沟通买卖双方的任务，使得旅游产品更加顺利地进入消费领域，从而被旅游者所了解和接受。因此，旅行社在旅游产品销售过程中具有十分重要的作用。

3. 组织协调职能

旅行社要保障旅游活动的顺利进行，离不开旅游业各个部门和其他相关行业的合作与支持，旅行社需要做大量的协调工作。首先，旅行社必须组织协调好旅游行业内的各种关系，如为满足旅游者食、住、行、游、购、娱等多方面的需要，旅行社需要协调好与各个旅游服务部门之间的关系；其次，旅行社还需要协调行业外的各种关系，如为保证旅游者顺利出行，旅行社可能要协调海关、边防检查、卫生检疫、外事、侨务、公安、交通管理等各方面的业务关系，从而保障旅游者旅游活动过程中各个环节的衔接和落实。

4. 分配职能

旅游者在旅游活动过程中的消费是多种多样的，特别是在包价旅游的情况下，旅游者通常一次性预付全部或部分费用。这不仅意味着旅行社要根据旅游者的要求，在不同的旅游服务项目之间合理分配旅游者的支出，以最大限度地满足旅游者的需要，而且还要在旅游活动结束后，根据接待过程中的各相关部门提供的服务的数量和质量合理分配收入。

5. 提供信息职能

作为旅游产品的重要销售渠道，旅行社始终处于旅游市场的最前沿，熟知旅游者的需求变化、市场动态及发展趋势。旅行社将这些信息及时提供给各有关部门和企业，有利于它们调整产品结构和改善经营管理（见图 1.2）。例如，旅行社将散客旅游日趋发展、旅游者对参与性旅游的兴趣增大及随着人均期望寿命延长，老年人外出旅游率增长幅度较大等市场信息传达给有关部门和企业，引起他们的重视，及时采取相应对策，推出新的散客旅游产品、参与性旅游产品和老年旅游产品，以满足旅游者的需要，并从销售这些产品中获得经济收益。

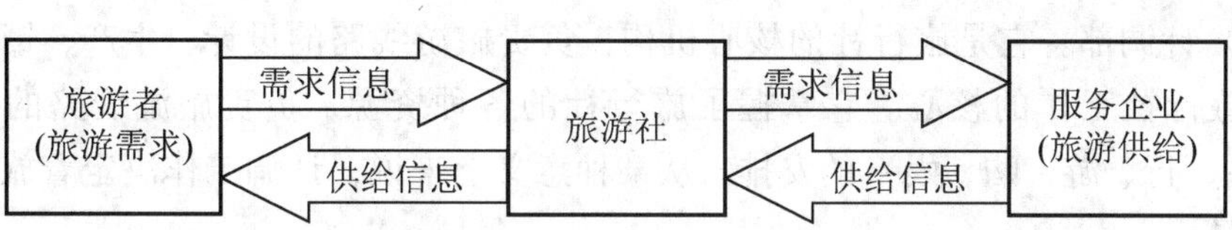

图 1.2 旅行社信息流动图

另外，旅行社利用自身与旅游者的接触最频繁和最直接，在旅游者中间享有一定的声誉和旅游者对其信赖等有利条件，将旅游目的地本身及各相关部门和企业最新发展与变化的信息及时、准确、全面地传递到旅游市场，促使旅游者选择和购买有关的旅游产品。

1.1.4 旅行社的组织结构

各个旅行社的组织结构是不一样的，任何一种组织结构都不是完美的，各有其利弊。旅行社在设计组织结构的时候，应该视旅行社的具体情况而定，并在适应环境变化的过程中不断调整和完善。采用什么组织形式的组织结构，关键是看其是否利于旅行社业务的拓展，是否有利于旅行社发挥出最大的效能和实现旅行社目前的任务。目前旅行社常用的组织结构有直线职能制和市场部门制两种。

1. 直线职能制组织结构

直线职能制又称按照职能设置部门，是旅行社比较常见的组织结构（见图 1.3）。旅行社按照内部生产过程，划分和设立业务部门和管理部门，形成专业化职能组织。业务部门主要是外联部、计调部、接待部、综合业务部。这些部门履行专业化组织职能。管理部门一般有办公室、人力资源部、财务部等，为旅行社经营管理提供决策咨询与监督指导。

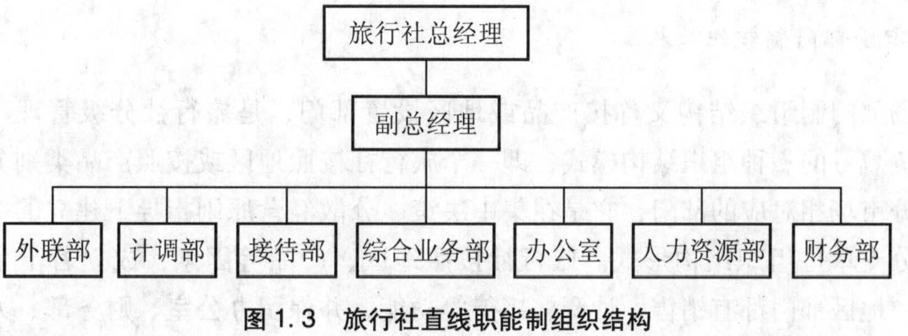

图 1.3 旅行社直线职能制组织结构

1）设置的主要业务部门

（1）外联部，又称市场部、销售部、市场营销部。其主要业务是旅行社产品的营销机构，负责根据旅行社在不同时间、不同地域的重点和特色旅游产品开展营销活动。

（2）计调部。它是旅行社的核心机构，负责旅游线路的设计、生产、销售和运行，是旅行社工作的核心。它掌握了旅行社的各种资源，负责旅游线路的各要素（食、住、行、游、购、娱）的安排。从某种意义上来说，计调工作决定着旅行社的工作质量。

（3）接待部。它由不同语种的导游人员组成，主要负责接待计划的执行。它的工作性质就是服务，具体说接待部派出导游员作为地方陪同或全程陪同，为满足旅游者食、住、行、游、购、娱等方面的需要而服务。

（4）综合业务部。它是旅行社多功能、带有拓展业务性质的综合部门。它同时具有某些职能部门的特征，主要承担旅行社散客旅游业务和单项委托业务，包括散客接待、票务、行包业务、临时任务、VIP 接待等。

2）直线职能制的优点

（1）权力高度集中。这种形式采取了直线型管理结构，高层与下层是直接的管理关系，单线领导，有利于提高管理效率和管理者的权威。

（2）结构简单。上下级关系清楚，管理人员较少。

（3）分工明确。在这一组织结构中，各个部门都有明确的职能，每个员工对自己应承担的工作都有明确的了解，确保工作的实施和完成。

3）直线职能制的缺点

（1）决策过于集中。管理人员拥有绝对的权力，如果出现了决策失误将会给组织带来巨大的损失。

（2）各个职能部门之间协调困难。往往只重视本部门的利益，而忽视整体利益，旅行社实现整体日标的能力容易被削弱。容易形成外联买菜、计调做菜、接待吃菜、总经理洗碗筷的局面。

（3）组织结构缺乏弹性。同一层次之间的部门缺乏必要的联系和配合，难以迅速对市场做出反应。

2. 市场部门制组织结构

市场部门制组织结构又称按产品或地区设置部门，是旅行社分级管理、分级核算、自负盈亏的一种组织结构模式，即一个旅行社按照地区或按照产品类别分成若干个与细分市场相对应的部门，它是在集中决策、分散经营原则指导下建立的一种分权式的多分支单位组织结构形式。旅行社按照地区、产品等因素，成立若干个地区部门，每一地区部门都有销售、计调、接待等功能，并保留办公室、财务部、人力资源部等职能部门（见图 1.4）。

1）设置的主要部门

设置的主要部门有业务部门和管理部门。业务部门分为省内旅游部、省外旅游部、出境旅游部、入境旅游部、采购部、市场部及服务网点等部门；管理部门分为办公室、财务部和人力资源部等部门。

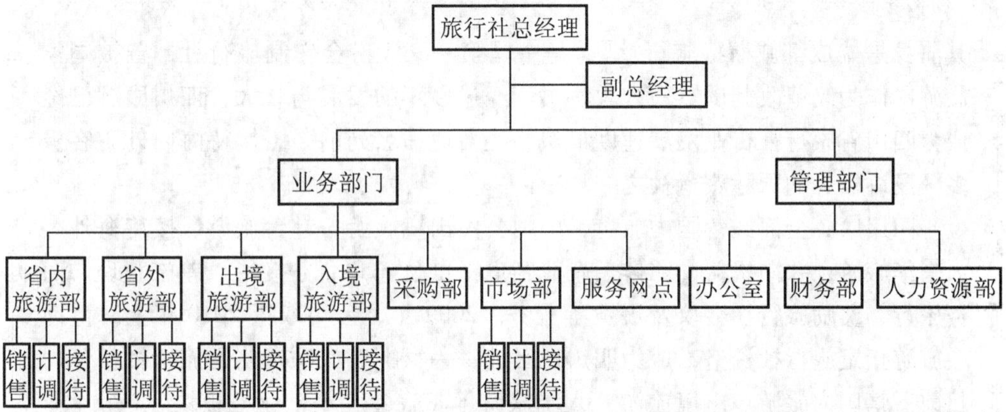

图 1.4　旅行社市场部门制组织结构

2）市场部门制的优点

（1）旅行社最高管理层是最高决策管理机构。它既能把握事业发展决策、资金分配、人事安排3个方面的决策权，以防止各行其是，又能够摆脱日常事务，把主要精力放在研制企业发展总目标、总任务、总计划及各项重大决策上。

（2）各个部门功能齐全。旅行社各个主要部门大都具有销售、计调和接待功能，有利于发挥各部门工作的能动性。

（3）有利于旅行社的发展。按产品和市场划分部门，对内有利于减少内部摩擦与冲突，对外有利于扩大影响，拓展客源市场。

3）市场部制的缺点

（1）对部门经理的素质要求较高。每个部门都相当于一个独立的旅行社，部门经理既要全面熟悉业务，掌握市场变化动向，了解特定旅游者的需求，又要具有丰富的管理知识与经验，一旦用人不当，会给旅行社带来严重损失。

（2）管理成本较高。由于旅行社成立了若干个部门，大多部门都有销售、计调、接待等功能，这容易造成资源的重复配置，必然会增加成本费用支出。

没有市场部制结构模式，就没有现代市场经济。虽然市场部制产生于20世纪初，但是，与现代市场竞争相适应的特点，决定了它目前仍然是现代企业组织结构模式的主要类型。

相关链接1-3

四川康辉国际旅行社有限公司的组织结构

四川康辉国际旅行社有限公司（以下简称“四川康辉”）是国有控股企业，控股股东是中国康辉旅游集团。经国家批准，本公司具有特许经营中国公民出境旅游资质及指定经营赴台湾旅游组团社资质。四川康辉成立于1993年，其前身是“成都威斯特旅行社”，是中国第一家股份合作制旅行社，曾被国家旅游局作为改革改制试点写入教科书。经过多年的发展与壮大，四川康辉已经成为四川省旅行社行业发展速度最快、经营业绩名列前茅、接待海内外游客极多、投诉极少的国际旅行社之一。

四川康辉全面经营国内旅游，中国公民出境旅游、赴台旅游、接待海外客人来华旅游，并向机关、团体、企业客户提供公务和商务接待、差旅管理、商务旅行、奖励旅行、会议及展览等服务。2009 年，公司取得 2010 年上海世博会旅游指定旅行社资格，成为四川地区唯一一家拥有该项资格的旅行社。公司目前下辖国内旅游、出境旅游、入境旅游、商旅会展 4 个业务板块、1 个专业营销板块和遍布全省的营业网络 100 个，其销售终端遍及成都市、郊县和省内各市（州）（见图 1.5）。

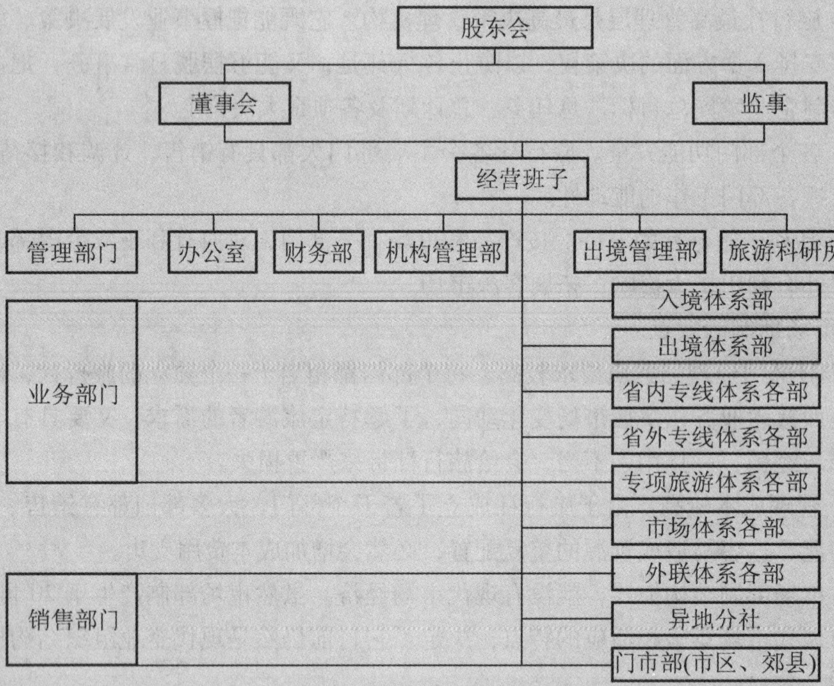

图 1.5　四川康辉组织结构图

1.1.5　旅行社的主要工作岗位

目前，旅行社设置的主要工作岗位有导游、计调、销售、产品开发、票务及行政等（见图1.6）。其中，导游岗位又分为全陪[1]、地陪[2]、领队等岗位；计调岗位又分为组团计调岗位（国内组团计调岗位、出境组团计调岗位）和接待计调岗位（国内接待计调岗位、入境接待计调岗位）；销售岗位又分为同行销售岗位和服务网点的直客销售岗位。每个旅行社根据自己的业务范围还可以设置不同的岗位。

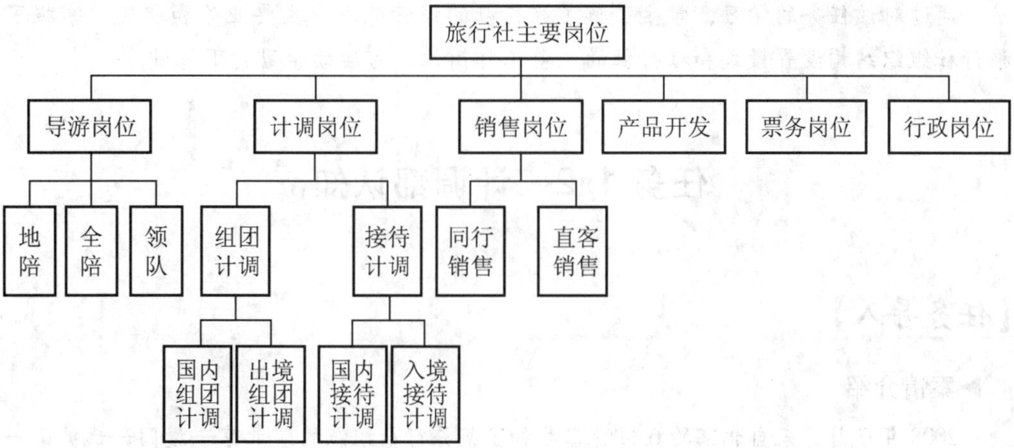

图1.6 旅行社设置的主要岗位

【任务实训】

认知旅行社

▶实训目的

了解旅行社的经营范围，掌握旅行社组织结构设置类型。

▶实训内容

选择学校所在地的旅行社进行调研，了解旅行社的经营范围和组织结构设置模式。

▶实训步骤

第一步：老师先在本地选择几家不同类型的旅行社。

第二步：把学员分成几个小组，每个小组负责对一家旅行社进行调查。重点调查该旅行社的具体业务、工作流程、组织结构的设置情况。

第三步：对调查结果进行总结，并归纳整理，以小组为单位进行交流。

第四步：由教师归纳旅行社的业务经营范围和组织结构的设置情况。

---

① 全程陪同人员简称全陪，是指受组团旅行社委派，作为组团社的代表，在领队和地方陪同人员的配合下实施接待计划，为旅游团（者）提供全程陪同服务的工作人员。

② 地方陪同人员简称地陪，是指受组团旅行社委派，代表接待旅行社实施接待计划，为旅游团（者）提供其工作地区的旅游活动安排、讲解、翻译等服务的工作人员。

▶**实训成果**

绘制旅行社组织结构图。

【任务完成】

通过对该任务的学习，学生了解了旅行社的经营范围、主要业务和职能，掌握了旅行社组织结构设置模式和旅行社的主要工作岗位，为后续学习打下基础。

任务 1.2 计调部认知

【任务导入】

▶**案情介绍**

2008 年 7 月，来自北京的 6 位游客参加了某旅行社组织的“北京—厦门—武夷山—福州六日游”，费用不低，但接待质量却令人遗憾。旅行团一行下午到达厦门，本来大家肚子都很饿，但晚餐却令人难以下咽，无奈大家只得自己出去吃大排档。第二天到鼓浪屿游览，事前已订好了 19∶00 的飞机票去武夷山，但 17∶00 导游才带大家到餐厅吃饭，且等了很久才上菜，还先上青菜，将好菜放在后头，等到菜刚上齐，导游又催着赶飞机，大家只好匆匆吃一点儿完事。武夷山的导游是新手，对景点情况不熟悉，几乎不做任何讲解，还漏游了许多景点，而且武夷山每座峰都很高，爬上去很不容易，再加上导游对业务不熟，又使游客跑了许多冤枉路。从武夷山到福州，本应乘旅游列车，但接待单位却安排游客乘坐普通列车。游客们苦不堪言，一回到北京就到旅游管理部门投诉了该旅行社。

▶**问题**

该旅游团在旅游活动过程中存在哪些问题？计调部门应该如何提升自身的服务质量？

▶**案例解析**

该旅游团在旅游活动过程中出现的问题：一是地接社行程安排不当，二是所派遣的地陪对业务不熟，在接待过程中多次造成失误。

地接社计调部门应事先安排好游客行程，有针对性地安排游客的饮食，委派合格导游，不能随意变更接待标准。组团社应加强对地接社的质量监控，及时解决团队运行中出现的问题，避免矛盾激化。

【任务分析】

计调部在旅行社中处于中枢位置，这是毋庸置疑的，因为计调业务连接内外，牵一发而动全身。旅行社通过销售招徕游客后，为安排游客的接待工作，要与旅游交通部门、饭店、餐馆、游览景点及其他旅行社联系，形成综合接待能力。计调是旅行社业务中的重要组成部分，承担着与接待相关的旅游服务采购和有关接待、调度工作。

1.2.1 计调业务

1. 计调业务的定义

旅行社计调是计划、调度、安排的意思。其主要任务是旅游服务采购和按接待计划落实团队的食、宿、行、游、购、娱等方面的具体事宜，以确保行程、日程正常进行。旅行社的计调业务有广义与狭义之分。

（1）广义的旅行社计调业务是对外代表旅行社，同旅游服务供应商建立广泛的协作网络，签订采购协议，保证提供旅游者购买的各种服务，并协同处理有关计划变更和突发事件；对内做好联络和统计工作，为旅行社业务决策和计划管理提供信息服务。

（2）狭义的计调业务主要是指旅行社为落实旅游计划所进行的旅游服务采购、导游人员的委派、旅游接待计划的制订，以及为旅行社业务决策提供信息服务等工作的总称。

2. 计调业务的发展

1）后勤的计调业务

20 世纪 50 年代初期，我国的旅行社是“统一招待外宾吃、住、行事务的管理机构”，负责承办政府部门有关外宾招待的事宜。为此，当时的计调业务主要是为外宾订房、订车、订餐、订票（机、车、船及文艺票）和一些委托代办服务。计调业务一般由接待部门的后勤人员担任完成，通常称后勤工作，仅仅起到一种间接的业务服务作用。

2）独立的计调业务

随着旅行社业务量的日益增大及其本身规模的不断扩大，计调业务也从接待部门的后勤工作中独立出来，建立起一个专门的计调部。这时计调业务就是对外代表旅行社与各合作单位签订合同与协议，建立固定的合作关系；对内为各其他业务部门提供日常接团的后勤服务。除此之外，计调业务还包括信息的整理与传递、统计资料的分析、业务报表的编制等工作。它不仅仅是旅行社的业务服务部门，还是信息反馈、上情下达、内外情况交流与传递的总值班室和信息服务中心。

3）职能转变的计调业务

到了 20 世纪 80 年代末 90 年代初期，当旅行社开始建立和完善计划管理时，计调从一般的接待业务和做好后勤服务转向为全旅行社进行业务决策、计划管理、提供信息和制订方案，并进行可行性分析等参谋性工作，在旅行社经营管理中担负着计划管理、质量管理和业务管理的具体实施工作。随着计调职能的转变，其职责可以由两个部门（计调部和企管部）分别承担，也可以由一个部门（计调部）承担。

4）人员多样化的计调业务

为了适应现代化旅游的要求，许多中小旅行社设立的计调部要负责制订计划、编排行程、团队操作；还要负责过去外联部门的部分业务，即广告宣传、招徕游客、业务谈判、市场分析等工作；还要参与旅行社的经营决策。计调员要身兼数职。他们既要做业务，又要做计调工作，有的还要做导游工作。所以，现代的计调部门工作人员成为了一人多职，一人多能的全面型人才，这对计调员是一个巨大的挑战。

3. 计调业务的特点

1）繁杂性

首先，计调业务的种类繁杂，涉及采购、接待、票务、交通及安排旅游者食宿等工作；其次，计调业务的程序繁杂，从接到组团社的报告到旅游团接待工作结束后的结算，无不与计调人员发生关系；再次，计调业务涉及的关系繁杂，计调员几乎与所有的旅游接待部都有业务上的联系，协调处理这些关系则贯穿计调业务的全过程。

2）具体性

计调工作无论是收集本地区的接待情况向其他旅行社预报，还是接受组团社的业务接待要约而编制接待计划，都是非常具体的事务性工作，总是在解决和处理与采购、联络、安排接待计划等有关的具体工作。

3）多变性

计调业务的多变性是由旅游团人数和旅行计划的多变性而决定的。旅游团的人数一旦发生变化，几乎影响到计调员的所有工作，可以说是“牵一发而动全身”。此外，我国的交通和住宿条件不能始终保证正常供给，也给计调工作带来诸多不确定性。

4）时效性

旅行社计调员在接到旅游团队的要求和确定旅游人数后，需要立即开始制定旅游线路、安排行程、预定各项采购服务、与组团社或接待社联系工作。如果不注意时间性，不及时处理就可能延误工作，影响团队的正常进行。

4. 计调业务的作用

1）计调业务是旅行社经营活动的重要环节

旅行社实践的是承诺销售，旅游者购买的是预约产品。旅行社能否兑现销售时承诺的数量和质量，旅游者对消费是否满意，很大程度上取决于旅行社计调作业的质量的高低。计调的对外采购和协调业务是保证旅游活动顺利进行的前提条件，而计调对内及时传递有关信息又是旅行社做好销售工作和业务决策的保障，因此，计调业务是旅行社经营活动的重要环节。

2）计调业务是旅行社实现降低成本的重要因素

旅游产品的价格是旅游产品成本和旅行社利润的总和，因此，降低旅游产品成本在很大程度上影响着旅行社利润的增长及市场份额的占有。旅游产品的成本通常表现在为各旅游供应商提供的机（车）位、客房、餐饮、门票等的价格。计调部门在对外进行相应采购时，应尽量争取获得最优惠的价格，以降低旅游产品总的成本，这也就意味着旅行社利润的增加。另一方面，旅游产品成本的降低，保证了旅行社在激烈的市场竞争中获得更多的市场份额。计调业务虽然不能直接创收，但降低采购价格无疑对旅行社的营业额和利润的实现具有重要意义。

3）计调业务实际是旅行社的经营内容

计调业务的范围依旅行社的规模和发展不尽相同，但对外采购服务，包括变更后的采购，以及对内提供信息服务都是旅行社计调业务的基本内容。所谓对外采购服务，是按照旅游计划，代表旅行社与交通运输部门、酒店、餐厅和其他旅行社及其他相关部门签订协议，预定各种服务，满足旅游者在食、宿、行、游、购、娱等方面的需求，并随着计划的变更，取消或重订。所谓对内提供信息，是把旅游供应商及相关部门的服务信息提供给销售部门，以便组合旅游产品；做好统计工作，向决策部门提供有关旅游需求和旅游供应方面的信息。

1.2.2 计调员

1. 计调员的含义

旅行社通过外联招徕游客，而做好接待前的准备工作，则由计调员承担。计调是计划调度的简称，担任计划调度作业的人员，在岗位识别上被称为计调员、线控、团控、担当等，业内通称为“计调”，出境计调员叫“operator，OP”。计调的主要任务是按接待计划落实团队在食、宿、行、游、购、娱等方面的具体事宜，以确保行程、日程正常进行。

2. 计调员的分类

按照不同的标准可以把计调员分成不同的类型，以下是几种常用的分类方法。

1）按照旅行社团队的组成和接待过程来划分

按照旅行社团队的组成和接待过程来分，可以将计调分为组团型计调和接待型计调两种。这是最基本的分类方法。组团型计调是负责组成旅游团队，并将团队发送到异地接待社接待的专职人员。按接待社的地区差异，又分为国内组团计调和出境组团计调两种类型。接待型计调是指在接待社中负责按照组团社计划和要求确定旅游用车等区间交通工具、用餐、住宿、游览、派发导游等事宜的专职人员。按组团社的地区差异，分为国内接待计调和国际入境接待计调两种类型（见图1.7）。

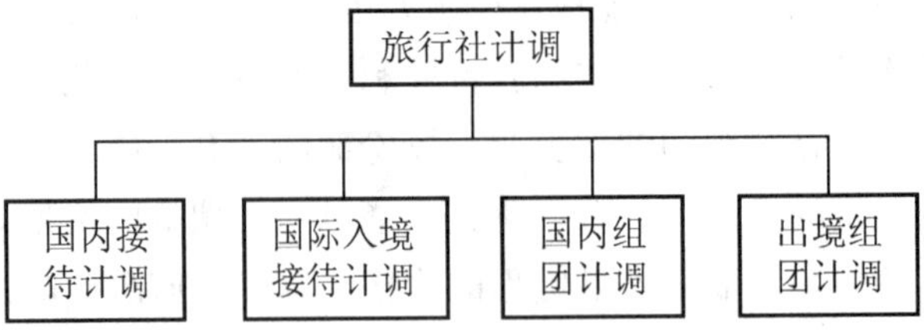

图 1.7　旅行社计调类型

2）按照旅游者的组织类型来划分

按照旅游者的组织类型，可以把计调分成团队型计调和散客型计调。团队型计调主要是负责团队操作的专职人员。散客型计调是专门操作自助或半自助类旅游事务的专职人员。

3）按照专项类划分

按照专项类划分，可以把计调划分为商务会展计调、学生游计调、老年游计调、特种游计调、自由行计调、签证类计调等。其中，商务会展计调是旅游界最高层次的计调，是指负责操作集团客户国内外会议、出境奖励旅游团、商务考察团的策划、市场推广与销售的专职人员。

3. 计调员的业务范围

计调员的业务范围几乎包含了旅行社的所有经营内容，主要表现在以下几个方面，见图 1.8。

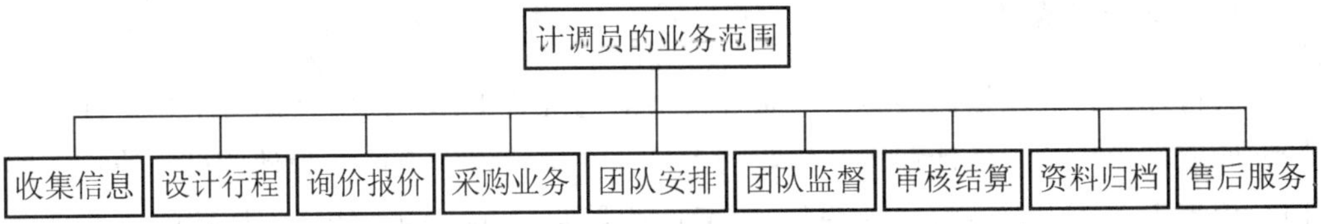

图 1.8　计调员的业务范围

1）收集信息

收集信息是旅行社计调工作的第一步，也是计调员开展工作的前提。计调员每天要接触众多的旅游者、旅游服务供应商和合作伙伴，处在旅游市场的最前沿，了解旅游者的需求及其需求变化规律，了解供应商提供产品的质量情况，也了解合作伙伴的愿望和企求，因而掌握了大量的信息。身为计调员，就是要从大量的信息中去发现、找到对旅行社的成长和发展有利的信息，并对这些信息进行收集、整理、加工、分析、归类、保存，以备业务之需。

2）设计行程

计调员与游客交流，根据游客的要求不断设计、修改、完善旅行社常规线路和行程的具体安排，及时提出符合客人要求的旅游线路和行程安排。

相关链接 1－4

计调信息业务

计调包括对外、对内两大业务。就对内提供业务信息而言，除向外联部提供旅游供应商及相关部门的服务信息，以便组合旅游产品外，主要是向旅行社决策部门提供有关旅游需求和旅游供应信息，而这又是通过做好统计工作实现的。

决策离不开信息，旅游市场的动向、旅行社的实际运转情况等，这些内容只有经过科学的综合分析处理，才能成为有价值的情报。统计工作是对经济活动数量方面的分析和管理，是达到认识经济现象的性质及其规律性的重要手段。旅行社计调部统计工作涉及客源的统计和各采购单位情况的统计，它并不是简单的收集、整理，更重要的是进行定量分析和定性分析。

1. 客源统计

客源统计是计调统计工作的重要环节，其目的在于分析现状、找出问题，以便进一步确定目标市场的经营策略。客源统计通常以一个旅游年度或淡旺季时段为统计单位，统计内容包括接待人数、人天数（Z、D 分列），反映旅行社综合接待能力。人均天数，反映产品性能并作为单位赢利的依据（人天均）。团均人数，该指标尤为重要，它反映团队（特别是组团）的单位成本，人数越多则费用越低。国家和地区客源分布统计，用于发现主要客源市场。客源流向、流量，与组团中的市场导向有极大的相关，同时作为采购服务的依据。

2. 采购统计

采购单位情况统计，目的在于一是及时发现问题，提高采购质量；二是为争取最优惠价格提供依据。统计内容有房、餐情况，根据使用情况决定续用或取消采购；接待社情况，根据接待质量、客人投诉决定续用或更换。

3）询价报价

在确定好行程之后，计调员要及时对各接待单位进行询价，接待单位确认之后进行内部计价，在计价的基础上对客人进行快速报价，根据情况变化对旅行社推出的旅游线路进行价格调整和成本核算，以确保对外报价的可靠性、可行性及准确性。

4）采购业务

在游客签订旅游合同之后，计调员要及时采购各种接待服务，保证旅游活动的顺利进行。

5）团队安排

计调员负责制订旅游团计划，安排导游，跟踪行程。在安排旅游团时，协调饭店、交通等相关部门的工作，在确保团队质量的前提下，力争“低成本、高效益”。

6）团队监督

团队在外运行中，计调员一定要做好团队的监督管理工作，发现问题要及时处理。

7）审核结算

团队游览结束后计调审核结算单，报财务结账。一般要求团队行程结束后一周内清账。填写《决算单》，连同《概算单》一式两份、《组团合同》、《确认》件、《结算单》等原始凭证，交公司财务部报账。

8）资料归档

团队结束之后，计调员要整理该团的原始资料，每月月底将该月团队资料登记存档，以备查询。建立团队档案的主要内容有地接报价单（历次报价）、双方签字的确认单（盖章）、客户名单表、合同、缴费单、最终行程表、订车单、订票单。这些资料保存期为两年以上。

9）售后服务

在团队顺利结束行程返回本地后，计调员应进行客户满意度调查，掌握准确的信息，为今后工作的改进提供依据。计调人员要与客户保持良好的关系，努力使之成为自己的朋友，为第二次销售工作打下基础。

相关链接 1-5

计调常用工具

（1）电话机。固定电话、移动电话、本地通电话等。计调电话最忌变换，如遇动迁，应千方百计保留原始号码。另外，强调话机功能，如呼叫转移、来电显示、电话录音、语音信箱等。

（2）传真机。普通传真机（热敏纸）即可，尽量不使用普通纸传真机、FAX-MIE 等。视业务量大小，最好设两台传真机（收发各一）。

（3）E-mail。宽带、MSN 等。此为旅行社通信升级的平台，同时有益于降低通信成本。

（4）地图。全国地图、分省图、公路客运图、网上地图等。

（5）时刻表。铁路、航空、公路、航运时刻表等。特别注意淡旺季、年度的新版时刻表。

（6）字典。语言类、景点类等。

（7）景点手册。各个旅游景区的导游手册。

（8）采购协议。按组接团社、房、餐、车、景点、购物分类建档。

(9) 各地报价(分类)。最好按区域列出目录,分类列置。

(10) 常用(应急方式)电话。按组接团(经理、计调)、酒店(销售部、前台)、餐厅(经理、订餐)、车队(调度、驾驶员)、导游等分类开列,放置于显眼处或随身携带。

4. 计调员的职业意识

1) 促销意识

旅行社从事的是旅游销售,因此计调员必须具备促销意识。促销意识是以计调员充分理解该业务在旅行社经营活动中的重要性为基础的。旅游销售实际上是一种服务承诺,旅游者购买的只是一种预约产品。旅行社能否实现销售承诺,旅游者对旅游消费是否满意,很大程度上取决于旅行社计调和外联工作的好坏。

计调业务通过对外采购和协调,保证旅游活动顺利进行,是旅行社做好销售工作和业务决策的前提。一旦计调工作出现失误,势必造成旅游服务链的断裂,引起旅游投诉。这不仅会使旅行社蒙受一定的经济损失,还会影响旅行社的声誉,影响今后的市场促销。因此,旅行社计调人员促销意识的重点,是树立质量意识和品牌意识,通过对每一个旅游团队的优质服务,争取更好的市场口碑,以获得更多的客源。

2) 全局意识

旅行社是一个有机整体,由众多的部门组成,各部门担负着不同的职能,但每个部门都围绕着旅游服务展开工作,所以各部门工作既有分工,又有密切的联系。计调业务部门是旅行社的核心部门,计调员拥有全局意识尤其重要。只有时刻以旅行社工作大局为重,加强与各部门的联系与合作,才能实现部门效益乃至旅行社效益的最大化和最优化。

3) 服务意识

计调工作是旅行社服务工作的重要组成部分。计调员应具备良好的服务意识,主动为客人提供优质旅游产品,为相关部门提供业务信息。计调部门的业务范围依旅行社的规模和发展不同而不尽相同。一般来说,对外采购包括变更后的采购,以及对内提供信息,都是旅行社计调业务的基本内容。计调部要按照旅游计划,代表旅行社与交通运输部门、饭店、餐馆和其他旅行社及其相关部门签订协议,预订各种服务,满足旅游者在食、住、行、游、购、娱等方面的需求,并随着计划的变更,取消或重订服务。计调部门要及时把旅游供应商及相关部门的服务信息提供给销售部门,以便其组合旅游产品;同时要做好信息统计工作,向决策部门提供有关旅游需求和供应信息的分析报告。

4) 质量意识

质量意识是指旅行社计调员在物质上、精神上满足旅游者需要的主观自觉性。强烈的质量意识是确保旅行社员工提供高质量旅游服务的先决条件。在服务过程中，计调员要提高对服务质量的重视程度和自觉程度，树立“服务就是客源，质量就是效益”的观念，增强保证质量的责任感、使命感和紧迫感。

5）协作意识

计调部在日常工作中经常要与有关部门直接发生各种联系，搞好与各方面的关系是这两个部门业务工作展开的基本前提。在旅行社内部，计调部需与外联部、接待部、综合业务部和财务部等部门发生频繁的业务往来，因而必须注意工作的协调；在旅行社外部，计调部门还要与交通部门、饭店、旅游景点、商场等单位合作。因此，计调员必须树立较强的协作意识，要善于与各部门、各单位进行合作，善于与他人沟通和交往，以便赢得各方的配合和支持。

6）效率意识

旅行社业务具有较强的时效性，计调部必须树立效率意识，安排团队接待计划时，应周密部署，及时完成各项业务预订，及时处理团队运行中的改订业务。当前旅行社每天接待的旅游团队很多，计调部门往往同时面对多个旅游团队接待任务，因此工作中必须环环相扣，注重效率，才能避免差错，使每一个旅游团队都能享受到保质保量的服务。

5. 计调员的职业态度

1）对待工作认真负责

计调业务绝不能出现差错，稍有差错，就会给旅行社带来损失。因此，计调员必须认真负责，做到一丝不苟。计调员应保证发出或接收的信息（如向其他旅行社报价、接收组团社的接团通知、预订旅游票据等）万无一失。

2）善于人际协调和沟通

旅行社计调员大部分时间会与旅游者和旅游相关部门打交道，善于人际协调和沟通是做好计调工作的基本条件。

3）具有良好的团队意识和强烈的敬业精神

旅行社的计调员应有进取心，不怕困难，热爱本职工作，具有团队合作意识，善于借助团队的力量，发挥团队的作用，共同做好旅游产品的生产和销售工作，圆满完成旅行社制定的经营目标。

6. 计调在提升服务质量中的作用

计调在提升旅游服务质量中具有核心作用，其核心作用主要表现在以下几个方面。

1）计调承担着旅行社产品开发设计工作

旅行社产品开发设计通常有两种情况：一是旅行社占主导地位，开发设计独具特色的旅行社产品（主要面向散客市场）；二是客人占主导地位，旅行社根据客人提出的要求设计旅游产品（主要面向独立成团客人或自由行客人）。产品设计和开发工作既要立足实际，还要高瞻远瞩。旅行社计调能否顺应时代和市场发展的要求，能否组合出更具有吸引力和个性化的产品，能否有效地利用和组合各旅游要素，推出真正满足市场需求的产品，正日益成为旅行社生存和竞争的关键。

2）组织协调并保障旅行社业务正常运转

在旅行社的经营过程中，销售部、计调部、导游接待部构成旅行社具体操作的三大板块。其中，计调部起着联系各部的作用。通常是销售部接到任务后，计调员开始操作，进行用车调配、行程安排、饭店和票务预定、景点确认等，然后交给接待部门执行。通过计调部的组织协调，使各部门形成完整的、互动的运作体系，完成产品的采购、制作加工和销售的全过程。

计调员是编制并督促计划执行的管理者，其对服务过程中出现的一般问题和特殊情况提供作业指导和保障，提高履约能力。因而，计调工作直接关系到旅游的服务质量。

3）确保旅行社的采购渠道，并实行成本控制

计调员要在采购过程中完成对酒店、餐厅、航空、铁路、车船公司、景点等供应商及各地的接待社的筛选和签约工作；要在众多的采购对象中选择最合理的合作伙伴，进行优化组合，使资源达到合理配置，组成最佳的联合服务网络，以保证旅行社的服务质量和最具竞争力的价格。批量采购的质量与价格，是旅行社赖以生存的重要途径，也是提高服务质量的根本。计调员根据团队的不同情况调整成本的构成，运用经验和技巧，争取最优惠的价格，从而降低旅行社的经营成本，使团队利润最大化。

4）监控旅游活动的全过程

旅游活动过程即旅游产品被使用的过程，涉及面广、问题多。导游员在外带团，与旅行社的主要联系途径就是计调。计调员对整个旅游活动实行 24 小时跟踪监控，妥善解决各种重大问题，处理旅游过程中的突发事件，使采购的旅游服务保证供应，并做好衔接工作，从而保证游览过程的服务质量，避免给游客和旅行社造成损失，减少或杜绝投诉事件的发生。计调员丰富的操作经验、灵活的调配能力、细心周到的人性化服务理念及超强的责任心都是决定旅游服务质量的关键。

由此可以看出，旅行社运营是否成功，旅行社服务质量是否过硬，很大程度上取决于计调工作的水平。计调员是旅行社整体运作的灵魂，是旅行社总经理的智囊，是旅行社开展业务的命脉。

1.2.3 计调部

1. 计调部机构设置

不同旅行社对于计调部的设置不尽相同。这种不同既可能体现在称谓上，也可能

表现为部门权限的差异（如一些旅行社的计调部业务可能包含接待部和票务部的业务内容）。中小型旅行社和大型旅行社计调部机构设置是不一样的。一般中小型旅行社设有1~3名计调员，大的旅行社则根据业务量设置计调员，按部门来说，有国际部（如欧洲部、美洲部等）和国内部，按照线路不同，来设置计调中心。

1）中小型旅行社计调部机构设置

中小型旅行社计调部的机构设置见图1.9，在总经理下设计调部，一般情况下计调部有1~3名计调员，因为在比较小的旅行社，计调员身兼数职。他们既要做业务、又要做计调、还要做导游，有的甚至还要做门市接待。因此，比较小的旅行社一般同时会有几名计调员，如果一个带团去了，另一个还在办公室兼做其他二职，这是中小型旅行社人手少所决定的。

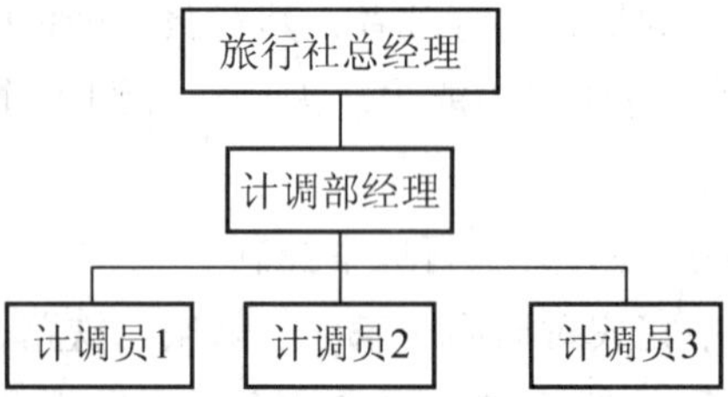

图1.9 中小型旅行社计调部机构设置

2）大型旅行社计调部机构设置

大型旅行社计调部机构设置见图1.10。在总经理下设计调中心，在计调中心下分为国际部和国内部。国际部比较简单，下设欧洲部、美洲部、亚洲部等；而国内部却比较复杂。随着国内旅游竞争的日益激烈，一些大型旅行社也纷纷涉足国内旅游业。国内部的计调业务主要是根据旅游线路来设置的，所以又常常分为省内线和省外线，一名计调员管几条线路，负责接听电话、报价、签约、问询等。

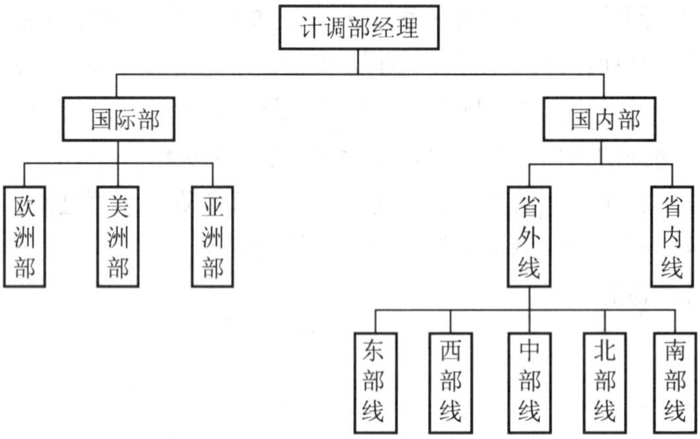

图1.10 大型旅行社计调部机构设置

相对这两种计调机构设置而言，大型旅行社的机构设置要合理、科学一些。它是专人负责，而中小旅行社的计调机构设置则要混乱一些，常常会发生衔接不好的现象。如一些事情本来就是相互联系的，有时你以为另外一个计调员做了这事，而实际上却谁也没有做，造成计调部的失误，进而给旅行社带来不必要的损失。比较理想的计调部机构设置应该是专人负责。

从图1.10可以看出，旅行社计调业务实行总经理垂直管理下的部门经理负责制，计调部独立设置。计调部经理对总经理负责。这种组织构架有利于计调业务的专业化管理，能避免产生决策缓慢、分工不清、互相推诿的现象，但这种组织构架也对部门合作提出了较高的要求。

2. 计调部的岗位职责

1）计调部经理岗位及其职责

计调部经理应明确自己的岗位职责，利用手中的权力，充分调动本部门工作人员的积极性，把本部门经营好、管理好。具体来讲，计调部经理的岗位职责包括以下几个方面。

(1) 经营、管理计调部。计调部经营既包含了旅行社中长期发展规划、特色产品和优势产品规划等宏观内容，同时更多涉及具体团队运作的计划，如线路选择，团队运行中的组织、协调、指挥、财务结算等。管理好计调业务，让每位员工充分发挥自身的潜能，是计调部经理的首要职责。

(2) 制定和实施本部门的各种规章制度。计调部要进行经营活动，必须建立和健全岗位责任制度。计调部经理要根据本部门的实际情况，制定各种规章制度，把本部门各种常见的、具体的事务落实到人，做到事事有人管、人人有专责、办事有标准、作业有程序、工作有检查，从而使计调部有一套科学合理的管理制度。

(3) 编制计调部的各种工作规程。要做到这一点，首先要熟悉业务，了解工作的要求、目标，作业的过程，以及必需的人、财、物资等；其次要懂得编制工作规程的方法。工作规程的编制总是以某一特定的工作为对象的，如发传真、打电话、编制接待计划等。规程要具体规定工作过程中有多少环节，每一个环节有多少内容，每项内容中的动作、语言、手续、时限及与其他工作部门的联系程序如何等。在日常管理中，经理只要把大家的工作都控制在工作规程之中，整个部门也就能顺利运转了。

(4) 收集信息，为总经理做决策提供依据。计调部在工作中的接触面最广，掌握的信息也较全面，因而计调部经理应做好旅行社总经理的参谋。旅行社总经理在决策时往往需要掌握全方位的资料，计调部应做好信息的收集工作，随时为总经理提供有用信息，帮助总经理做出正确决断。

(5) 审定本部门财务开支。旅行社为了工作的方便，往往赋予计调部经理有限的财权，包括可以审核、开支本部门的业务费用，有权对本部门财产报损、对员工给予奖惩等。当然，计调部经理行使上述权力时，应以不影响旅行社的全盘计划和能促进计调部的经营管理为前提。

(6) 培训、选拔本部门业务人员，激励并发挥部属的工作积极性。计调部经理有义务对本部门员工进行业务培训，使员工明确岗位职责，切实做好本职工作；此外，计调部经理还应利用行政职权，对本部门业务人员进行奖赏，如升迁、奖励和处罚等，并报总经理批准。

2）信息资料员岗位及其职责

（1）负责旅游业务各种信息的收集、整理、归档。

（2）负责旅行社计调业务工作的信息资料汇编下发、存档及使用。

（3）向旅行社决策部门、计调部经理提供所需信息、资料的分析报告。

（4）负责制作旅游团（旅游者）情况报表，收集反馈信息，配合统计人员提供旅游团（旅游者）的各项统计数据。

3）计划统计员岗位及其职责

（1）负责具体编写全社年度业务计划。

（2）负责全社月、季接待任务预报及流量预报。

（3）汇总全社旅游业务统计月、季报表，编写接待人数月、季报表。

（4）承接并向有关部门和人员分发各业务部的旅游团（旅游者）的接待计划。

（5）承接并安排各地旅行社地方外联团的接待计划。

（6）负责向旅行社决策部门、财务部门提供旅游团（旅游者）流量、住房、交通等多项业务统计及其分析报告。

4）值班联络员岗位及其职责

（1）负责全社总值班室昼夜业务值班，做好值班记录和电话记录并及时向有关部门或人员转达或传递电话记录。

（2）掌握全社各业务部门及外地组团社发来的接待计划。负责在登记栏表上及时标出计划发文号、预报号、人数、服务等级和种类、自订或代订房、住房要求、节目要求、抵离日期、航班或车次与时间、旅行下一站城市等主要内容。

（3）及时掌握旅游团（旅游者）取消、更改情况的内容，并负责通知各有关部门或人员及时调整接待安排。

（4）及时向信息资料员提供最新信息。

5）交通票务员岗位及其职责

（1）负责落实旅行社旅游团（旅游者）的机、车、船等交通票据并及时将落实情况告知有关业务部门或人员。

（2）在接到各业务部门有关旅游团（旅游者）人数、航班或车次等变更的通知时，及时与有关合作单位联系，处理好更改、取消事宜。

（3）负责计划外旅游团（旅游者）的机、车、船票的代订业务，并根据委托代办的要求办理机、车票订座或再确认事项。

（4）根据组团客户的要求或旅游团的人数规模，负责办理申请包机手续，代表计调部签订包机协议书，并将情况转告有关业务部门，落实好具体衔接工作。

（5）办理本社陪同导游和外地组团社全陪的机、车票代订工作。

（6）负责与合作单位做好旅游团（旅游者）票务方面的财务结算工作。

6）订房业务员岗位及其职责

（1）代表计调部负责与饭店洽谈房价，签订订房协议书。

（2）根据接待计划或客房预订单，为旅游团（旅游者）及陪同预订住房。

（3）负责住房预订的变更、取消事宜。

（4）负责包房使用、销售、调剂工作。

（5）制作旅游团（者）住房流量表及其单项统计。

（6）协同财务部门做好旅游团（者）用房的财务核算工作。

7）内勤人员岗位及其职责

（1）代表计调部负责与餐馆、车队就旅游团（者）的用餐、用车事宜进行洽谈，并选择理想的合作对象与其签订合作协议书。

（2）根据接待计划，为旅游团（者）安排订餐、订车，并负责用餐、用车预订的变更、取消事宜。

（3）负责宴请、大型招待会、冷餐会等活动的具体落实与安排。

（4）负责旅游团（者）文艺节目票的预订，对于专场演出，要负责事先落实安排好包括文艺团体的专场演出费，演出的日期、时间、地点等事项，并与本社业务部门做好文艺票的交接工作。

（5）负责落实参观、访问、拜会等特殊要求的安排。

8）行李业务员岗位及其职责

（1）负责旅游团（者）托运行李的搬运、押运，并负责安全、完整、准时地将行李送到指定地点。

（2）负责旅游团（者）离开时，行李托运手续的办理及登机卡手续的办理。

（3）负责旅游团（者）丢失行李的查找。

3. 计调部岗位人才现状

1）计调人才供不应求

随着旅游业的快速发展，旅行社行业的竞争和市场分化日益加剧，旅行社计调员需求数量明显增大，计调人才供不应求。各个旅行社都需要高素质的计调人才，山东旅游职业学院的王煜琴老师于2009年11月以“未来2年内旅行社对计调人才的需求情况”为题对旅行社进行了抽样调查。被调查的旅行社全部来自山东，各种所有制结构及经营规模都囊括其中，代表了山东旅行社的经营现状。调查结果如下：未来2年内旅行社对计调人才需求在8人以上的，占被调查旅行社的58.33%，16.67%的旅行社需要4~8人（含4人和8人），25%的旅行社需要1~3人（含3人）。

2）缺乏系统化的职业培训

计调员整体素质不高、责任心不强，使得旅行社低水平、浅层次的竞争局面很难彻底改变，市场运作极不规范。

3）计调人才的培养渠道不畅

纵观我国旅行社计调人才的培养模式，主要有自主培养和院校培养两种。旅行社自主培养的计调员，没有接受过系统的职业教育，不能很快为企业创造价值，不是计调人才成长的最佳途径；由于目前全国没有院校开设旅行社计调专业，所以旅行社从院校招聘的毕业生一般来自旅游管理专业，存在着理论与实践脱节的现象，这样的学历教育仍不能满足市场对于计调人才的需求。

4）缺乏国家级计调业务操作流程和服务标准

目前，各个旅行社对于计调岗位职能的规定不尽相同。旅行社经营管理中经常出现诸如“超范围经营、广告虚假、擅自降低服务等级、擅自增减旅游项目”等质量问题，导致大量投诉，给旅行社造成不必要的经济损失。

4. 计调部岗位人才优化

1）不断完善计调表彰制度，形成有利于计调人才发展的机制和环境

只有满意的员工，才有满意的顾客。旅行社应该建立健全关于计调员的有效激励机制，从而为游客提供更优质的服务。对于表现出色的计调员，旅行社应树为榜样，做好宣传，给计调创造一个良好和稳定的工作环境，以提高其责任心和归属感，激励计调员不断自我完善，保证计调服务的高水平。

2）出台国家级计调业务操作规范和服务标准

在我国关于旅行社的服务规范中，尚没有出台针对旅行社计调岗位的标准和条例。国家有关行政管理部门应该会同专家学者，尽快制定完善计调员操作规范和质量标准，使计调员工作有“法”可依，更加标准化、规范化。

3）完善计调职业资格认证制度和职称评定制度，推进计调管理体制改革

建议由国家相关主管部门负责计调职业资格和职称晋升的标准制定、职业技能鉴定和证书颁发工作，并参与制定培训机构资质标准、计调岗位从业人员资格标准和培训教材。各级旅游职业技能鉴定所（考试中心）具体负责职业技能的鉴定和职称晋升的评审工作，并和相关高等（职）院校联合做好职业培训工作。

4）增开旅行社计调专业课程

在条件成熟的旅游职业院校尽快开设“旅行社计调专业”，系统培养专业化实用型计调人才，一方面可以拓展就业渠道，另一方面满足旅行社对实用型计调人才的强烈需求。

【任务实训】

认知旅行社计调部

▶实训目的

了解旅行社计调的基本情况，掌握计调业务和计调员的相关知识。

▶**实训内容**

选择学校附近的一家旅行社作为调研对象，对计调部的主要业务、机构设置、人员情况进行调研。

▶**实训步骤**

第一步：由教师先选定学校附近的一家旅行社。

第二步：到旅行社进行实地调研。

第三步：邀请旅行社计调部人员介绍计调部的情况。

▶**实训成果**

归纳总结计调的主要业务。

【任务完成】

通过对该任务的学习，学生对旅行社和旅行社计调部有了一个基本的认知；掌握了旅行社的经营范围、主要业务、基本职能、组织结构和主要岗位；明确了计调业务的定义、发展阶段、业务范围；掌握了计调员的分类、岗位职责及计调部机构设置、工作内容、人才现状及优化对策。

同 步 练 习

一、填空题

1. 旅行社的经营范围包括__________、__________或者__________。

2. 旅行社的基本业务可以划分为__________、__________、__________、__________4方面。

3. __________是旅行社按照内部生产过程来划分和设立业务部门的。

4. 市场部制组织结构就是旅行社成立若干个地区部门，每一地区部门都有__________、__________、__________等功能。

5. 计调业务的特点是__________、__________、__________。

6. 担任计划调度作业的人员称__________，通常又把出境计调称为__________。

7. __________是专门操作自助或半自助类旅游事务的专职人员。

二、单选题

1. 旅行社取得经营许可满（　　）年，未因侵害旅游者合法权益受到行政机关罚款以上处罚的可以申请经营出境旅游业务。

A. 1　　　B. 2　　　C. 3　　　D. 5

2. 下面不属于按照直线职能制组织结构划分的业务部门是（　　）。

A. 计调部　　B. 导游部　　C. 营销部　　D. 入境部

3. (　　) 是旅游界最高层次的计调，是指负责操作集团客户国内外会议、出境奖励旅游团、商务考察团、国际教育项目（夏、冬令营、游学等教育类）的策划、市场推广与销售的专职人员。

A. 组团型计调　　B. 接待型计调　　C. 专线型计调　　D. 会展计调

三、多选题

1. 旅行社的基本职能有（　　）。

A. 生产职能　　B. 销售职能　　C. 组织协调职能

D. 分配职能　　E. 提供信息职能

2. 组团型计调是指在组团社中负责组团相关业务的专职人员。按接待社的地区差异，又分为（　　）。

A. 国内组团计调　　B. 入境计调　　C. 专线型计调

D. 出境组团计调　　E. 散客计调

3. 计调人员应该具备的职业意识有（　　）。

A. 促销意识　　B. 全局意识　　C. 服务意识

D. 质量意识　　E. 协作意识

四、判断题（正确的在题后括号内打“√”，错的打“×”）

1. 计调部门是旅行社接待任务的计划部门，是旅游团接待工作开展的第一站。（　　）

2. 接待旅行社是指在旅游目的地负责接待组团社客人来本地旅游的旅行社。（　　）

3. 专线计调是专门操作自助或半自助类旅游事务的专职人员。（　　）

4. 会展计调是旅游界最高层次的计调。（　　）

5. 旅行社业务具有较强的时效性，计调部门必须树立促销意识。（　　）

五、简答题

1. 简述直线职能制组织结构的优缺点。

2. 简述市场部职能制组织结构的优缺点。

3. 简述计调业务的作用。

4. 简述计调在提升旅游服务质量中的核心作用。

5. 计调部人才优化应该采取哪些措施？

六、案例分析题

2012 年 10 月国庆期间，成都某旅行社接待了 20 位西安游客到四川海螺沟旅游，该旅行社计调员小张负责操作该团队。小张提前预订了海螺沟的某酒店。由于临近国庆，到海螺沟入住人数太多，该酒店工作人员太忙，没有对小张的预定立即回传确认，小张也忘记了回传确认一事，认为平时两家单位联系很多，没有问题。

该社导游小刘10月1日带领20位西安客人进入海螺沟时没有住房，后来经过多方协调终于让客人入住了。入住酒店之后，在晚上用餐时游客觉得晚餐太辣且面食太少，引起游客不满，开始找导游说事。导游经过耐心说服，终于将这件事平息了下去。

请问：成都接待社计调小张哪些方面做得不好？正确的做法是什么？

2

国内接待计调实务

项目概述

本项目主要介绍国内接待计调应掌握的基本知识、主要业务及工作流程。首先，介绍了国内接待计调应该掌握的各种知识。然后，阐述了本地旅游线路的设计与开发、定价与报价方法及各项地接服务的采购方法。最后，详细地分析了国内接待计调的整个工作流程。该项目分为 4 个任务，每个任务均按照“任务导入—任务分析—任务实训—任务完成”来组织安排。

知识目标

1. 了解国内接待计调在食、住、行、游、购、娱等方面的基本知识。

2. 熟悉本地旅游线路设计、开发、定价、报价的方法。

3. 明确各项地接服务的采购方法。

4. 掌握国内接待计调的工作流程。

能力目标

1. 能够设计本地旅游线路，并对其设计的旅游线路进行定价和报价。

2. 能够及时地采购各种地接服务。

3. 能够在旅行社接待社进行接待计调操作。

任务2.1　国内计调知识储备

【任务导入】

▶案情介绍

2012年5月26日，成都某旅行社接待计调员张某，接到南京某组团社的咨询电话，6月12日将有一个22人的旅游团队要到四川稻城亚丁旅游，希望该旅行社负责地接。组团社连续咨询了四川稻城亚丁景区、酒店、餐饮、交通等很多问题。由于张某是刚毕业不久的大学生，对稻城亚丁不是很熟悉，所以不能一一地回答这些问题，组团社就认为这家旅行社接待能力不行，选择了另外的旅行社负责接待。

▶问题

从该案例中你能得到什么启示?

▶案例解析

旅行社运营是否成功，旅行社服务质量是否过硬，很大程度上取决于计调工作水平的高低。计调员是旅行社食、住、行、游、购、娱等服务项目的总策划、总设计和总指挥，是旅行社整体运作的灵魂，计调岗位是旅行社中最核心的岗位。在该案例中，由于计调员张某对四川稻城亚丁景区、酒店、餐饮、交通等问题不是很清楚，导致他不能全面地回答组团社的问题，最终失去了合作机会，给旅行社造成了损失。因此，作为接待计调应该对本旅行社所在地和所经营旅游线路所在地的景区、酒店、交通、餐饮、购物、娱乐等知识都要有一个全面的了解。

【任务分析】

国内接待计调是指在接待社中负责按照组团社计划和要求确定旅游用车等区间交

通工具、用餐、住宿、游览、派发导游员等事宜的专职人员。因此，国内接待计调首先应该对本旅行社所在地和所经营旅游线路所在地的住宿、交通、用餐、游览内容、购物店、娱乐项目等基本知识有一个全面的了解。

2.1.1 住宿基本知识

饭店是旅游者的第二个家，选择不同星级标准和地理位置的饭店满足旅游者的多样化需求，是旅游产品组合中至关重要的部分。同时，饭店住宿的支出费用也在旅游者旅游支出中占据了相当大的比例。要想成为一名优秀的计调员，必须要掌握住宿方面的一些基本知识。

1. 掌握本旅行社所在地及经营线路所在地旅游饭店的基本情况

掌握本旅行社所在地及经营线路所在地主要饭店的具体位置、星级、硬件设施、管理水平、服务质量、服务项目、竞争情况、经营情况、各季节的价格及变化情况；距离飞机场、火车站、长途汽车站的距离和用车时间。饭店的联系人、联系电话等信息都要做好记录。

2. 学会考察饭店

1）看饭店外观

楼有多少层，是单体还是复合体，有无延伸出来的外厅，有无身着整齐制服的迎宾人员及停车场大小等。成都世纪城洲际大酒店外观见图 2.1。

图 2.1　成都世纪城洲际大酒店外观

2）看饭店周围环境

看周围有无方便的商业设施，如大型超市、中小商店、水果摊、公交站点，位置是否在市中心，离市中心稍远还是在很偏远的郊区等。这些在客人自由活动期间都会派上用场，能够给客人提供便利或带来不便。

3）看饭店大厅

大厅面积是大还是小；整体装修气派不气派；风格是否新颖，能否让人眼前一亮等；有无供客人免费坐的沙发和椅子，座位多不多，沙发是否整洁干净；大堂吧里咖啡、茶水等的收费标准是否合理；前台人员整体形象档次是高还是低，业务素质高低；团队要用的房间标牌价是多少。

4）看客房

看电梯有几部，档次高低，运行快慢；楼道比同级别的酒店宽窄高矮如何；楼道地毯是否陈旧，有无大片污渍，质地是一般还是高档；客房门是简易门还是高档门，是否为电子门锁；房间内卫生间新旧程度，有无浴缸（内宾一般现在很少用，外宾有的喜欢用），是否是干湿分开的（有无单独的淋浴房），洗漱用品配备得周全不周全，房间面积有多大（标准间一般 20~40 平方米）；床是 1 米、1.2 米还是 1.4 米宽，看低档饭店最好掀开床盖用手压一压床垫，看有无凸凹不平；电视是液晶的还是老式的；有无圈椅或茶几、椅子；是挂在墙上的简易衣架还是质地很好的衣柜；有无网线；有无供客人免费使用的液晶显示器的电脑等；房间内有无自费的饮料、水果；电视有无收费频道等。大床房有时给夫妻或领导居住。也有的领导要住套房。套房一般又分为普通套房、商务会房和总统套房。客房的面积和设施不同，价格也有很大差异。

5）看餐厅

一般情况下，客人会在饭店用早餐，有的晚餐也会回来用。招待宴会基本是在饭店内。如果是人数较多，达一两百人，甚至更多的会议团，就要注意餐厅最多能摆多少张圆桌。如果领导要讲话，还要注意有无小舞台。有的饭店不同楼层的多功能厅桌位紧张时也兼做餐厅，那就要注意旁边有无备用的厨房，菜是从楼下厨房运上来还是在旁边备用厨房做，这关系到上菜的速度和饭菜的凉热程度。

6）看会议室

总共有多少个会议室，各能容纳多少人。设施怎样，收费多少，给旅行社优惠价格怎样等。

7）看价格和房源

淡旺季都常用的酒店一般会给很好的优惠价，在房源紧张时也会尽量调剂房间。另外，平时订房时要讲信誉，客人人数有变化时及时提前通知，团队临时取消如果影响饭店接其他团了，要适当赔偿损失，付款要及时、不拖欠，这些都会影响到饭店对你的评价，进而影响到和你合作的态度和价格。另外，要注意淘汰一些客人反应硬件设施有问题、软件服务跟不上的饭店，以免影响团队质量。比如，有的二星饭店卫生搞得不彻底，隔音效果不好，早餐吃得不好等。

3. 会针对不同的客人选择不同类型的饭店

随着经济的发展、人们收入水平的提高和活动范围的不断扩大，出现了满足各种类型人们需要的饭店。例如，商务型饭店主要是满足商务散客，也就是出差或来此地办事的人的需要。这类饭店为了给会员提供方便，有好多是全国连锁型的，如在美国纳斯达克上市的、目前中国最大的连锁商务型酒店“如家快捷酒店”。经济类酒店，如青年旅馆。有的经济类酒店有四人公共卫生间、公共淋浴的房间，以满足客人只要省钱，只要能休息，干净、卫生就行的简单需要。旅游饭店则是以接待旅游团队和散客为主。计调要根据游客的要求，提供合适的酒店让游客居住。目前，绝大部分外国旅游者选择在宾馆饭店住宿，港澳台同胞选择私人住所住宿的比例较高，国内旅游者选择在宾馆酒店住宿的人群以高学历的中青年为主，且集中在商务、会议、交流方面，以观光游览为目的的国内旅游者选择主要集中在经济型酒店。

相关链接 2-1

饭店的基本类型

1. 按酒店服务设施设备豪华程度和服务水平来划分

豪华（高档）酒店（设施设备优良高级，服务项目齐全，服务水平高，价格也高）；较豪华（中档）酒店（价格适中）；经济型（低档）酒店（价格较低）。

2. 根据酒店的规模来划分

小型饭店（客房数不超过 300 间）；中型饭店（客房数为 300～600 间）；大型饭店（客房数为 600 间以上）。

3. 根据饭店市场及宾客特点分类

（1）商务型饭店也称暂住型饭店，多位于城市的中心地区，主要接待商务客人、旅游客人及因各种原因作短暂逗留的其他客人。

（2）长住型饭店。此类型饭店的宾客通常长期或永久居住，因而其主要市场是住宿期较长的在异地短期工作或度假的客人或者家庭。其一般只提供住宿、饮食等基本服务，但服务讲究家庭气氛，特点是亲切、周到、针对性强。

（3）度假型饭店。此类饭店传统上以接待游乐、度假的宾客为主。此类饭店多位于海滨、山区、温泉、海岛、森林等地，开辟各种体育活动项目来吸引客人。

（4）会议型饭店。会议型饭店的主要接待对象是各种会议团体。通常都位于大都市和政治、经济中心，或交通方便的游览胜地，要求饭店设置足够数量的多种规格的会议厅或大的多功能厅，具备会议设备。会议饭店一般都配备工作人员帮助会议组织者协调和组织会议各项事务，要求饭店提供高效率的接待服务。

（5）汽车饭店。此类饭店常见于欧美国家的公路干线上。早期此类饭店设施简单，规模较小，有相当一部分仅有客房而无餐厅、酒吧，以接待驾车旅行者为主。现在，有的汽车饭店不仅在设施方面大有改善，且趋向豪华，多数可提供现代化的综合服务。

2.1.2　餐饮基本知识

对于游客而言，“食”是旅游活动中的基本要素之一。旅游者通过“食”，不仅可以补充因旅游付出的体力消耗所需要的营养与水分，维持生理需要，更可以通过餐饮去体验异国、异地风情和文明，使旅游的经历更加丰富多彩。因此，餐饮服务业是旅游业构成组织中必不可缺的。

1. 了解本地及旅游线路所在地餐饮业的基本情况

作为一名计调员，应该了解本地、旅游线路沿线餐饮服务业的分布情况，即有哪些餐饮企业，各有什么特色，有哪些风味餐等。对餐饮企业的地理位置、就餐环境、服务质量、菜品数量、质量、卫生设施、停车场地、联系人、联系电话等也都要详细地了解。把这些要素记录在一个本子上，便于随时查阅和订餐。

2. 掌握标准团队餐的选择与拟定

1）餐标及菜单

计调员在操作旅游团队时，必须学会编制餐单。我们以国内团为例，标准团队餐通常为早餐5元，正餐20元（10人1桌，8菜1汤）。团队餐的质量往往是旅游团产生不满和投诉的问题点。接待旅游团队的餐厅都有按照不同标准定制的包桌，但其质量往往达不到标准。作为计调员，不能盲目地接受餐厅给出的标准，而是要学会根据客源地（或客人类别）的不同按照标准罗列菜单。例如，“夕阳红”老年团的饮食要清淡，荤素搭配得当；北方客人偏重面食，可在主食上配置馒头、花卷等；南方客人好甜食；四川、湖南客人喜欢吃辣……不管是哪里的客人，如果在餐后添加一道水果，团餐的档次马上就会提升。注意到以上这些细节，即便再挑剔的客人也会心满意足。

相关链接 2-2

餐标20元/人的团队正餐菜单

1. 主菜

（1）青椒土豆丝（酸辣土豆丝、红烧茄子、韭菜炒银芽、清蒸水蛋）。

（2）西红柿炒鸡蛋（玉米西红柿粒，俗称“满江红”）。

（3）麻婆豆腐（红烧豆腐、家常豆腐）。

（4）丝瓜毛豆（蒜蓉丝瓜、素炒油麦菜、酒香茼蒿、茭白青椒）。

（5）鱼香肉丝（京酱肉丝、青椒肉丝、木耳炒肉片）。

（6）葱爆羊肉（土豆烧牛肉、辣子鸡块）。

（7）清蒸鲈鱼（草鱼、鲤鱼、酱汁鲶鱼）。

（8）青椒塞肉（面筋塞肉、红烧狮子头、大盘鸡、梅菜扣肉）。

2. 汤类

豆腐鸡蛋汤、冬瓜丸子汤、西红柿蛋汤、紫菜蛋花汤、玉米羹、酸辣汤、三鲜汤等。

3. 主食

米饭、面条、烙饼、稀饭、馒头、包子等。

2）选好就餐地点

计调员的思维一定要灵活，不要一说团餐就一定得安排在接待团餐的地方。其实很多团餐厅，因为接待的团量大，餐标再提高也没法保证良好的环境和口味。还有的团餐厅人多时卫生一塌糊涂，成堆的碗碟堆在一角，厕所很脏，却又偏偏是座便等。所以，对一些高档团队或者想吃当地风味餐的团队，应尽量避开团餐厅，可以去当地普通的饭店就餐。一般在入住的饭店内用正餐相对来说是比较贵的，还有的四星级酒店低于每桌800元不予接待，所以要尽量避开，除非客人刻意要求在酒店内就餐。

3. 掌握当地风味餐的选择和预订方法

有些团队到了一个新的地方一定要吃当地的风味餐，如到北京吃烤鸭，至重庆吃火锅，到云南吃过桥米线等，这些风味餐价格一般比较高。游客品尝风味餐有两种形式：一种是计划内的，即在旅游行程中安排了风味餐的，如在重庆、四川旅游，有些团队安排了火锅，费用已经计算在团费里；另一种则是计划外的，是游客自费品尝风味餐，这种就要单独计算费用。计调员应在行程中注明风味餐的名称、价格、主要特色及付款方式。

2.1.3 交通基本知识

旅游交通的任务是解决旅游者在定居地与旅游目的地之间的往返，从一个目的地到另外一个目的地，以及在一个目的地内的各地区间便利往来的问题。国内接待计调应主要掌握本地交通工具和景区交通工具的使用。

1. 了解各类旅游交通的优缺点，合理安排交通工具

计调员要了解各种交通工具的优缺点，在安排行程时合理搭配各种交通工具。根据交通线路和交通工具的不同，旅游交通一般可分为铁路、公路、航空、水运和特殊交通5种类型。这几种旅游交通类型相互配合、互相补充，为旅游活动的开展提供了便利的物质条件。

2. 掌握本地及景区交通运行情况

作为国内接待计调，主要是要掌握本地交通的运行情况、旅游行程经过地区的交通情况、旅游景区的交通情况。例如本地的交通工具有哪些种类；本地有哪些汽车站、火车站、机场，其位于哪里；这些枢纽站距离旅行社多远，距离主要饭店有多远；本地主要旅游运输公司有哪些，有哪些车型，价格怎样，联系人及联系电话，司机的基本情况；旅游行程沿途的加油站、汽车维修站情况；旅游景区的观光车、索道、游船、电瓶车等交通工具的价格、使用情况等。

3. 了解本地旅游车的车型和计价方法

1）车型

国内接待计调在为团队设计行程时，公路交通是不可缺少的一个重要组成部分，计调员必须对公路交通非常了解，才能驾轻就熟地安排团队，准确核算出团队的成本。计调员在操作汽车团队时需要按照团队的人数来安排汽车的型号。对于不同型号的旅游汽车，载客人数、汽车环境、乘坐感觉、租赁价位也有所不同。因此，目前常用的车型主要有金龙、现代、凯斯鲍尔、宇通等。

2）旅游常用车型计价方法

（1）根据运载公里数来计算租赁价格。在实际操作中，计调员往往通过旅游车的运载公里数来概算出车辆的租赁价格。例如，成都到九寨沟435公里，25人的团队，首先选择车型，然后就可以按照相关链接2－3中表2－1所列的单公里价格，概算出租赁汽车的价格，其计算公式为

汽车租赁价格=单公里价格×公里数

相关链接 2-3

表 2-1 旅游常用车型及计价参考

类别	车型	品牌	市内用车（80 公里内按次按天）计价	超公里用车（80 公里以外）计价
小型车	5+1	长安、昌河铃木	通常与出租车公里计价格相同，无等候费用，1.0~1.2 元/公里，高速公路过桥费平均为 0.8~1.0 元/公里，适宜包车租赁	旅游团选择该车的情况一般较少，超公里往往选用别克商务或者豪华轿车，故特殊情况另计
	6+1 或 9+2 或 13+1	金杯（瑞丰、奔驰）	通常与出租车公里计价格相同，无等候费用，1.2~1.6 元/公里，高速公路过桥费平均为 1.0 元/公里，适宜包车租赁。	1.2 元/公里，高速公路过桥费平均以 1.0 元/公里计算。
	15+1 或 19+1+4 座	依维柯	接送团队（单次，含桥杂费）为 150 元/次；半天用车为 250 元；全天用车为 500 元；套车（受时间和条件的影响，单次参考价格）为 400 元/次	1.6 元/公里，高速公路过桥费平均以 1.0 元/公里计算
	18+1 或 22+1	金龙	接送团队（单次，含桥杂费）为 150 元/次；半天用车为 250 元；全天用车为 500 元；套车（受时间和条件的影响，单次参考价格）为 400 元/次	1.8 元/公里，高速公路过桥费平均以 1.0 元/公里计算
	21+1+6 副座	考斯特（四川丰田）	接送团队（单次，含桥杂费）为 240 元/次；半天用车为 350 元；全天用车为 600 元；套车（受时间和条件的影响，单次参考价格）：450 元/次	2.5 元/公里，高速公路过桥费平均以 1.0 元/公里计算
中型车	28+1 或 31+1+1	金龙、宇通（中）	接送团队（单次，含桥杂费）为 250~300 元/次；半天用车为 350~400 元；全天用车为 600~700 元；套车（受时间和条件的影响，单次参考价格）为 500~600 元/次	3.0~3.5 元/公里，高速公路过桥费平均以 1.0 元/公里计算
大型车	39~55 座	金龙、宇通、北方（大）	接送团队（单次，含桥杂费）为 300~500 元/次；半天用车为 500~600 元；全天用车为 800~1000 元；套车（受时间和条件的影响，单次参考价格）为 600~800 元/次	4.0~6.0 元/公里，高速公路过桥费平均以 1.0 元/公里计算

(2) 根据运行时间来确定价格。看从出发地到目的地用了多长时间，然后根据表2-2不同的公路等级大体估算出从出发地到目的地之间的公里数，运用上述公式概算出车辆的租赁价格。

表2-2 旅游车不同公路时速

路况类型	高速公路	一级公路	高等级公路	城区公路	山路
时速（公里/小时）	100	80	60	40	25

4. 掌握交通票据预定、核对及变更方法

计调员应根据旅游者或旅游团队的旅行计划和要求，向交通部门预订各种票据，并将填写好的订票单在规定日期内送交预订处。在取票时应根据旅行计划逐项核对票据的日期、离开时间、班次、去向、乘客名单、票据数量及票据金额等内容。购票后，如因旅行计划变更造成乘交通人数增加、减少、旅行计划取消等情况时，计调员应及时办理增购或退票手续，保证旅游者能够按计划乘（机、车）船，同时减少旅行社的经济损失。

2.1.4 景区基本知识

旅游景区是指具有吸引国内外游客前往游览的明确的区域场所，能够满足游客游览观光、消遣娱乐、康体健身、求知等旅游需求，应具备相应的旅游服务设施，并提供相应的旅游服务的独立管理区。旅游景区是旅游活动的主体，它是旅游者选择该项旅游产品最主要的原因和动机。游览景点是旅游行程中的核心内容，是旅游者在旅游目的地进行的最基本和最重要的旅游活动，各项服务都围绕着这个主体展开。

1. 了解旅行社经营范围内旅游景区的基本情况

计调员要了解地接范围行程中所有景区景点的类型、资源品位、景区特点、淡旺季门票价格、门票的减免情况、折扣情况、开放时间、游览时间、景区游览线路、景点在旅游者中的吸引力，景点是否安全，到达景点的交通情况如何，景点的管理是否严格，有哪些自费景点等，要特别关注不同客源地客人对这些景点的评价。

相关链接2-4

旅游景区的分类

1. 自然风光类

自然风光类景区是以当地独特、优美的自然环境为主，当地旅游部门精心开发而成的景区，适合于休闲、养生等，如著名的自然风光景区有桂林、九寨、漓江、张家界等。黄山自然风光见图2.2。

图 2.2　黄山自然风光

2. 文化古迹类

文化古迹类旅游景区主要指古代时期就已经存在，却未因时间原因消逝，至今仍然存在的典型遗迹，以具有一定的文化价值或历史价值的文物古迹为主的景区。文化古迹类景区是人们学习历史、了解历史及教育当代人的良好场所，如北京故宫、长城、天坛、颐和园、云冈石窟、沈阳故宫、莫高窟、秦始皇帝陵、周口店北京猿人遗迹、承德避暑山庄、曲阜孔庙、平遥古城、丽江古城、龙门洞窟、五台山、殷墟、大足石刻、福建土楼、凤凰古城等。秦始皇兵马俑博物馆见图 2.3。

图 2.3　秦始皇兵马俑博物馆

3. 风景名胜类

风景名胜类旅游景区是指具有独特的风光、景物及古迹，同时也包括独特的人文习俗的景区。风景名胜是人们休闲、学习、放松心情的好去处，如北岳恒山、云台山、鸡公山、青城山、峨眉山、崂山、棋盘山、荔波樟江风景名胜景区等。

4. 红色旅游类

红色旅游是把红色人文景观和绿色自然景观结合起来，把革命传统教育与促进旅游产业发展结合起来的一种新型的主题旅游形式。其打造的红色旅游线路和经典景区，既可以观光赏景，也可以了解革命历史，增长革命斗争知识，学习革命斗争精神，培育新的时代精神，并使之成为一种文化。

2. 与旅游景区签订合作协议

根据本社需求与选定的游览单位进行洽谈、协商合作事宜，包括旅游团队门票折扣、旅行社散客门票折扣（包括代理推广景区不成团的补助，年底返利，广告支持额度，游览前是否传真确认，门票，殿堂等的单价折扣价，大、小车进园的单价，结算方式和期限，陪同的减免人数及费用等）。

2.1.5 购物基本知识

旅游购物日益成为旅游业发展的重要因素。旅游资源的吸引力固然是旅游者产生旅游动机的极为重要的因素，但随着旅游业的发展和人们收入水平的提高，旅游购物越来越受到旅游者的喜爱。

1. 了解旅行社所在地及经营线路所在地旅游购物品情况

旅游购物在外汇收入中所占份额也越来越大，许多地方旅游购物的收入占旅游总收入的一半以上。因此，开发旅游商品成为各国、各旅游目的地发展旅游业的重要项目。许多旅游发达国家不惜花费巨额宣传促销费用，以扩大购物在旅游总收入中的比重。计调员根据本社经营计划，调查、收集各地与旅游产品相配套的购物商店及这些购物单位的信息资料。

相关链接2-5

旅游购物的类型

1. 旅游生活用品

旅游生活用品种类繁多，因人、因地、因时各不相同，包括旅游服装、鞋帽（旅游鞋、草帽等）、旅游卫生用品（手纸、手绢、毛巾、药品等）、旅游洗涤用品（香皂、牙膏、洗涤剂等）、旅游摄像摄影用品（录像机、照相机、电池等）、旅游防护用品（手杖、防护、防晒霜等）及其他旅游商品（旅行包、袋、手电筒、指南针等）。

2. 旅游文化用品

旅游文化用品主要是指各种介绍景点的导游书、旅游图、交通时刻表、笔记本、明信片、信笺、旅游用笔、纸张、文房四宝、印章等。

3. 旅游食品

旅游食品是指能够随身携带或邮寄的、用于旅游的主副食品和饮料等，包括各地的名酒、名菜等土特产。

4. 旅游纪念品

旅游纪念品是指以旅游景点的文化古迹或自然风光为题材，利用当地特有原材料制作，带有纪念性的各种各样的商品，包括旅游纪念章、纪念图片、景点景区光盘、录像带之类的商品。

2. 选择质量有保证的购物商店

（1）购物地点要相对集中。购物点太远了，浪费的时间太多，要尽量相对集中，便于游客购物。

（2）购物商店应当正规，以保证商品的质量。选择的购物点应该是指定的正规的定点购物商店，提供的购物品有质量保证，并在旅游行程中注明购物点的名称、主要经营特色。

（3）商品价格合理。目前由于很多购物点返给旅行社和导游的佣金较多，商品价格太高，游客意见大，投诉较多。因此，计调员要选择商品价格合理的购物点，并与之签订合同。

2.1.6 娱乐基本知识

旅游娱乐业是指为旅游者提供各种游览娱乐设施，以满足其游乐的需要的各类相关行业的总称。这是构成旅游活动的六大要素之一，它是旅游者在旅游过程中穿插进行的一种文娱活动项目，强调娱乐性和参与性。

1. 了解当地旅游娱乐项目的情况

旅游娱乐产品的生产，有的是以饭店、旅游景点为依托，设计编排民俗风情等文艺演出；有的则是由旅游娱乐企业生产，这些企业为满足旅游者的需要，投入空间设备和康乐娱乐设施等，经营综合性或单一性娱乐业，如大型游乐园、跑马场、高尔夫球场等。计调员要掌握娱乐项目的类型、内容、价格、演出时间等基本情况。

相关链接 2-6

旅游娱乐业的类型

1. 健身性娱乐

健身性娱乐寓游玩、健身、个性、挑战于一体，通常有游泳、武术、保龄球、高尔夫球、滑雪、冲浪、自行车旅游、登山等，它越来越受到旅游者尤其是度假、专项旅游者的欢迎。

2. 赌博性娱乐

赌博性娱乐，在美国有赌场赌博、赛马赌博、彩票赌博等。欧洲的袖珍国家摩纳哥靠赌博业吸引游客，南美的巴西及巴拿马也都靠赌博支撑旅游业。在亚洲，韩国汉城的华克山庄赌场有“东方拉斯维加斯”之称，澳门也是靠博彩业享誉世界。我国是社会主义性质的国家，我国政府明令取缔旅游业中的赌博娱乐项目。

3. 游戏性娱乐

游戏性娱乐项目，一般是设计别致、立意新奇、游艺内容具备的综合游乐场所。例如，1958 年由美国著名动画片作者迪斯尼设计修建的洛杉矶“迪斯尼乐园”，其中各种惟妙惟肖的动画动物形象使不同年龄层次、不同性别、不同肤色的人都感到新颖别致，妙趣横生。

4. 文化性娱乐

文化性娱乐是既能愉悦旅游者身心，又能领略异域文化氛围的旅游项目，如影视、歌舞、杂技、民俗表演及各种文化性展览等，深受游客的喜爱。

2. 选择健康的旅游娱乐项目

1）娱乐项目安全，有特色

很多旅游者到旅游目的地之后都想了解、体验当地的文化。当地举办的一些娱乐项目就是当地文化的体现。例如，到四川九寨沟旅游，晚上通过观看藏羌族文艺晚会，就可以了解一些藏族和羌族文化。目前，大多数旅游景区都准备了一些娱乐项目，计调员在安排或者推荐娱乐项目时，一定要考虑安全性，在安全性得到保证的基础上才考虑是否有特色。

2）娱乐项目内容健康

计调员安排或推荐的娱乐项目内容一定要健康，不能违反国家法律的规定。

3）娱乐项目价格合理

目前一些景区推出的娱乐项目，特别是自费的娱乐项目，如有些晚会、骑马等活动价格太高，超出成本价很多倍，导致游客投诉导游员。

2.1.7 本省地图知识

旅行社计调员要掌握一些地图知识，要养成爱看地图、读地图、用地图的好习惯，在给客人制作旅游行程时要学会使用政区图和交通类地图，便于了解各个景点之间的空间位置和方位，使制定的行程更加合理；在给客人介绍游览线路时，要学会使用线路图，使客人对整个旅游活动的走向有一个清楚的认识。在为游客介绍旅游景点时，使用景区导游图，便于客人知道该景区景点的分布情况。在行程表中最好附上地图，计调员在旅行社工作期间，每次做完行程后，给游客附上一些旅游线路图、景区导游图（九寨沟导游图见图 2.4），客人会感到很高兴，他们也能对整个旅游活动要经过的地方非常清楚了。

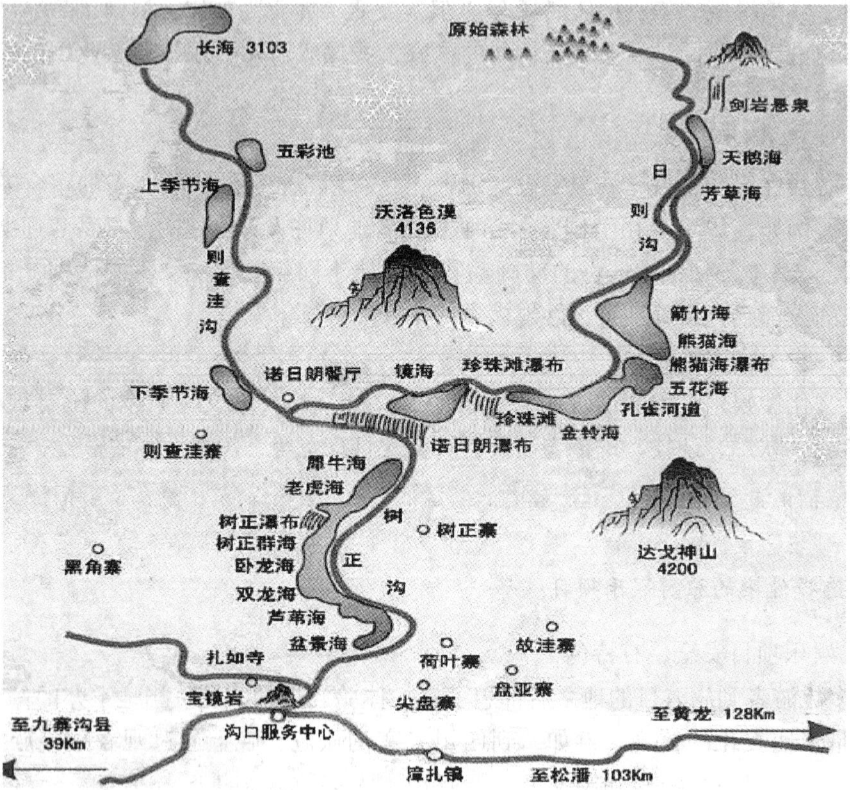

图 2.4　九寨沟导游图

【任务实训】

绘制本省旅游交通图和旅游景点分布图

▶实训目的

了解本省旅游交通及旅游景点的分布情况。

▶实训内容

要求每个学生绘制一份本省旅游交通分布示意图和旅游景点分布示意图。

▶实训步骤

第一步：老师先用课件讲解本省旅游交通和旅游景点的分布情况。

第二步：学生在网上收集相关地图。

第三步：学生绘制示意图。

▶实训成果

每位学生提交一份手绘的本省旅游交通和旅游景点分布示意图。

本地旅游信息的采集

▶实训目的

了解本地旅游六大要素的基本情况；掌握旅游六大要素的收集方法。

▶实训内容

要求每位学生采集本地旅游六大要素的基本信息。

▶实训步骤

第一步：收集你所在地酒店信息，选择一家三星级酒店、一家四星级酒店，要求掌握酒店名称、地点、设施情况、经营方向、基本价格、联系人、联系电话等信息。

第二步：收集你所在地两家汽车租赁公司的信息，掌握汽车公司的车辆数目、车型、性能、车况、驾驶员技术水平、公司管理状况、服务规范、准运（营运资格）、租车费用等。

第三步：收集你所在地两家餐饮单位的信息，掌握餐饮单位的地理位置、车位、洗手间、餐标、主要经营风味、菜单（特色餐）、结算方式、销售配合、环境、停车场地、接待能力和服务情况等。

第四步：收集你所在地两家旅游景区的信息，掌握景区的名称、地理位置、游览线路、主要特色、淡旺季门票价格等。

第五步：收集你所在地两家购物点的信息，掌握购物点的名称、地点、主要产品、经营特色。

第六步：收集你所在地两台文艺晚会的信息，掌握文艺晚会的名称、主要表演场所、大致内容、票价、演出时间。

▶实训成果

每位学生提交一份旅游信息采集资料。

【任务完成】

通过对该任务的学习，学生明确了国内接待计调应该从哪些方面来掌握本省酒店、餐饮、交通、游览、购物、娱乐等方面的知识，掌握了旅游六大要素信息采集的方法，能够顺利地采集本省的各种旅游信息。

任务 2.2　本省旅游线路的开发与报价

【任务导入】

▶案情介绍

中新网海口　2013 年 2 月 17 日电　记者 17 日从海南省旅游委获悉，16 日海南省旅游委派出 3 个调查小组对媒体曝光海南旅游高回扣涉案旅行社和导游进行调查取证，当晚做出依法吊销违规旅行社经营许可证的决定。15 日晚，中央电视台新闻频道《东方时空》栏目播出了《假日观察：海南旅游高回扣背后利益链》。16 日晚，央视新闻联播再次对该报道作后续跟踪报道，在社会上引起较大反响。

海南省委书记罗保铭、省长蒋定之分别做出指示，要求依法从严从快查处违规旅游企业和从业人员，并且举一反三，采取切实有效的措施，规范海南旅游市场秩序。16 日，海南省旅游委同时派出 3 个调查小组，连夜分头对涉案旅行社和导游进行调查取证，并协调省有关部门督促三亚市、陵水黎族自治县依法查处涉案景区点、潜水点、购物点和出租车司机。查明海南奥林匹克旅行社的违规事实，决定依法予以吊销该旅行社业务经营许可证，并将协同工商、物价、交通、海洋、质监等有关部门对存在的其他问题，从严查处。

海南省旅游委有关负责人表示，将进一步系统梳理旅游市场存在的问题，将旅游市场的整治工作作为今年工作的重中之重，六大重拳整治旅游顽疾：一是开展“零负团费”专项整治工作；二是进一步规范旅游购物市场；三是加强对景区景点的监督管理，联合工商、物价等部门，重点对景区景点的门票价格进行“打假、压虚、调差别”，解决门票价格欺诈、价格虚高、有差别团体票和高额回扣等问题；四是加强旅游团队用餐管理；五是加大对潜水旅游业的监管力度；六是推进导游体制改革。

（资料来源：http：//www. chinacourt. org/article/detail/2013/02/id/894984. shtml. ）

▶问题

作为地接计调员，你是如何看待海南旅游高额回扣的？你认为应该采取哪些措施来杜绝旅游高额回扣现象？

▶案例解析

旅游高额回扣现象来自旅行社的零团费和负团费。所谓零团费，就是组团社和地接社发团的时候，除了机票以外，不再付任何费用。旅行社则依赖游客购物的佣金来维持成本。游客必须大量购物，旅行社才可以赚取利润，因此旅行社会强逼导游以威逼利诱手段使游客大量购物。所谓负团费，就是地接社不仅拿不到任何费用，而且要花钱到组团社花钱买团，如此一来，一个团到了本地接待社，导游要发工资，旅行社要赚钱，怎么办呢？就得从游客身上找回来！那么这就得设计了，旅行社先给导游挖个“坑”，十人团，每个人身上赚100元就是“一米的坑”，200元叫“两米的坑”，300元叫“三米的坑”。例如，导游把游客带到三亚旅游，就要让游客参加人妖、潜水、海鲜等项目，从这里把“坑”填满，把钱拿回来。

要杜绝旅游高额回扣现象需要旅游行政部门、组团社、接待社、游客共同努力来实现。政府制定相应的政策，加大监管力度，组团社不能低于成本报价、接待社不能接低于正常成本的团队，游客要学会鉴别零团费、负团费旅游团，不要参加任何低于正常成本的旅游团。

【任务分析】

国内接待计调主要负责本地旅游线路的开发与报价，应该熟悉本地旅游景区、交通、住宿、餐饮、娱乐、购物等各个要素的基本情况，能根据组团社的要求，及时为客人设计满意的旅游线路，并为游客做出合理的报价。

2.2.1 本省旅游线路的开发

旅游线路是旅行社根据市场需求，结合旅游资源和接待服务的实际状况，为旅游者设计的、包括整个旅游过程中全部旅游项目和服务内容的旅行游览计划。旅游线路包括游览景点、参观项目、饭店、交通、餐饮、购物、娱乐活动等多种要素。

1. 旅游线路的类型

根据不同的分类标准将旅游线路进行分类。

1）以旅游线路的起止特征为标准划分

以旅游线路的起止特征为标准划分，旅游线路有流线型、环型、辐射型3种形式。流线型旅游线路只有一个起点、一个终点，旅游活动自起点开始，至终点结束。例如，“北京—西安—上海—桂林—香港”的旅游线路，就是以北京为起点，香港为终点。环型旅游线路从起点到终点都是一个环节，起点即终点，如“广州—桂林—西安—北京—南京—苏州—杭州—广州”的这条旅游线路。在环型旅游线路中有一个节点（经常是出入境口岸城市或一个区域的交通枢纽城市）往往需要二进二出。辐射型旅游线路以一地为起点，而终点有多个选择，因而其旅游线路也有多条可供选择。例如，“北京—南京—无锡—苏州—上海”、“北京—西安—上海”、“北京—西安—桂林—广州”这3条线路都以北京为起点，但旅游路线却不一样，终点也不同，这样的旅游线路即为辐射型旅游线路。

2）按照旅游线路的距离划分

按照旅游线路的距离，可划分为 3 种，即短程旅游线、中程旅游线、远程旅游线。短程旅游线的游览距离较短，活动范围较小，一般在一个地区级旅游城市推出的市内一日游、二日游等；旅游城市到周边城镇、远郊县区的旅游线路等。中程旅游线的游览距离较远，活动范围一般在一个省级旅游区以内或跨省级旅游区的周边地区。远程旅游线的游览距离长，旅游者活动范围大，一般指在跨省级旅游区范围以上，包括海外旅游线路、边境旅游线路和国内远距离旅游线路。

3）以旅游活动的天数为标准划分

从时间上来说，旅游线路有一日游、二日游、四日游……多日游等。采用这种方式划分，在我国的国内游中是比较普遍的。其优点是旅游者一眼便可看出所需旅游时间的长短；对于旅行社来说，可根据时间长短来安排旅游内容，并且比较容易确定价格。从我国旅行社现行的操作情况来看，它的缺点是对旅游主题的表述往往不明确，体现不出旅游线路的特色，如北京天津包机六日游、昆明大理丽江八日游线路。旅游消费者很难从其中看出产品的核心特色。

4）按组织形式来划分

旅游者在外出旅游时会有各种组织形式，根据旅游者出游的组织形式，旅游线路可分为包价旅游线路、拼合式旅游线路、跳跃式旅游线路和自助式旅游线路等。

（1）包价旅游线路。包价旅游线路是指旅游者在外出旅游时，一次性付费购买包括交通、住宿、餐饮、门票、保险、导游服务等在内的旅游产品。这种旅游产品可以认为就是由旅行社提供的旅游线路，即旅游者在购买包价旅游线路后，一切旅游活动均由旅行社安排，旅游者不用自己操心。

全包价旅游线路指旅游者采取一次性预付旅游费的方式，将各种相关旅游服务全部委托一家旅行社办理的旅游形式。半包价旅游线路是在全包价旅游线路的基础上扣除餐费的一种包价形式。半包价旅游线路与全包价旅游线路的主要区别在于这种旅游包价内不含午、晚餐费用，其目的是降低产品的直观价格，提高产品的竞争力；同时，旅游者的用餐自由度得到提高，方便游客选择风味餐。小包价旅游线路又称可选择性旅游线路，它由可选择部分和非选择部分组成，具有灵活、经济的特点。游客购买价格里包含的是非选择部分，这部分包括往返接送、住房和早餐。可选择部分包括导游服务、风味餐、节日欣赏和参观游览等，旅游者可根据自己的需要自由选择，这些可选择部分的项目可以提前预付，也可以现付。小包价旅游具有经济实惠和灵活方便的特点。

（2）拼合式旅游线路。拼合式旅游线路是指在整个旅程设计有几种分段组合线路，旅游者可以在购买时自己选择和拼合，并且在旅程中可以改变原有的选择（分段）。拼合式旅游线路的设计原理和技术、要求与包价旅游线路基本上是一样的，它们的区别仅在前者有几种分段组合的线路而后者是一种完整的线路。

（3）跳跃式旅游线路。跳跃式旅游线路是指旅行社提供的只是整个旅程中几小段线路或几大段服务，其余皆由旅游者自己设计。跳跃式旅游线路实际上是一种半自助式旅游线路，旅游者有较大的自由度与自主权，这种线路的设计相对要简单得多。

（4）自助式旅游线路。自助式旅游线路是指旅游者自行组织旅游活动的一种旅游线路，其线路的设计旅游活动的实施没有旅游中介组织（如旅行社）的介入。自助式旅游最大的特色就是旅游内容自主性很强，每个人都有充分的时间来享受旅游中的趣味。自助式旅游者可以把旅游费用完全自我控制，花的每一分钱都在自己掌握中，也就是说，自助式旅游是一种把钱花在自己最想花的地方的旅游方式。

5）按照旅游目的来划分

旅游目的是旅游者出游的主要动机之一。根据旅游者的旅游目的，旅游线路可分为观光游览旅游线路、探亲访友旅游线路、休闲度假旅游线路、公务商务旅游线路、修学旅游线路和科考探险旅游线路。

（1）观光游览旅游线路。观光度假旅游线路是我国目前旅游线路的主要形式。观光游览旅游线路的主要特点是旅游者一般喜好周游型旅游线路，以走马观花式的方式出游。旅游者对观光游览旅游线路的最基本要求是旅游线路中的旅游资源级别要高，旅游地与旅游者常住地的差异较大，旅游费用比较经济等。旅游者一般不会重复使用同一条观光游览旅游线路。

（2）探亲访友旅游线路。旅游者探亲访友的目的非常明确，旅游目的地也非常明确，就是亲友所在地。探亲访友旅游线路比较简单，一般是旅游者常住地到其亲友的所在地，旅游线路通常是一线两点的形式。这个旅游线路旅游者通过旅行社来进行组织的较少，一般都是旅游者以自主旅游方式完成。旅游者重复使用同一条旅游线路的可能性较大。

（3）休闲度假旅游线路。休闲度假旅游对旅游目的地的选择没有观光游览旅游线路那样对旅游资源有较高的要求，旅游者对旅游费用的敏感程度也没有观光游览线路那么高，旅游目的地（旅游景点）也不要求有这么多。选择休闲度假旅游线路的旅游者追求的是旅游体验和修身养性。旅游者重复使用同一条旅游线路的可能性较大。

（4）公务商务旅游线路。公务商务旅游者是一种特殊的旅游者，他们的旅游目的地一般由不得自己选择，外出旅游的时间也由不得自己做主，都是根据公务商务的需要来确定的。这种旅游者对价格并不敏感，他们追求的是行程的快捷、方便、舒适，办事的高效率等。公务商务旅游者一般不会购买旅行社现成的旅游线路产品，他们需要旅行社提供的主要是票务、订房等服务。现在有的旅行社推出的会展旅游就属于公务商务旅游线路的组成部分。

（5）修学旅游线路。修学旅游线路的对象是特定的，一般都是在校学生，通常有老师带队。他们的旅游目的是旅游与修学并重，有的就是以修学为主，旅游只是附加或附属的部分。修学旅游线路对于旅游目的地有特殊的要求，要能增加知识，有时修学旅游是学习内容的组成部分。使用修学旅游线路的旅游者对于费用比较敏感，对于食、住、行等要求不是太高。修学旅游线路推出的时间性较强，一般以假期为多，如寒暑假、“黄金周”等。

（6）科考探险旅游线路。科考探险旅游线路的专业性较强，一般以自助旅游线路为多。这样的旅游线路旅行社推出的难度较大，使用这种旅游线路的旅游者不会太多。

6）按照旅游线路的档次来划分

旅游线路会根据游客对食、住、行等方面的档次和费用的高低要求，划分为豪华等、标准等和经济等。

（1）豪华等旅游线路。旅游费用较高，一般游客住宿和餐饮安排于四星级或五星级酒店或豪华游轮里（或高水准的客房、舱位）；享有中高级导游服务；享用高档豪华型进口车；餐饮以目的地特色餐饮为主；享用高水准的娱乐节目欣赏；一般长途往返使用飞机航线（干线和支线）。

（2）标准等旅游线路。旅游费用适中，一般游客住宿和餐饮安排于二星级或三星级酒店或中等水准的宾馆、游轮里的双人标准间；享用豪华空调车；餐饮以标准餐八菜一汤为主；一般长途往返使用飞机航线（只限于干线）或火车卧铺。

（3）经济等旅游线路。旅游费用低廉，游客住宿和用餐于低水准的招待所和旅社；享用普通汽车；餐饮以游客吃饱为基本标准；一般长途往返以火车硬座为主。

2. 旅游线路开发的原则

1）市场原则

市场原则就是要求旅行社在开发旅游线路前，对市场进行充分的调查研究，预测市场需求的发展趋势和需求数量，分析旅游者的旅游动机。该原则要求旅游线路开发必须首先了解和掌握旅游市场的需求状况，包括需求的内容、满足程度、发展趋势及潜在需求状况和整个市场的规模、结构及支付能力，然后根据这些因素进行旅游线路的开发。由于市场需求处于动态变化之中，这就使旅行社在进行旅游线路开发的时候不应局限于客源市场的现实需求的满足，还应把握市场的各形成要素，了解长期的发展方向，预测潜在需求的变化趋势。所以，旅游线路开发设计人员要及时掌握市场动态信息，提高旅游线路的使用价值。

2）突出特色原则

旅游线路可以多种多样，特色总是旅游线路的灵魂。突出特色是旅游线路具有吸引力的根本所在。这就要求对旅游线路的资源、形式要精心选择，力求充分展示旅游的主题，做到特色鲜明，以新、奇、异、美吸引旅游者的注意。在确定旅游线路的时候，应尽量使用带有“最”字的旅游资源，这样可以增加旅游线路的吸引力和竞争力。例如，某旅游资源在一定的地理区域范围内属最高、最大、最古、最奇等。只有具有独特性，才能提高旅游线路的吸引力和竞争力。还应该突出当地的民族文化，保持某些传统格调也是为了突出特色。旅游者前来游览的重要目的之一便是要观新赏异、体验异乡风情。不难想象，如果旅游线路同客源地的情况无差别，游客是不太愿意前来游览的，即使来过一次，以后也难再重游，除非此地有新的变化。

3）供给全面原则

旅游是一项综合性极强的活动，旅游者在旅游活动中需要得到吃、住、行、游、购、娱等各种服务，还需要其他行业对这些提供支持。实际上，旅游业的发展需要全社会的支持，保证旅游者的最佳旅游体验，也需要全社会的努力。旅游供给是旅游线路设计的前提。旅游资源的类型、规模、级别、容量、季节变化等，旅游交通的方式、便利程度、舒适程度、服务水平等，饭店的规模、级别、服务水平等，娱乐设施的种类、购物设施的种类，导游翻译服务的水平，旅游目的地的公用设施的水平、相应机构的服务水平等，都会对旅游者在旅游目的地的旅游体验产生重大影响。在旅游供给中，对旅游者来说最敏感的是价格问题。景点门票、交通、食宿、导游、保险等一系列费用成为旅游产品（旅游线路）价格的主要构成部分，而这些费用都与旅游供给有直接的关系。

4）时效优先原则

（1）展现最美的旅游景观。当旅游者选择一条旅游线路，选定一个旅游目的地进行旅游活动的时候，他主要是想看到旅游目的地最美的季节和最动人的景观。要想满足旅游者的这种心愿，在设计旅游线路的时候要尽量注意旅游景观的时效性。

一是根据自然景观的季节性变化设计路线。自然景观作为旅游活动的客体，具有季节性变化的特征。一些自然景观受季节变化影响一年四季呈现不同的景象。某些特定的自然景观只有在特定的季节或特定的时间才能看到，如观赏香山红叶只有在深秋时分，著名的“吉林树挂”（见图2.5）只有在隆冬时节才会出现等。旅行社在设计旅游线路时应该熟悉各个旅游地自然景观的季节变化特点，推出相应的旅游路线。

图2.5　吉林树挂

二是围绕民间节庆活动设计路线。在全世界各地，各种类型的民间节庆活动比比皆是。这些民间节庆活动以丰富的内容、奇特的形式吸引着各地的旅游者。特别是一些世界知名的节庆活动，如巴西的狂欢节、德国的啤酒节、中国傣族的泼水节

(见图2.6) 等，更是对旅游者有极大的吸引力。然而，节庆活动并非天天都有，只在特定的时段才会举行。旅行社要完成对民间节庆旅游线路的设计，就离不开对民间节庆信息的正确了解。

图2.6 傣族的泼水节

三是根据旅游地的气候环境设计旅游路线。旅游活动是一种以户外为主进行的活动，气候环境是否舒适在很大程度上会影响游客的旅游体验或旅游满意程度。研究表明，一般来说，气温为18~23℃，相对湿度为65%~85%，空气比较洁净、透明，日照中含有一定的紫外线，每立方厘米空气中含有负离子1000~1500个，气压为100千帕左右，风速为2米/秒左右，旅游者就会感到比较舒适。例如，4月到9月，印度酷热难当，自然不是旅游的最佳季节；9月到来年3月，是尼泊尔旅游的最佳时光；柬埔寨的雨季来临的时候，游客恐怕不会感到舒服。在不适合旅游的季节进行旅游，结果往往会使人感到遗憾。旅行社在设计旅游线路时，不能只单纯地考虑旅游地的景观状况，而忽视气候环境的舒适状况，要将旅游时间与旅游目的地最美的季节和气候环境协调一致，努力使旅游者欣赏到旅游目的地最好的景观，使旅游者的旅游体验达到最优，旅游满意度达到最大。

(2) 紧扣社会热点推出适应性旅游线路。时效原则的另一项意义，体现在对社会信息的及时采撷，即刻推出适应性产品上。在迅速把握机会、果断决策、抢占先机方面，产品的主动性充分体现，会使产品声名远播，赢得良好的市场声誉。例如，"绿色奥运澳洲采风"旅游线路等就都属于此列。2001年7月13日，北京获得了2008年奥运会的主办权。在人们还沉浸在兴奋之中时，一个以奥运为主题的出境旅游线路——"绿色奥运澳洲采风"已经火热出炉了。该线路紧扣奥运会，将"奥运旅游"的含义进行了新的诠释，深得媒体追捧，获得了广泛的市场赞誉。在注重产品时效性上，也取得了不俗的成绩。

5) 效益兼顾原则

旅游效益是旅游者和旅行社甚至全社会都在追求的，不同的是旅游者追求以旅游体验为主的旅游效益，旅行社追求的是经济效益及其在社会上的声誉，全社会追求的是旅游的综合效益，包括经济效益、生态效益和社会效益。设计旅游线路时，要兼顾旅游经济效益、旅游社会效益和旅游生态效益，尽可能做到效益最大化。

（1）旅游经济效益。旅游线路同其他产品一样，也有各种成本支出。一条旅游线路的成本主要由两部分组成：线路构成项目的成本（包括住宿、餐饮、交通、门票、导游服务等各种费用）和旅游线路设计费用（包括设计人员工资、业务费等）。旅行社作为一个企业，其设计旅游线路的最终目的在于销售旅游线路，获得经济利益，即以相对低的投入，获得相对高的效益。

（2）旅游社会效益。旅游活动是一种特殊的活动。旅游者通过旅游，除了可以游览风景名胜、品尝各地美食、开阔眼界、增长知识以外，更重要的是可以领略到自然界和人类生活的“真、善、美”，获得巨大的精神享受。因此，旅行社设计的旅游线路也应该有较高的文化品位和内涵，能满足旅游者求真、求美、求善的精神需求。同时，旅行社作为社会经济生活中的一个组织，必须考虑自身的行为对社会造成的影响，也必须重视旅行社自身在公众中的品牌形象。事实上，只有那些既注重经济效益又讲求社会效益的旅游线路，才是真正受旅游者欢迎的产品，才是能在市场中长盛不衰的产品。

（3）旅游生态效益。旅游生态效益越来越受到人们的重视，像“除了脚印，什么也别留下；除了照片，什么也别带走”的生态旅游口号越来越深入人心。对于生态比较脆弱的旅游目的地，保护旅游生态环境显得更为重要。在旅游线路设计中，必须要注意保护旅游生态效益。

6）安全第一原则

旅游者一旦开始出游，飞机、火车、轮船、汽车是旅游者到达旅游目的地的主要交通工具。在当今社会，安全地到达旅游目的地是旅游者对旅游交通的最起码的要求。为了确保交通安全，在旅游线路设计时必须选择安全的交通路线，选择有质量保证的交通工具和运输公司。“条条大路通罗马”，在实际工作中，到达同一旅游点的交通路线往往有若干条。旅行社的旅游线路中在确定具体的交通路线时应以安全为第一原则，在保障安全的基础上再选择经济省时的路线。例如，雨季的山区常常会有山体崩塌、滑坡的现象，乘汽车沿盘山公路上山的安全性就大大降低，坐索道或景区小型飞机上山虽然会增加成本，但行程的安全性却更有保障。在旅游线路设计中要注意在旅游线路中尽量不安排夜间交通。一条旅游线路的时间总是有限的。很多旅行社为了在有限的时间内安排更多的游览活动，提高经济效益，往往会采取夜间行车，白天游览的模式。表面上看，旅行社提高了旅游效率，但实际上却增加了旅游交通安全的隐患。因为夜间行车，不仅路况差，而且驾驶员受生理规律支配往往感觉比较疲劳，容易造成交通事故。

相关链接 2-7

旅游活动安全

一是游览活动安全。旅行社在旅游线路中所安排的各项游览活动也应以确保旅游者人身、财产安全为前提。针对不同类型的客人，所安排的游览项目也应有所差别。例如，对老年游客，就不适合组织那些刺激性强、运动量大的活动。为了满足游客的多种需求，旅行社可以在旅游线路中先安排常规的、一般性的游览活动，把那些较惊险刺激的旅游项目列为自费项目，供游客自由选择。

二是餐饮安全。“民以食为天”，旅游活动中同样如此。旅行中，一般游客对用餐环境、食品卫生状况和食品口味都比较注重。卫生、美味、有特色是游客对旅游餐饮的一般要求，其中卫生又是最基本的要求。如果在食品安全上发生问题往往会造成比较严重的后果，甚至会危及旅游者的生命安全，因此旅行社在设计旅游路线时应格外重视餐饮安全问题。首先，应选择正规的旅游定点饭店；其次，菜品以大众菜为主，一般不安排特色菜。因为有些特色菜原料和加工方法都比较特殊，游客食用后可能会引起身体不适。例如，旅行社一般不会安排客人吃海鲜。到海滨城市旅游，住海景宾馆、玩水上项目、吃海鲜大餐是一般旅游者比较向往的事。然而，目前旅行社所组织的海滨旅游线路大多不会安排客人吃海鲜。这一点也常常引起客人的不满和误会，认为旅行社是为了压缩成本而故意不安排吃海鲜。其实，旅行社不安排客人吃海鲜主要是出于餐饮安全的考虑。因为海鲜是凉性食品，比较容易引起腹泻等胃肠道疾病。有时并非是食品卫生的原因，客人也会感觉不适。旅行社为了避免这些“麻烦”，所以一般不安排集体吃海鲜的项目。

三是自由活动安全。旅行社在编排旅游线路时，一般都会安排适当的自由活动时间。所谓自由活动，就是由游客自行安排在旅游目的地的活动，无须导游或旅行社人员陪伴。从理论上说，旅游者在自由活动期间的人身安全、财产安全与旅行社无关，但实际上一旦在旅游过程中旅游者发生安全事故，旅行社也难辞其咎。因此，旅行社在旅游线路中是否安排自由活动，安排多长时间，应以确保安全为出发点。一般说来，在治安状况良好、社会环境稳定的旅游目的地可适当安排自由活动；而在那些社会环境、治安状况较差的旅游目的地最好不要安排自由活动，以免发生意外。

7）旅游点结构合理的原则

计调员在设计旅游线路时，应慎重选择构成旅游线路的各个旅游点，并对之进行科学的优化组合。具体地讲，在旅游线路设计过程中应注意以下几点。

（1）竭力避免重复经过同一旅游点。在条件许可的情况下，一条旅游行程应竭力避免重复经过同一旅游点。根据满足效应递减规律，重复会影响一般旅游者的满足程度。因此在设计线路时，应尽可能使整条线路呈环形，如果不是迫不得已，尽量不要在同一城市、同一旅游点重复经停。以“海南岛—三亚七日游”（见图2.7）为例，离开海口去三亚时汽车走东线：海口—琼海—兴隆一陵水猴岛—三亚；返回海口时汽车走西线：三亚—通什—琼中（苗寨）—屯昌— 海口。整个日程的安排是环岛一圈。尽管旅游者乘坐汽车长途跋涉，但因沿途风光各异，各旅游点都有不同的特色，在导游人员引人入胜的介绍下，每人都盼望到达下一风景点，这些具有吸引力的安排会使旅游者暂时忘记旅途的颠簸与疲劳，使他们感到花一分钱买到两份不同的经历。

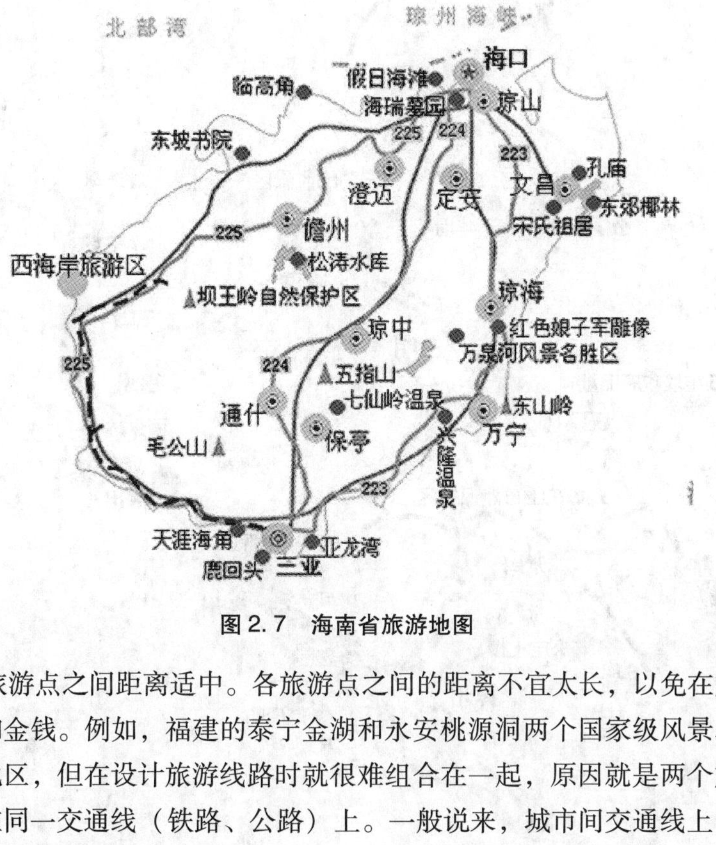

图2.7　海南省旅游地图

（2）各旅游点之间距离适中。各旅游点之间的距离不宜太长，以免在旅途中耗费大量的时间和金钱。例如，福建的泰宁金湖和永安桃源洞两个国家级风景名胜区间属于福建三明地区，但在设计旅游线路时就很难组合在一起，原因就是两个旅游点相距太远，又不在同一交通线（铁路、公路）上。一般说来，城市间交通线上的时间耗费不能超过全部旅程时间的1/3。

（3）择点适量。在时间一定的情况下，过多地安排旅游点，采用“赶鸭子上路”的方式，容易使旅游者紧张疲劳，达不到休息和娱乐的目的，也不利于旅游者细致地了解旅游点（尤其是文化内涵丰富的旅游点），对于老年旅游团采用这种方式就更不可取了。目前许多旅游线路设计中，在安排旅游点时都有“贪多求全”的趋势。例如，某地一旅行社开发的“一日游”的线路中，包含了9个景点，许多旅游者甚至是年轻的游客在看完第六七个景点时就开始体力不支，无论第九个景点多么精彩，旅游者们都只能坐在那个景点的门口“望门兴叹”了。

（4）顺序科学。旅行社设计旅游线路时一般以空间顺序为根本指导。在交通安排合理的前提下，同一线路旅游点的游览顺序应由一般的旅游点逐步过渡到吸引力较大的旅游点，这样可以不断提高旅游者的游兴，同时还能把握游程节奏，做到有张有弛。例如，福建精华六日游（见图2.8）：A.“福州—武夷山—泉州—厦门”；B.“厦门—武夷山—福州—泉州”，A线显然比B线合理，因为前者更符合“中潮—高潮—次高潮—大高潮”的顺序。

图2.8　福建省旅游地图

（5）特色各异。一般说来，不应将性质相同、景色相近的旅游点编排在同一行程中，否则会影响旅游线路的吸引力。当然，专业考察旅游则另当别论。例如，在北京游览了颐和园，就尽量避免再安排北海、圆明园等，因为这些都是皇家园林，虽各有特色，但是园林的性质相同。又如，行程中安排了雍和宫，就尽量避免再安排潭柘寺、法源寺、白塔寺等，因为这些都属于寺庙建筑。

3. 旅游线路设计流程

1）选择旅游目标市场

旅游目标市场是旅游线路类型的决定性因素。旅游目标市场类型较多，根据旅游者的旅游目的可以分成观光游览、度假休闲、公务商务旅游、专题旅游、其他旅游等；根据旅游者的组织形式可以分成团队旅游、散客旅游、自助旅游等；根据旅游者的年龄可分成青少年旅游、中年旅游、老年旅游等，根据旅游者经济状况可以分成经济旅游、标准旅游、豪华旅游等。旅游目标市场一定要定位准确，只有目标市场确定后，进行下一步的工作才有依据。

2）选择旅游目的地

旅游目标市场确定后，根据目标市场旅游者的旅游喜好来选择旅游目的地。在选择旅游目的地时，要注意旅游目的地的区位、距离、可进入性、旅游资源类型及组合、气候及气象条件、经济发展水平及状况、旅游基本设施条件、消费水平、社会稳定、政府及居民对发展旅游业和旅游者的态度、旅游景区或景点的门票价格等，还有准备合作企业（如旅行社、饭店）的资质、条件、服务水平、诚信程度等。旅游目的地的选择决定了旅游线路对旅游者的吸引力，也就决定了旅游线路销售的前景。

3）确定旅游线路名称

线路名称，是线路的性质、大致内容和设计思路等方面的高度概括。因此，确定线路名称应考虑各方面的因素，并力求体现简约、突出主题、时代感强、富有吸引力等原则。旅游线路的名称一般由游览目的地、大交通、线路性质及游览天数构成。例如，“北京双飞纯玩五日游”，这一线路名称表示了游览的主要目的地是北京，交通工具是双飞，时间是5天，性质是纯玩团。常见的旅游线路名称有：厦门鼓浪屿崇武纯玩双飞五日游；成都台湾宝岛双飞八日游；神奇桂西养生体验之旅双卧8日游；升级版桂林阳朔纯净双飞4日游；华东六市+双水乡+三园林6日纯玩豪华游等。

4）确定行程特色

行程特色是旅游线路的亮点和买点，一定要突出你所设计的旅游线路的特色，即与其他旅游线路相比，你的优势是什么。目前旅游业竞争十分激烈，很多旅行社在设计线路时都很注重突出行程特色。例如，梦之旅网站在2012年8月10日推出的“成都—乐山、峨眉山纯玩二日游”旅游线路，强调了其行程特色：①峨眉山地势陡峭，风景秀丽，有“秀甲天下”之美誉；②有限的假期，不多的花费，感受峨眉、乐山之精华；③全程纯玩，没有购物打扰，自愿消费，质量有保障；④二环内上门接车，让您的出游更方便简捷。

5）策划旅游行程

从形式上看，旅游行程是以一定的交通方式将线路各旅游目的地进行合理连接。旅游目的地是构成旅游行程的基本空间单元。一般来说，同一条旅游行程中的各旅游目的地，都有相同或相似的特点，用于满足旅游者的同一需求并服从于某一旅游主题，起着相互依存、相互制约的作用。旅游目的地可以是城市，也可以是独立的风景名胜区。行程的始端是第一个旅游目的地，是该行程的第一个节点，终端是行程的最后一个节点，是旅游活动的终结或整个行程的最高潮部分，而途经地则是行程中除始端和终端外的其他节点，是为主题服务的旅游目的地。因此，策划旅游行程就是从始端到终端及中间途经地之间的游览顺序，在行程上合理布局节点。“成都—乐山、峨眉山纯玩二日游”的旅游行程就是“成都—乐山—峨眉—成都”。

6）安排旅游活动日程

旅游活动日程是指旅游行程中具体的旅游项目内容和地点及各项活动进行的日期，应体现劳逸结合、丰富多彩、节奏感强、高潮迭起的原则。例如，“成都—乐山、峨眉山纯玩二日游”的活动项目如下。

乐山有乐山大佛及凌云寺、九曲栈道、大雄宝殿、灵宝塔、佛缘堂、东方佛都景区。

峨眉山有雷洞坪、金顶、万年寺无梁砖殿、峨眉山的镇山之宝——重 62 吨的普贤骑象、白龙洞、清音阁、一线天、黑龙江栈道、自然生态野生猴群（见图 2.9）。

7）选择旅游交通方式

从旅游客源地到旅游目的地一般会有几种方式交通，要根据不同的目标市场来选择。有的旅游者要求旅游交通速度快，如公务或商务旅游；有的要求舒适程度高，如经济条件好的旅游者（或者是选择豪华团旅游的）；有的要求价格最低，如经济条件一般或讲究经济实惠的旅游者等。不管选择什么样的交通方式，都要尽量地使旅途时间比最小、性价比最好、安全程度最高、服务最好。例如，西安到成都，可以选择飞机、火车、汽车 3 种交通工具。

8）选择旅游住宿场所

现在选择旅游住宿场所的余地越来越大。选择旅游住宿场所需要考虑的因素有品牌、位置、可进入性、环境、等级、规模、标准、价格、服务、在旅游者中的口碑、折扣率等。

图 2.9 峨眉山导游图

9）选择旅游购物场所

旅游购物是旅游活动之一。选择旅游购物场所需要考虑的因素有类型、特殊性、位置、规模、价格、诚信程度、服务、折扣率等。

10）选择旅游娱乐场所

旅游娱乐场所的种类越来越多，在选择时考虑旅游场所的类型、特殊性、位置、规模、价格、服务、门票折扣率等。

11）选择合作伙伴

旅游线路是一种综合产品。旅行社需要与众多伙伴合作才能推出完整的旅游线路产品。选择合作伙伴不仅是设计旅游线路必须要做的工作，而且还直接影响到旅游线路产品的质量和价格。

4. 旅游线路的基本格式

目前，我国旅行社业内没有对线路的格式规定统一的标准。线路的制作都是根据自己旅行社的特点和计调员的想象自行设计格式，或者在网络上拷贝其他旅行社的行程，有的略作修改，有的完全照搬。致使行程格式五花八门。不管怎样，旅游行程在格式设计上合理、实用、便于观看即可。旅游线路格式规范见范本 2－1。

范本 2-1　旅游线路格式规范

公司标志　　　　　　　　公司名称

旅游线路名称

一、行程特色

1.

2.

二、行程安排

D1（日期）　　A 地 交通工具 B 地　（含中晚餐）　宿：××酒店

详细地说明第一天的具体安排

D2（日期）　　B 地 交通工具 C 地　（含早中晚餐）　宿：××酒店

详细地说明中间每一天的具体安排

D*n*（日期）　　交通工具　　A 地　（含早中餐）

详细说明最后一天的安排

三、报价

成人价格：

小孩价格：

四、费用包含

1.

2.

五、费用不包括

1.

2.

六、注意事项

把在途中和目的地的一些注意事项给游客交代清楚。

七、游览线路图或景区导游图

能够附上旅游线路图或者景点导游图，效果更明显。

地址：　　　　　　　　邮编：

联系人：　　　　　　　传真：

相关链接 2-8

省内旅游线路设计范例见范本 2-2。

范本 2-2　省内旅游线路设计范例

北京二晚三天——故宫、八达岭长城、天坛、颐和园纯玩团（标准等）

一、行程特色

★滚动式行走，行程结束时间不定。

★纯玩无购物团，绝不强制消费。

★独家赠送：前门大栅栏步行街——浏览北京“百年老字号”，领略老北京深厚的历史文化；燕京八景之一——钟鼓楼，欣赏“银锭观山，柳岸风荷”——什刹海；全家福照片一张（以家庭为单位）；品尝特色餐北京特产烤鸭（每桌一盘）、果脯；奥林匹克公园、鸟巢外景、水立方外景；雪世界滑雪（120分钟）。

二、行程安排

第一天：北京市内；含中晚餐；住长峰宾馆。

早05：00~06：00统一集合，游览中国古代隋朝以后的中央官学——国子监和孔庙（游览时间约90分钟，费用自理70元/人），或探访大清朝首贪和坤府邸——恭王府（费用自理，70元/人，游览时间约120分钟）；游览北京极具代表性的一条街（前门大街游览时间约45分钟）；参观最大的古代宫殿——故宫博物院（游览时间约120分钟），可自费游览故宫内的珍宝馆和钟表馆（费用自理，小门票20元/人）；游览天安门广场，瞻仰雄伟的人民英雄纪念碑、毛主席纪念堂（如政策性关闭则仅观看外景）；赠送“天安门全家福”一张，游览后海酒吧一条街，赠送燕京八景之一——钟鼓楼外景，可自费胡同游黄包车（费用自理，50元/人），欣赏什刹海风景区；可自费观看老北京堂会（费用自理，100元/人）。游览占地约270万平方米明清皇帝“祭天”“祈福”的场所，中国现存最大的古代祭祀性建筑群——天坛，（游览时间约60分钟）；中华第一街王府井步行街自由活动，品尝东华门小吃。

第二天：北京—八达岭—北京；含早中晚餐；住长峰宾馆。

早餐后，乘车前往昌平，沿途凭窗欣赏燕山风光和居庸关壮观景色，游览世界八大奇迹之一——八达岭长城，（游览时间约120分钟），可自费乘坐长城滑车或者缆车上下山（费用自理，60~80元/人）。可自费游览十三陵之长陵（费用自理，80元）或定陵（费用自理，100元），赠送品尝北京果脯、烤鸭，抵达后登长城好汉坡，体验“不到长城非好汉”的豪迈心情，可自费参观明皇蜡像宫（费用自理，40元/人，游览时间约50分钟），免费赠送雪世界滑雪，（含雪场首道门票，如滑雪则费用自理：雪鞋、雪杖等雪具费用160元/人，自由活动120分钟），车览奥林匹克公园，外观鸟巢、水立方外景（约40分钟），零距离拍照留念。

第三天：北京市内送团；含早中餐。

早餐后，参观被称做万园之园的中国最大的皇家园林——颐和园（游览时间约120分钟），体验步入山水画中，体验皇家园林的奢华；可自费参观圆明园（费用自理，80元/人，游览时间约120分钟）。赠送参观清华大学或北京大学（若不开放，则参观外景）；赠送中央电视塔外景（若登塔参观，费用自理，70元/人，游览时间约50分钟），还可自费游览海底世界（费用自理，90元/人，游览时间约60分钟）。注：建议晚上20：00以后赶飞机或火车的客人报名，如因个人原因无法参团最后一天行程的客人费用不退。

三、报价

成人价格：¥660。　　儿童价格：¥538。

四、费用包含

1. 住宿：长峰宾馆标准双人标间，独立卫浴。

2. 交通：全程旅游车。

3. 用餐：五正二早（团队餐，八菜一汤，十人一桌，不含酒水，正餐标准20元/人）。

4. 门票：故宫、八达岭长城、天坛、颐和园景点首道大门票。

5. 导游：全程中文导游陪同及讲解服务。

6. 保险：含旅行社责任险，赠送人身意外保险（只赠送18岁以上成人保险）。

五、费用不含

景区内小门票，国子监70元/人，恭王府70元/人，老北京堂会100元/人，电视塔70元/人，明皇蜡像宫40元/人，八达岭滑道60元/人或缆车80元/人，四合院胡同游50元/人，海底世界90元/人，十三陵长陵80元/人或定陵100元/人（含车及讲解费用）等行程中未列出的个人消费项目。

六、注意事项

1. 通知时间：导游会在到京当天晚上20：00左右与您联系，请保持电话畅通。

2. 因客人所留电话联系不上而导致第二日没能参团，请自行做其他安排，我社不承担责任。

3. 因受接客线路等原因的影响，当日游览景点会略作前后调整。

4. 如参团人是未满18周岁的未成年人，必须有成人陪同方可参团。老年人参团，需身体状况良好并有家属陪同。

5. 1.4米以下儿童按儿童价格报名（儿童只含车和餐），老年人、军人如有政策性减免，本社只退门票差价。

6. 所有自费项目均是推荐或建议性项目，客人应本着“自愿自费”的原则酌情参加，导游组织自费活动将不会带有任何强迫因素。

7. 我社在保证景点不减少的前提下，有权调整行程。

8. 如遇人力不可抗拒因素所发生的费用由客人自理。

9. 在旅行无法预知的情况下，旅游车中途出现故障或意外事故，司机及时修理或处理或调换车辆，由此造成行程延误，旅行社不承担赔偿责任，旅行社可根据旅游行程在不减少景点的情况下，延长旅游时间。

七、北京市旅游地图

北京市旅游地图见图 2. 10。

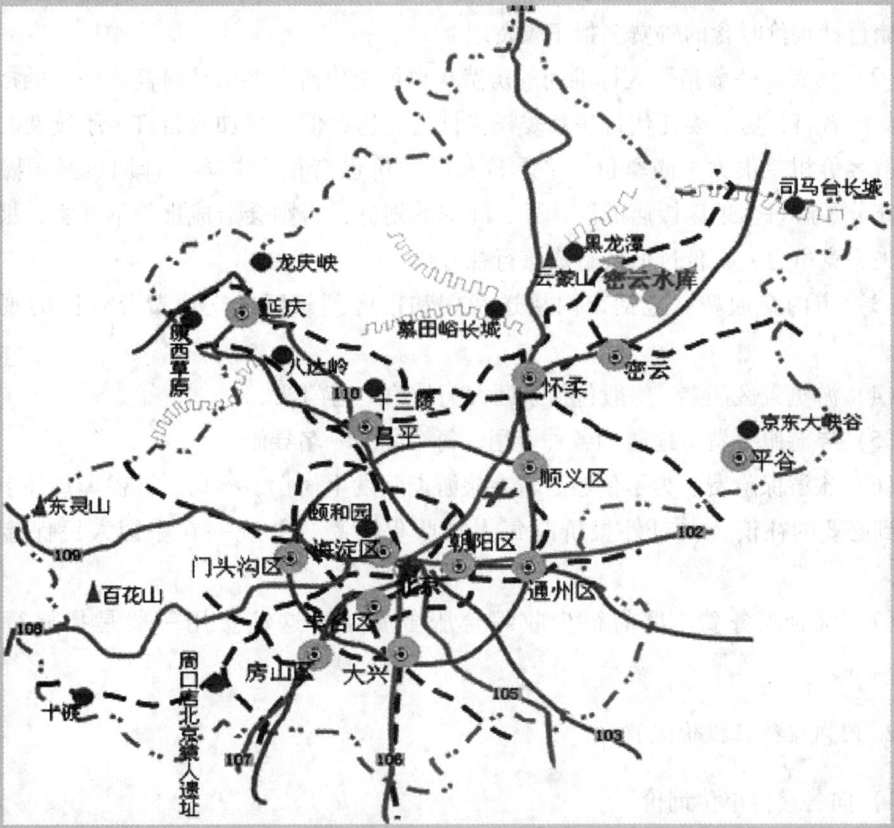

图 2. 10 北京市旅游地图

（资料来源：http：//ctsho. com/tour/domestic/tourinfo. do？tourQueryDto. lineId = 175037. ）

2.2.2 本省旅游线路的报价

以接待业务为主的旅行社，工作的核心就是如何以适当的价格将旅游线路通过适当的渠道推向选定的细分市场，而销售过程的管理和售后服务对旅行社来说具有非常重要的意义。而对旅游线路价格的具体操作则是由旅行社计调员来完成的。所以，计调员要熟知旅游线路的价格构成、计价和报价方法等，这样才能准确快速地计算出产品价格并对外报价。

1. 接待社旅游线路的价格构成

（1）餐费。含团队餐和特色餐费用，旅行社报价中一般只包含团队用餐费用，特色餐费用由游客自付。团队餐包含早中晚三餐，许多酒店为住店客人提供免费早餐，因此旅行社报价时含的餐费多指正餐费用。

（2）房费。一般指双人标准间的房费。也可按旅游者要求预订高、中、低档饭店或由旅游者自订房、委托代订房和委托代订指定房，但一律加收自订房手续费。团队价和散客价相差很大。淡季价、平季价和旺季价也有很大差异。计调员必须熟悉业务，充分了解每个地区饭店的淡、平、旺季的划分，否则会造成报价不真实，报价过高会失去竞争力，报价过低会造成旅行社亏损。

（3）市内交通费。包括市内接送费用和市区到景区的交通费及景区的观光车费等。

（4）游览景区门票。一般包括景区大门的第一道门票。

（5）导游服务费。地陪的各种费用，每个团配一名导游。

（6）旅游保险费。为了使旅游者在旅游期间发生伤亡、疾病、被盗等意外事件时能得到必要的补偿，在对外报价时每人加收保险费，并统一在中国人民保险公司投保。

（7）综合服务费。目前很少收综合服务费了，这笔费用一般是指旅行社的利润。

2. 国内接待社报价流程

1）向各接待单位询价

根据双方确定的最终旅游行程计划书，向相关协作单位一一询价。在旅行社实践中，询价这个环节有时是通过打电话或者通过网络在线向各服务单位询价，直接记录在本上，然后统一汇总。有时是通过传真或网络在线发正式的询价单（详见范本 2－3）。

（1）向交通部门询价。主要是本地游览用车和返程交通费。如果组团社预定了返程交通费，地接社就可以不管这笔费用了。地接社只计算本地的汽车费用。询价之后用传真确认价格，每一份传真件就是一份购买合同，是今后付款的依据。

（2）向酒店询价。向要入住的酒店询问住宿费，明确入住的房间数、等级、费用标准等内容。酒店询价单见范本 2－4。询价之后用传真确认价格，作为今后付款的依据。

范本2－3 ××旅行社用车询价单

TO： 收件人：××汽车公司租赁公司小郑 T/F：	FROM： 发件人：××旅行社计调员小陈 T/F：
团队行程	您好！感谢贵处的大力支持，现有我社团队需租用贵处车辆，计划如下。
团队人数： 租车价格： 结算方式： 我社要求：车容整洁，车况良好，司机配合服务、热情周到。请贵处公司根据行程确定用车价格，并以传真方式回执确认！ 祝 生意兴隆，合作愉快！	
备注	

范本2－4 旅行社订房询价单

收件单位： 发 件 人：

收 件 人： 日 期：

传真号码： 传真号码：

电话号码： 电话号码：

(传真内容如有不详请立即回电！) 签 发 人：

急件 请审阅 请 确 认

您好！感谢贵酒店对我公司的大力支持！我公司团队预订房计划如下。

团 号： 人 数： 国 籍：

订房标准：双标间______单间______加床______全陪床______

地司陪床______

订餐标准：早餐（ ）元/人；午餐（ ）元/人；晚餐（ ）元/人

房价： 付款方式：

抵离时间：

第一次入住日期：________第一次离店日期：________

第二次入住日期：________第二次离店日期：________

第三次入住日期：________第三次离店日期：________

备注：

请收到此订房传真后速回复传真确认。多谢合作！

地址： 联系电话： 邮编：610031

（3）向餐饮部门询价。向餐饮部门询问团队餐餐标、菜品、风味餐价格等。询价之后用传真确认价格，每一份传真件就是一份购买合同，作为今后付款的依据。

（4）向旅游景区询价。景点门票费。根据组团社提供的旅游景点，依次确认各景点的门票，问清楚有哪些优惠政策，团体价格是多少。询价之后用传真确认价格，每一份传真件就是一份购买合同，是今后付款的依据。

2）接待社专线部内部计价

接待社专线部计价是计调员的一项重要的基本功，同时也是旅行社计调部门一项非常重要的工作，要根据市场需求制定合理的价格，并及时对外报价，才能最大限度地占领市场份额。接待社专线部计价是指接待社在向组团社或本地服务网点报价之前对接待社的各项成本进行计算的过程。首先根据行程安排，确定各服务单位的价格，把各服务单位的价格加起来就是地接社的内部计价。成都—乐山、峨眉山纯玩二日游行程安排及计价分析见范本 2－5，稻城亚丁八日游行程安排及计价分析见范本 2－6。

范本 2－5　成都—乐山、峨眉山纯玩二日游行程安排及计价分析

一、行程安排

D1：成都 150km 乐山 45km 峨眉山（全程约 3.5 小时）（含中晚餐，住峨眉来凤宾馆）。

6：00 左右成都市二环路以内开始上门接客人，10：00 左右到达乐山，中餐后参观世界第一大佛——乐山大佛及凌云寺、九曲栈道、大雄宝殿、灵宝塔、佛缘堂（矿石展览区），再步行参观东方佛都景区（自费 90 元/人，参观时间 1 个小时）。16：00 左右乘车前往峨眉山，途中参观乌木博物馆（自费 90 元/人，参观时间 1 个小时）。17：30 到酒店用晚餐，之后可前往峨眉山市区观看观赏川剧变脸、吐火、滚灯、峨眉武术、气功等大型剧场晚会（自费 200 元/人，贵宾 260 元/人，参观时间 2 个小时），21：00 返回酒店休息。

D2：峨眉山 169km 成都（全程约 3 小时）（含早餐、午餐）。

6：30 乘景区观光车至雷洞坪；9：30 步行四十分钟左右至接引殿，乘坐索道（自费 120 元/人往返）登至峨眉主峰——金顶（海拔 3077 米）；11：00 游览完毕返回雷洞坪乘观光车至万年寺停车场用餐；12：30 乘坐索道（自费 65 元/人）至千年古刹万年寺（自费 10 元/人），参观无梁砖殿，以及峨眉山的镇山之宝——重 62 吨的普贤骑象，随后参观白龙洞，下山步行几分钟在竹叶青茶馆小憩，品仙山香茗竹叶青后，前往游览峨眉山自然景观最精华的地方——清音阁、一线天、黑龙江栈道、自然生态野生猴群，与峨眉山灵猴零距离接触；21：00 抵达成都天府广场或红照壁散团。

二、服务标准

交通：空调旅游车。（保证一人一个座位）

住宿：1 晚，峨眉山来凤宾馆双人空调标准间住宿

餐饮：含一份早餐三份正餐，酒店提供早餐，餐标 15 元/人/餐。

门票：含峨眉山进山门票（185 元/人），乐山大佛门票（90 元/人），峨眉山观光车费（90 元/人）。

导游：全程持证中文导游服务。

保险：旅行社责任险、旅游意外险。

三、各服务单位的价格

车：每人车费＝（2000×2）÷30＝ 135（元/人），一辆车每天 2000 元。

住：来凤宾馆双人空标住宿 180÷2＝90（元/晚/人）。

门票及观光车：含峨眉山进山门票（185 元/人）+乐山大佛门票（90 元/人）+峨眉山观光车费（90 元/人）+万年寺门票（10 元/人）＝375（元/人）。

餐：3×15＝45（元）（3 正 1 早，餐标 15 元，酒店提供早餐）。

导游：40 元/人。

保险：内宾 10 元/人。

费用不含：金顶上下索道费用（120 元/人），万年寺上行索道费用（65 元/人）及自费景点和自费项目。

四、地接社的计价

地接社的计价＝车 135+住 90+门票 375+餐 45+导 40+保 10＝ 695 元/人

地接社的计价就是把各服务单位的价格加起来，实际上就是地接社的成本价。

范本 2－6　稻城亚丁八日游行程安排及计价分析

一、行程安排

成都到稻城亚丁交通图见表 2.11。

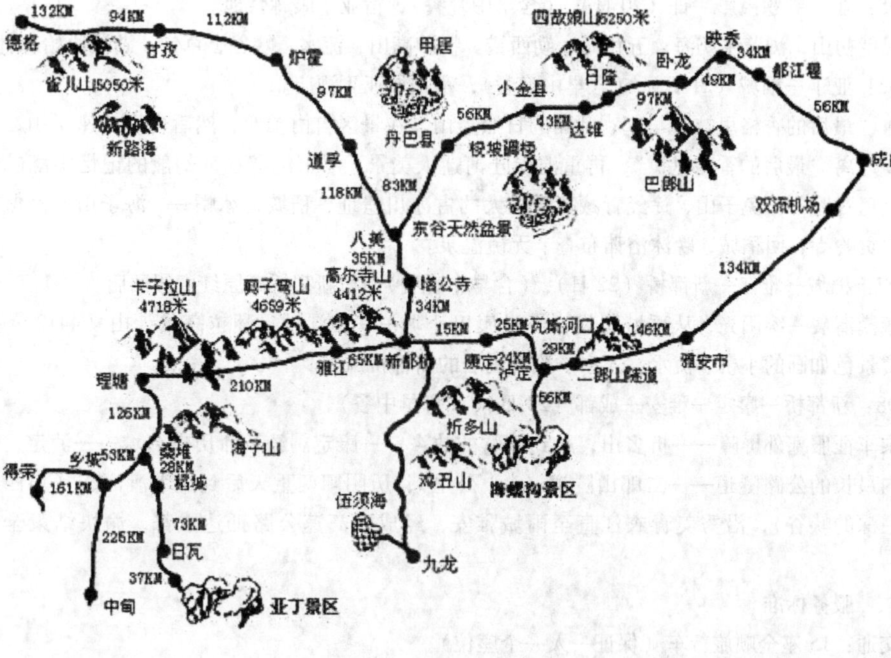

图 2.11　成都到稻城亚丁交通图

D1：成都—四姑娘山（16日），（含中晚餐），宿日隆四姑娘山国际大酒店。

早晨从成都出发，途经千年古堰——都江堰；经过映秀，欣赏卧龙风景画廊，沿途观赏渔子溪湍流、翻越海拔4000多米的巴郎山垭口，赏巴郎山云海、高山草甸；在"猫鼻梁"处将四姑娘山的全貌尽收眼底，感受在风的飘逸，云的灵动中突显的蜀山之后的气势。

D2：日隆—新都桥（17日），（含早中晚餐），宿新都桥高原红度假酒店。

早起游览甲居藏寨，观梭坡古碉，一路上欣赏东谷"天然盆景"，抵达仙人瑶池——热水塘温泉，遥望亚拉雪山，加上参差不齐的八美石林，来到绮丽的塔公大草原，抵达摄影家的天堂——新都桥。

D3：新都桥—雅江—理塘—日瓦（18日），（含早中晚餐），宿日瓦天使宾馆。

翻越剪子弯山（海拔4659米）和卡子拉山（海拔4718米），经世界高城、高原明珠——理塘县，经无量河，抵稻城。观稻城傍河风光，观万亩杨树林公园，翻越波瓦山（4400米）沿赤土河谷前进，走进世外桃源般的藏式建筑村寨，朝拜藏传佛教寺庙——贡嘎朗吉岭寺（门票10元自费），观仲堆民俗村，抵日瓦乡。

D4：稻城（或日瓦）—亚丁村（约37公里）（19日），（含早中晚餐），宿亚丁康辉营地。

前往亚丁自然保护区，亚丁村。骑马或是徒步进入自然保护区，转千年嘛呢堆，拜卓玛拉错神湖，朝觐仙乃日神山（意为"观世音菩萨"，海拔6023米），在冲古寺远眺夏诺多吉神山（意为"金刚手菩萨"，海拔5958米），央迈勇神山（意为"文殊菩萨"，海拔5958米），游珍珠海，观赏野生动植物、高山花卉、雪山、森林、冰川、湖泊、河流，体验人与自然和谐相处的天然妙趣。

D5：亚丁专题摄影一日（20日），（含早中晚餐），宿亚丁康辉营地。

观俄初山，浏览牛奶海、五色海、勒西错。畅游高山、流水、峡谷、草甸、湖泊原始森林。

D6：亚丁—稻城（21日），（含早中晚餐），宿稻城亚丁酒店。

在"最后的香格里拉"早起观壮丽的日照金山，在景区自由拍照，然后告别三座圣山，一步一步远离"最后的香格里拉"，再重温赤吐河迷人美景，尽情沉醉在梦幻般的记忆中翻越传说中龟兔赛跑——兔子山，途经青藏高原最大的古冰川遗址、稻城古冰帽——海子山自然保护区，观贡岭寺。回稻城，晚沐浴茹布查卡无硫温泉。

D7：稻城—雅江—新都桥（22日），（含早中晚餐），宿新都桥高原红度假酒店。

触摸清晨一缕阳光，从稻城出发，经过康巴小城——雅江城，翻越高尔寺山（4412米），来观赏景色如画的小桥、流水、人家、藏式民居的新都桥风光。

D8：新都桥—康定—雅安—成都（23日），（含早中餐）。

乘车征服塞外屏障——折多山，来到情歌的故乡——康定。经革命历史名城——泸定，穿越国内最长的公路隧道——二郎山隧道（4.1公里），历阴阳两重天后到达大渡河谷（川西最大、最深的峡谷），沿秀美青衣江直至雨城雅安，经成雅高速公路抵达成都，愉快结束全部旅程。

二、服务标准

交通：15座全顺旅行车（保证一人一个座位）。

住宿：日隆四姑娘山国际大酒店（四星）1晚；

新都桥高原红度假酒店（三星）2晚；

日瓦天使宾馆（二星）1晚；

稻城亚丁酒店（三星）1 晚；

亚丁康辉营地 2 晚。

餐饮：7 早 15 正，餐标 20 元/人/餐，酒店提供早餐。

门票：含稻城亚丁门票。

导游：全程持证中文导游服务。

保险：旅行社责任险、旅游意外险。

三、各服务单位的价格

车费：15 座全顺旅行车 1300×8＝10 400（元）（1 辆 8 天），

870 元/人（如实际人数不足 12 人请补足 12 人车费）。

住宿：730 元/人。

日隆四姑娘山国际大酒店（四星）＝300×1＝300（元）。

新都桥高原红度假酒店（三星）＝200×2＝400（元）。

日瓦天使宾馆（二星）＝160×1＝160（元）。

稻城亚丁酒店（三星）＝300×1＝300（元）

亚丁康辉营地＝150×2＝300（元）。

导游服务费：30×8＝240（元/人）。

餐：300 元/人（7 早 15 正，餐标 20 元/人/餐，酒店提供早餐）。

保险：内宾 10 元/人。

亚丁门票：150 元/人。

四、接待社专线部计价

接待社专线部计价＝车 870+住 730+导 240+餐 300+保 10+门票 150＝ 2300 元/人

3）接待社专线部对外报价

接待社专线部对外报价是指接待社专线部在内部计价基础上加上一定比例利润后向外省组团社或本地服务网点报出的接待价格。目前，我国本省游是由本地接待社各专线负责操作，收客主要是本地各服务网点和外省组团社负责。因此，报价就有两种情况，一是接待社专线部给外省组团社专线部报价，专线部再向外省组团社服务网点报价，外省服务网点再向外省游客报价。二是接待社专线部给本地服务网点报价，本地服务网点再向本地游客报价。接待社计调报价流程见图 2. 12。

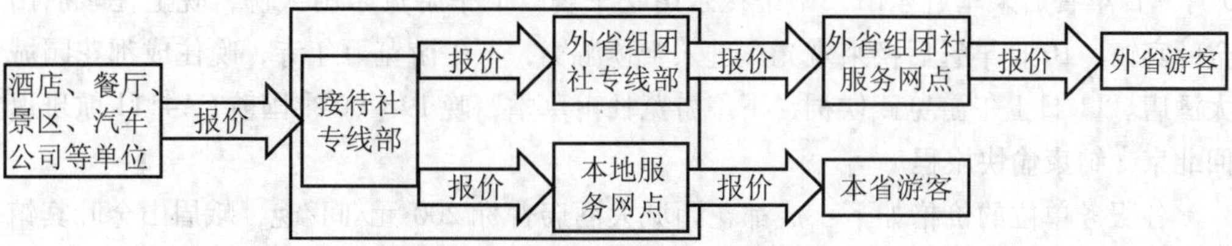

图 2. 12　接待计调报价流程

注：方框部分属于接待社专线部报价。

（1）报价的方法。

第一种：计价加利润法。

接待社专线部对外报价计价加利润法就是在计价的基础上加上一定比例的利润。

例如，上述成都—乐山、峨眉山纯玩二日游线路的内部计价为 695 元/人，对外省组团社或本地服务网点的报价就可以直接加上一定的利税，即地接社对外省组团社或本地服务网点的报价=695 元/人+695 元/人×10%（利税）= 765 元/人，其中 69.5 元是地接社的利税。本地服务网点在接待社报价的基础上再加上服务网点的利润就是接待社的对外报价了。

又如，上述稻城亚丁八日游线路的内部计价为 2300 元/人，对组团社的报价就可以直接加上一定的利税，即地接社对外省组团社或本地服务网点的报价=2300 元/人+2300 元/人×10%（利税）= 2530 元/人，其中 230 元是地接社的利税。本地服务网点在接待社报价的基础上再加上服务网点的利润就是接待社的对外报价了。

接待社成都—乐山、峨眉山纯玩二日游和稻城亚丁八日游的计价、利润及报价详情见表 2-3。

表 2-3　计价加利润法报价明细

行程安排	地接社计价（各服务单位价格之和）	利税（假定按 10%计算）	地接社报价（向组团社报价）
成都—乐山、峨眉山纯玩二日游计价报价	车 135+住 90+门票 375+餐 45+导 40+保 10=695（元/人）	695 元/人 × 10%（利税）= 69.5 元	765 元/人
稻城亚丁八日游计价报价	车 870+住 730+导 240+餐 300+保 10+门票 150= 2300（元/人）	2300 元/人 × 10%（利税）= 230 元	2530 元/人

第二种：利润分摊法。

利润分摊法就是把利润分摊在交通、住宿、餐饮等项目上，一般主要是分摊在交通和住宿上，用餐和景区门票利润很少。就是根据服务单位的价格，对每一项旅游服务进行计算，然后计算出地接社的报价。

例如，北京国旅组织 19 位客人，乘国航 CA4188 航班于 2013 年 5 月 8 下午 18:05 到达成都双流机场，由四川康辉国际旅行社负责地接，接机后入住成都花园城大酒店。5 月 9 日早餐后乘车赴乐山，中午在乐山吃午餐，下午游览乐山大佛，晚上住峨眉山金叶宾馆。10 日早餐后换乘观光车进入金顶游览，下午游览万年寺，晚住成都花园城大酒店。11 日上午游览武侯祠，下午游览杜甫草堂，晚 19：00 乘国航 CA4111 航班返回北京，结束愉快旅程。

各服务单位的价格如下：成都花园城大酒店普标 200 元/间/晚，峨眉山金叶宾馆普标 100 元/间/晚。餐标 20 元/人/餐。乐山大佛门票 70 元/人，峨眉山门票 150 元/人，峨眉山观光车一次往返 40 元/人，金顶索道上行 40 元/人，下行 30 元/人。武侯祠门票 60 元/人，杜甫草堂 60 元/人。22 座金龙一天的租金为 800 元。接机 1 次 200 元。导游费 5 元/人/天。保险每人 10 元。

服务单位的价格＝137+420+250+140+30+10＝987（元/人）（地接社的计价）

车＝［1×200+3×800］÷19＝137（元/人）。

门票及观光车＝70+150+60+60+2×40＝420（元/人）。

住宿＝（200+100+200）÷2＝250（元/人）。

餐＝140 元/人（餐标：20 元/人/餐，7 份正餐，酒店含双早）。

导游服务费＝30 元/人。

保险＝10 元/人。

注：服务单位的总价格就是地接社的总成本，就是地接社的内部计价。

地接社报价＝174+420+310+140+50+10＝1104（元/人）。（地接社的报价）

车＝［1×300+3×1000］÷19＝174（元/人）。

门票及观光车＝70+150+60+60+2×40＝420（元/人）。

住宿＝（240+140+240）÷2＝310（元/人）。

餐＝140 元/人（餐标：20 元/人/餐，7 个正餐，酒店含双早）。

导游服务费＝50 元/人。

保险＝10 元/人。

接待社专线部向外省组团社专线部或本地服务网点的报价（1104 元/人，单房差 310 元）

接待社专线部利润＝接待社专线部总报价－接待社专线部的计价（总成本）

＝1104－987＝117（元/人）。

接待社专线部总利润＝117×19＝2223（元）。

利润分摊法便于计调明确利润的详细来源，表 2－4 就直观地展现了各要素的利润情况。

（2）报价的方式。采用报价单进行报价。报价单就是旅行社向游客展示旅游线路、交通工具、住房情况、旅游价格、出团日期等详细情况的表格。报价单没有固定的模式，但不管是哪一类报价单都必须注明旅游线路、价格、出团时间、住房、交通等内容，让游客一目了然。四川康辉国际旅行社营销中心报价单见范本 2－7。

表 2－4　分项报价利润明细

项目	各服务单位价格（接待社计价）	接待社向组团社或本地服务网点报价	利润
住宿	（200+100+200）÷2＝250（元/人）	（240+140+240）÷2＝310（元/人）	60 元/人
门票及观光车	70+150+60+60+2×40＝420（元/人）	70+150+60+60+2×40＝420（元/人）	0
车	（1×200+3×800）÷19＝137（元/人）	（1×300+3×1000）÷19＝174（元/人）	37 元/人
餐费	7×20＝140（元/人）	7×20＝140（元/人）	0

续表

项目	各服务单位价格（接待社计价）	接待社向组团社或本地服务网点报价	利润
导游	30 元/人	50 元/人	20 元/人
保险	10 元/人	10 元/人	0
总计	987 元/人	1104 元/人	117 元/人

从该表可以看出：

① 各服务单位的报价＝987 元/人。

② 接待社专线部计价＝各服务单位报价＝987 元/人。

③ 接待社专线部向外省组团社或本地服务网点的报价＝ 1104 元/人。

④ 接待社专线部利润＝接待社专线部总报价－接待社专线部计价（总成本）

＝1104－987＝117（元/人）。

⑤ 接待社专线部总利润＝117×19＝2223（元）。

范本 2－7　中国死海旅游度假区成都营销中心 2007 健康之旅报价单

◆景区介绍

“中国死海”位于四川省大英县蓬莱镇，是四川旅游产业的又一大新亮点，是 30°N 上的又一神奇的景观，其海水（盐卤水）来源于 3000 米的地下，出口温度高达 87 摄氏度，含盐量超过了 22%，以氯化盐为主，类似中东“死海”。人在水中可以轻松地漂浮不沉。海水中富含钠、钾、钙、溴、碘等 40 多种矿物质和微量元素，经国家有关权威机构验证，对风湿关节炎、皮肤病、肥胖症、心脑血管疾病、呼吸道疾病等具有显著的理疗作用，据联合国教科文组织有关研究资料显示，人在死海中漂浮一小时，可以达到 8 个小时睡眠的功效。中国死海旅游度假区拥有目前国内最大的内陆海滨恒温浴场。在这里，游客四季均可漂浮畅游，是国内目前最大的室内“死海漂浮”浴场及水上世界。它的建筑跨度为 114 米，是目前亚洲最大跨度的民用建筑。室外死海漂浮区面积约为 3 万平方米，可同时容纳上万人在水中漂浮。

◆行程安排

D1：早上在指定地点接团，前往大英县（120 公里约 2 小时），抵达后办理入园入住手续，介绍景区设施和活动项目，在亚洲最大跨度的天幕结构室内海景乐园里享受数十种当前世界最时尚的水上游乐设施（恒温漂浮、激情冲浪、温泉、海盗船、龙滑道、V 型滑道、儿童戏水屋、木桶浴、按摩池、甘泉池、循环池等）。晚餐后领略阿拉伯风格和异国风情的歌舞表演，并与舞蹈演员、DJ 一起集体狂欢热舞。住太阳城酒店/青年公寓。

D2：早餐后，可在室外大型盐卤池漂浮并感受身体和皮肤的变化。另外，可自费到国内最大的室内恒温黑泥体验馆浸泡玩耍，让你的肌肤在不知不觉中得到滋润调理；盐疗护理中心是以盐疗 SPA 为主的现代化养生馆，为客人提供全面的盐疗护理项目和尊贵的体验；康体课程可为游客提供免费体检、动感单车、热瑜伽、器械健身、有氧健身操等活动项目。午餐后返回成都，结束愉快难忘的旅程。

◆服务标准

交通：成都——大英（死海）　空调旅游车。

住宿：景区内准五星太阳城酒店（含早餐）/青年公寓4~6人间（不含早餐）。
门票：景区大门票（含温泉、漂浮、冲浪、滑道等所有水上项目）。
费用不含卡丁车、越野车、滑翔机、器械健身、盐疗、黑泥等所有陆地项目。
用餐：正餐10人1桌，8菜1汤，3正1早。
导游：优秀持证导游服务。
保险：旅游意外险。
◆特别赠送
死海漂浮枕　景区内每晚——异国风情歌舞表演（若需座位，需支付10元/人茶水费）。
◆同行结算价（散客）
（平时）豪华标准（宿太阳城酒店）365元/人。
（周末）豪华标准（宿太阳城酒店）435元/人。
普通标准（宿青年公寓）300元/人。
小孩（1.1~1.4m小孩）220元/人（含车、儿童门票、半餐、保险）。
（1.1m以下小孩）120元/人（含车、半餐、保险）。

（3）报价跟踪。报价之后，等待对方的回应，但不能消极地等待，而是积极对待。视报价内容的轻重缓急有张有弛地积极跟进。掌握客户的情况和市场的变化，如有需要，或有可能，要调整报价或增加服务，特别是免费服务内容，想方设法增强竞争力，力争把每一单都做成功；同时，把跟踪的情况和调整的内容做好记录；根据进展情况，及时控制资源，即提前预订某一时段的房、车、火车票、机票等。

（4）报价注意事项。报价应清晰、准确，有实效性。如有不确定的某项内容，要说明情况（如团队在某月20日前运行，机票是5折，20号以后运行机票折扣会有变化，要明确告知），并提示变化的趋势。

报价回复应高效、准确。组团社有明确时限要求的，应在要求时限完成，组团社没有明确时限要求的，原则上应在1个小时内给予回复，完成报价后必须仔细检查，确定无误后方可传真给组团社。报价回复后，必须将报价成本写在背面，以便团队跟踪中更好地把握团队。

相关链接2-9

旅游线路的定价程序

价格是调节经济利益、传递经济信息、影响经济形象的重要因素。旅游线路定价的程序主要包括如下几个步骤。

第一步，收集信息。旅行社应充分收集有关产品供求信息、竞争对手信息、客户信息等方面的资料，并对这些资料进行分析、判断、处理，进而为合理定价提供依据。

第二步，确定目标。确定定价目标，是旅游线路定价首先要解决的问题。旅行社应根据自己企业的规模、经营状况等内部条件及收集的外部环境、市场状况的变化，来确定适合的定价目标。同时，选择定价目标时，要从全局考虑，有所侧重，综合决策。

第三步，估算成本。成本是定价的最低限度，产品价格高于成本才能赢利。旅行社应对产品进行估算，进行保本分析，注意成本变化，确定市场营销的最低价——保本价格。

第四步，分析竞争状况。旅行社在确定价格的同时，要充分了解竞争对手的产品价格、质量、竞争能力等情况，并以此定价。

第五步，测定市场需求。市场需求的测定，通常是对需求的价格弹性进行分析，测定目标市场的需求量及需求强度，分析旅游者对价格的接受度，以作为制定合适价格的参考。

第六步，选定定价法。旅行社通过以上几个步骤的准备工作后，可根据自己的产品情况，选定最有利于实现定价目标的定价方法，最终确定产品售价。

第七步，确定最后价格。价格制定后，还要考虑它是否符合国家相关的政策法令，是否符合消费者的心理，根据环境的不同，运用合适的定价，让价格更具吸引力。随着时间的推移和市场竞争环境的变化，还要不断对定价进行修整，以实现定价目标，提高产品竞争力。

【任务实训】

针对本地大学生设计一条本省三日游旅游线路

▶实训目的

明确旅游线路设计的原则；掌握旅游设计的流程。

▶实训内容

以本地大学生为对象，根据本省的旅游资源和旅游设施，设计一条本省三日游旅游线路。

▶实训步骤

第一步：确定线路名称。

第二步：确定行程特色。

第三步：安排三天的行程安排（包含每天六大要素的安排）。

第四步：报价（注明费用包含的内容、不含的内容）。

第五步：说明注意事项。

第六步：附上本地交通线路图和景点导游图。

▶实训成果

提交一份本省三日游旅游线路方案。

【任务完成】

通过对该任务的学习，学生了解本省旅游线路的类型、开发原则及开发流程，掌握接待社旅游线路价格的构成要素、计价和报价的基本方法。能够独立地为旅游者设计旅游线路，并进行计价和报价。

任务2.3 国内地接计调采购业务

【任务导入】

▶案情介绍

李小姐周末参加了一家旅行社组织的“周末郊区观光2日游”活动，并与旅行社签订了旅游合同。双方约定住宿标准为三星级酒店。星期六的游览活动结束后，导游员将旅游团安排在一家酒店入住。李小姐进入房间后发现，客房设施陈旧，水龙头里流出的水都是浑浊的，房间似乎很久都没人住了，散发着霉味。李小姐当即找到旅行社导游，认为入住的酒店不是三星级的，要求更换。导游员坚持所安排的酒店就是三星级，并拉着李小姐来到酒店大堂，让李小姐查看悬挂在大堂墙上的由国家旅游局颁发的三星级酒店的标牌。但是，李小姐仍然对酒店的星级表示怀疑，并向旅行社进行投诉。

▶请问

旅行社计调员采购相关服务产品时，能从该案例中得到什么借鉴？

▶案例解析

旅行社计调员在采购相关服务产品时，一定要进行实地考察，看该饭店的设备设施是否齐全，是否可以使用，是否安全卫生，一定要保证采购数量和质量。这些设施设备都能得到保证的前提下，才能采购酒店。

【任务分析】

接待计调负责采购旅游团在本地的住宿、交通、用餐、购物、景点及娱乐等服务项目，因此，计调员必须学会每种接待服务的采购方法和采购程序，以便能够及时地为外地旅游团提供本地旅游服务。

2.3.1 本地旅游交通服务的采购

地接社计调旅游交通服务的采购主要是以汽车为主，有些地区也有一些支线航空交通服务、火车交通服务的采购，但还是以本地汽车交通服务和景区交通服务采购为主。

1. 汽车交通服务的采购

尽管汽车已成为人们普遍的旅行方式，但一般认为，乘汽车旅游的距离不宜过长，最好控制在短距离——50 公里（一小时）左右/景点间。长距离——300 公里（不超过 5 小时）以内/天，否则客人会感觉疲劳。

1）确定采购对象

（1）计调员要对提供此项服务的汽车公司（包括定点旅游车队、出租汽车公司等）进行调查，充分了解这些公司的车辆数目、车型、性能、车况、驾驶员技术水平、公司管理状况、服务规范、准运（营运资格）、租车费用等。

（2）整理所收集到的信息和资料，进行分析，从中选出管理严格、车型齐全、驾驶员素质好、服务优良、已取得准运资格、且善于配合（用车高峰期能提供给本社旅游车辆）、车价优惠的汽车租赁公司，作为本社的采购对象。

2）签订合作协议

（1）计调员与多家汽车租赁服务采购对象进行洽谈，协商《用车协议书》的有关条款，并代表旅行社同这些公司签约。

（2）计调员将经过双方签字的《用车协议书》存档，并送本社相关部门备案。

3）整理相关资料

计调员将签约汽车租赁公司的名称、24 小时值班电话、调度联系人姓名及联系方式等相关资料列表，将汽车租赁公司的相关规定等资料分发给本社相关部门。

4）及时订车

（1）计调员根据用车计划，将需用车型、接送时间、行程安排时间顺序、是否购物等信息向有合作关系的多家汽车服务公司提出用车要求，用恰当的询问方式（因向多家公司询问，而最终只选择一家，以免伤害情感），向汽车服务公司寻价，选择符合本次旅游行程要求的公司，填写《订车单》（见范本 2－8），签章后传至汽车服务公司。

（2）汽车租赁公司落实后传回，计调员将车号、车型、驾驶员姓名及联系方式、使用该车的注意事项、时间、地点、付款方式通报给相关部门和人员。

范本2-8　______旅行社订车通知单

<table>
<tr><td colspan="2">接收方：某某车队　　负责人：
传真：　　　　　　　电话：</td><td colspan="2">发出方：某某旅行社　　负责人：
传真：　　　　　　　　电话：</td></tr>
<tr><td colspan="4">您好！现将我社用车计划传给您，请派车并回信确认告知司机师傅的电话及车号。感谢支持！</td></tr>
<tr><td>团号：</td><td colspan="2">国家：</td><td>人数：</td></tr>
<tr><td>日期：</td><td colspan="2">天数：</td><td>团队类别：</td></tr>
<tr><td colspan="4">用车要求</td></tr>
<tr><td>车型：　　座旅游空调车</td><td colspan="2">车价：元</td><td>结算方式：</td></tr>
<tr><td colspan="4">行程表</td></tr>
<tr><td>日期</td><td colspan="2">行程</td><td>住宿</td></tr>
<tr><td></td><td colspan="2"></td><td></td></tr>
<tr><td></td><td colspan="2"></td><td></td></tr>
<tr><td>备注：</td><td colspan="2"></td><td></td></tr>
<tr><td colspan="4">回传确认：</td></tr>
<tr><td colspan="4">车队名称（盖章）：　　　　　　　　　　　　派车人：
本次车号：　　　　本次驾驶员姓名：　　　　驾驶员电话：</td></tr>
</table>

制表人：　　　　　　　日期：　　　　　　　（单位盖章生效）

（3）计调员应在游客或旅游团到达前一天，再次与汽车租赁公司联系，核实车辆落实情况有无变更。如有更改，还需要重新订车，填写订车变更单（见范本2-9）。

范本2-9　______旅行社订车变更单

<table>
<tr><td colspan="3">TO：　　　　　　　FROM：
TEL：　　　　　　 FAX：
TEL：　　　　　　 FAX：
您好！感谢贵公司的信任与支持，由于团号______行程计划变动，现将更改单传真给您，请尽快确认、回传！谢谢！</td></tr>
<tr><td>事项</td><td>原订情况</td><td>变更后情况</td></tr>
<tr><td>人数（需座位数）</td><td></td><td></td></tr>
<tr><td>日期</td><td></td><td></td></tr>
<tr><td>用车类型</td><td></td><td></td></tr>
<tr><td>车费</td><td></td><td></td></tr>
<tr><td colspan="3">汽车租赁公司确认：</td></tr>
</table>

公司名称（盖章）：　　　　　联系人：　　　　　年　　月　　日

5）报账结算

（1）计调员根据《用车协议书》的相关规定，将实际发生的用车费用及明细账上报财务部门。

（2）财务部门审核，确定符合《用车协议书》后，根据本次用车协议付款方式规定与汽车租赁公司办理结算付款手续。

2. 旅游景区交通服务的采购

1）确定采购对象

（1）计调员要对各景区交通服务项目（包括景区观光车、索道、滑道、游船等）进行调查，充分了解这些项目的门市价格、团体折扣价、数量、性能、驾驶员技术水平、公司管理状况、服务规范、配合力度等。

（2）整理所收集到的信息和资料，进行分析，选择本社所需的服务项目，作为本社的采购对象。

相关链接 2-10

张家界天门山索道

张家界天门山索道线路斜长 7455 米，最大爬坡角度为 38.6 度，索道高差 1277 米，是目前世界上最长的单线循环脱挂器车厢式索道（见图 2.13）。它以张家界城市中心花园为起点，以天门山山顶的“原始空中花园”为终点，是张家界的一个新的旅游标志。

图 2.13　张家界天门山索道

从1999年开始，先后有奥地利、法国、瑞士、意大利、日本5个国家的索道公司来到天门山考察，最后于2001年在天津跟法国MOPA公司签订了合同。整个建设项目从2003年开工，历时两年余，耗资2.2亿元人民币，全套设备除了支架由中国天津生产外均按欧洲标准由国外进口，整个施工都严格贯彻了“调试、自检、运行检验、安全检验”的安全流程。由于索道沿线山体高绝奇险，地质地貌复杂多变，施工难度远远超乎一般，整个建设过程艰辛无比。天门山索道不仅凝结了中外全体施工人员的智慧和汗水，也融合了当代索道工程最先进的科技成果，堪称当代索道工程建设中的一个奇迹、一个里程碑。公园通票价格为258元，一票通含索道费用。

2）签订合作协议

（1）计调员与景区交通服务项目采购对象进行洽谈，协商《合作协议书》的有关条款，并代表旅行社同这些公司签约。

（2）计调员将经过双方签字的《合作协议书》存档，并送本社相关部门备案。

3）整理相关资料

计调员将签约景区交通服务项目的名称、团/散价格、24小时值班电话、调度联系人姓名及联系方式、乘坐须知、景区交通服务项目的相关规定等相关资料列表，分发给本社相关部门。

4）实施采购

（1）景区交通服务单位落实后传回，计调员将需要采购的景区观光车、索道、滑道、游船等的服务项目的使用时间、数量、类型，联系人姓名、联系方式，使用该服务项目的注意事项、时间、地点，各项服务的价格、付款方式通报给相关部门和人员。

（2）计调员应在游客或旅游团到达前一天，再次与景区交通服务单位联系人联系，核实景区交通服务项目、落实情况有无变更。

5）报账结算

（1）计调员根据《合作协议书》的相关规定，将实际发生的费用及明细账上报财务部门。

（2）财务部门审核，确定符合《合作协议书》后，根据本次项目协议付款方式规定与景区交通服务项目单位办理结算付款手续。

2.3.2　住宿服务的采购

1. 确定采购对象

1）计调员根据本社经营计划，收集、调查各地酒店/宾馆的资料，根据实际情况，与基本符合本社要求的酒店/宾馆洽谈合作事宜，并进行实地考察，主要考察环境、设施和服务、酒店的类型（A. 商务酒店；B. 度假酒店；C. 会议酒店；D. 旅游酒店）、酒店的等级等。

2）通过实地考察从价位及结算方式、档次、服务、酒店安保、同级性价比、房况、酒店销售配合等方面对酒店/宾馆进行综合比较和评价，选出符合本社要求的酒店/宾馆。

2. 签订合作协议

（1）计调员与多家符合本社要求的酒店/宾馆进行合作洽谈，根据当地具体行规，由一方或双方协商拟订《合作协议书》，通过谈判与协商，计调员代表旅行社与对方代表签订《合作协议书》。

（2）对签署的《合作协议书》进行编号、存档，并报送相关部门备案。

3. 整理相关资料

整理与住宿单位签订的《合作协议书》、酒店/宾馆的名称、值班电话、销售联系人姓名及24小时联系方式、淡旺季价格等相关资料及规定并列表，将列表分发给本社相关部门并备案。

4. 落实订房工作

（1）计调人员根据游客住宿要求，对行程安排、酒店位置、房间数量、入住时间、是否在酒店用餐、本次旅游活动的住宿价格、付款方式的要求，制订住宿采购计划。

（2）根据住宿采购计划，在已签订《合作协议书》的酒店/宾馆中用恰当的询问方式选择符合要求的酒店或宾馆，询问该酒店是否余有房源，价格是否可以降低等信息。如没有符合要求的酒店/宾馆，需调整住宿采购计划，直至采购到符合本次要求的酒店/宾馆。及时与酒店/宾馆联系，传真发送《订房计划单》（见范本2－10）；及时掌握最新的客房行情，争取更优惠的房价。

（3）计调员在收到酒店/宾馆的确认传真后，进行登记并按发团时间顺序排列存档，计调员将酒店星级、位置、联系方式、使用该酒店注意事项、入住天数、价格、付款方式等信息转交给接待部门。如有更改还需要重新订房，重新填写订房变更单（见范本2－11）。

5. 报账结算

（1）计调员根据《合作协议书》的相关规定，根据本次用房协议付款方式的规定，及时将住房费用明细报财务部门。

（2）财务部门根据《合作协议书》审核无误后与酒店/宾馆办理结算。

范本2-10　______旅行社订房计划单

TO：　　　　　　　　　　　　　FROM：

TEL：　　　　　　　　　　　　　TEL：

FAX：　　　　　　　　　　　　　FAX：

团队（客人）名称：　　　　　　　　　　　人数：

入住时间：____年____月____日____时至____年____月____日____时共____天

住宿要求：____房____间，全陪房____床，陪同免房____床

房费标准：____房____元/天，全陪床____元/天，住宿费累计____元

膳食标准：早餐____元/人（含早，不含早），中餐____元/人，晚餐____元/人，餐费累计______元。

付款方式：按付款协议约定执行（导游前台凭此单登记入住）

备注：

(1) 代订费、房费结算账单，请寄到我社财务部。

(2) 其他费用均由客人自理，本社不予承担。

(3) 收到订房委托后，请速将订房回执传回我社。

酒店确认：

公司名称（盖章）：　　　　　　　联系人：　　　　　　　　　　年　　月　　日

范本2-11　______旅行社入住酒店变更单

TO：　　　　　　　　　　　　　FROM：

TEL：　　　　　　　　　　　　　TEL：

FAX：　　　　　　　　　　　　　FAX：

您好！感谢贵酒店的信任与支持，由于团号______入住计划变动，现将更改单传真给您，请尽快确认、回传！谢谢！

事项	原订情况	变更后情况
人数		
日期		
用房类型		
用房数目		

酒店更改确认：

公司名称（盖章）：　　　　　　　联系人：　　　　　　　　　　年　　月　　日

2.3.3 餐饮服务的采购

1. 确定采购对象

（1）计调员根据本社经营计划，调查、收集餐饮部门（定点餐馆、酒饭店等）

的相关信息资料。

（2）经过初步筛选后，对基本符合本社要求的餐饮单位进行实地考察，重点考察餐馆/饭店的餐厅卫生标准、地理位置、车位、洗手间、餐标、主要经营风味、菜单（特色餐）、结算方式、销售配合、环境、停车场地、接待能力和服务情况等。

（3）通过实地考察，进行综合比较和评价，与符合本社要求的餐馆/饭店联系，选出符合本社要求的酒店/宾馆。

相关链接 2-11

藏餐简介

“藏餐”是西藏菜的统称，用料广泛，独具特色（见图 2.14）。具有代表性的是烧羊、牛肉、糌粑、酥油茶和青稞酒等，原料以牛、羊、猪、鸡等肉食，以及土豆、萝卜藏餐类等蔬菜。饮食以米、面、青稞为主。喜欢重油、厚味和香、酥、甜、脆的食品，调料多辣、酸，重用香料，常用烤、炸、煎、煮等法。林芝由于林下资源极为丰富，藏餐筵席也主要以松茸烧藏鸡、手掌参炖藏鸡、虫草炖鸭、烤藏香猪、青岗菌烧藏香猪及蕨麻米饭、灌汤包子、荞麦烧饼、手抓羊肉、土制血肠、土巴。

图 2.14　藏餐

2. 签订合作协议

（1）计调员根据考察结果，与多家符合本社要求的饭店进行合作洽谈，根据当地具体行规，由一方或双方协商拟订《合作协议书》。

（2）通过与餐馆/饭店负责人谈判，协商具体的合作事宜，并签订双方认可的《合作协议书》。

（3）将签署的《合作协议书》进行编号、存档，并报送相关部门备案。

3. 整理相关资料

整理与餐饮单位签订的《合作协议书》和餐馆/饭店的名称、主要经营风味、值班电话、餐标、销售联系人姓名及24小时联系方式、接待能力等相关资料及规定并列表，将列表分发给本社相关部门并备案。

4. 落实订餐工作

（1）计调员根据游客餐饮要求，用餐禁忌、用餐风味、行程中路程距离、饭店位置、接待能力、餐标、是否在饭店入住、付款方式等要求制订餐饮采购计划，在已签订《合作协议书》的饭店中选择，用恰当的询问方式选择符合要求的饭店。如不能满足本次用餐需要，再次调整餐饮采购计划。最终选择符合本次旅游行程要求的饭店，及时与饭店联系，传真发送订餐通知单（见范本2－12）；及时掌握饭店行情，争取更优惠的餐标。

范本2－12　______旅行社用餐计划单

TO：	FROM：
TEL：	TEL：
FAX：	FAX：
团队（客人）名称：	
人数：____成人____小孩	用餐时间：____年____月____日____餐
用餐要求：____菜____汤（十人一桌，____荤____素）	
餐标：早餐 成人____元/人，小孩____元/人	
中餐 成人____元/人，小孩____元/人	
晚餐 成人____元/人，小孩____元/人	餐费累计____元
付款方式：按付款协议约定执行（导游前台凭此单登记用餐）	特殊要求：
备注： （1）其他费用均由客人自理，本社不予承担。 （2）收到订餐委托后，请速将订餐回执传回我社。	
餐厅确认：	

公司名称（盖章）：　　　　联系人：　　　　年　月　日

（2）根据餐馆/饭店的传真确认情况，按照接待计划中的发团日期顺序存档，并将饭店位置、联系方式、在该饭店的注意事项、本行程在该饭店的用餐次数、餐标、是否再次提醒饭店客人用餐禁忌、特殊用餐要求、付款方式等信息，转告给接待部门。如有更改还需要重新订餐，填写订餐变更单（见范本2－13）。

范本 2－13　______旅行社用餐变更单

TO： TEL： FAX： 您好！感谢贵公司的信任与支持，由于团号______用餐计划变动，现将更改单传真给您，请尽快确认、回传！谢谢！	FROM： TEL： FAX：	
事项	原订情况	变更后情况
人数		
日期		
餐标		
总餐费		
餐厅确认：		

公司名称（盖章）：　　　　　　联系人：　　　　　　年　　月　　日

5. 报账结算

（1）根据本社的财务规定和《合作协议书》的相关规定，及时将用餐费用明细报财务部门。

（2）财务部门根据《合作协议书》，根据本次用餐协议付款方式的规定，审核无误后与餐馆/饭店办理结算。

2.3.4　游览服务的采购

1. 确定采购对象

（1）计调员根据本社经营规划，调查、收集旅游资源管理部门（文物局等）及游览单位（名胜古迹、风景区、动植物园、博物馆等）的相关信息资料。

（2）经过初步筛选后，对基本符合本社要求的游览项目进行实地考察，重点考察旅游资源情况、地理位置、公路状况、停车场地、结算方式、销售配合、接待能力和服务情况等。

（3）通过实地考察，进行综合比较和评价，选出符合本社要求的游览项目。

2. 签订合作协议

（1）根据本社需求与选定的游览单位进行洽谈，协商合作事宜，包括旅游团队门票折扣、旅行社散客门票折扣（包括代理推广景区不成团的补助，年底返利、广告支持额度、游览前是否传真确认、门票、殿堂等的单价折扣价；大、小车进园的单价；结算方式和期限；陪同的减免人数及费用等）。

（2）在协商一致的基础上，根据当地具体行规，由一方或双方协商拟订《合作协议书》。

（3）将签署的《合作协议书》进行编号、存档，并报送相关部门备案。

3. 整理相关资料

（1）整理签约旅游项目单位的资料，包括单位名称、电话、联系人、淡旺季价格、团队散客价格等相关资料，并做成列表。

（2）计调员根据《合作协议书》和双方的相关规定，编制《游览结算单》，主要内容包括旅行社的名称、人数、收款单位、导游签名、日期、编号等；该单的份数（正联导游签字后交旅游项目单位保存，存根联由导游带回旅行社）以备结算。

（3）将《合作协议书》及列表分发给本社相关部门，并备案。

4. 带团游览

（1）计调员根据游客的游览要求，确定游览单位及游览该单位的时间，如需要可以向景区传真确认、向导游派发《游览结算单》；导游根据接待计划，安排游客游览观光。

（2）导游按规定填好《游览结算单》并交给旅游景点工作人员，双方按协议共同做好游客的接待和游览工作。

5. 报账结算

（1）导游将《参观游览结算单》（见图2.15）统一交给财务部门。

参观游览结算单

参观游览券存根	中国　　　　旅行社参观游览券
团名：	旅游团名称：
人数：	旅游团人数：（大写）
地点：	收款单位：（公章）
陪同：	陪同姓名：
日期：	日期：　　年　　月　　日

图2.15　参观游览结算单

（2）财务部门根据《合作协议书》的规定，根据本次游览协议及付款方式规定，审核无误后与相关旅游项目单位办理结算。

2.3.5　娱乐服务的采购

1. 确定采购对象

（1）计调员根据本社的业务需要，调查、收集各地具有特色的娱乐节目的信息资料。

（2）与这些提供娱乐节目的单位协商、洽谈合作事宜。
（3）根据协商的结果，选择符合本社业务需要的娱乐节目。

2. 签订合作协议

（1）计调员根据协商的结果，根据当地具体行规，由一方或双方协商拟订《合作协议书》。
（2）通过与娱乐单位谈判，双方在公正平等的基础上签订《合作协议书》。
（3）将签署的《合作协议书》进行编号、存档，并报送相关部门备案。

3. 整理相关资料

（1）整理与娱乐单位签订的《合作协议书》和娱乐单位的相关资料并列表，注明各娱乐节目提供单位的要求及特殊规定。
（2）将娱乐节目提供单位的列表及特殊规定分发给本社相关部门。

4. 实施采购

（1）与娱乐节目提供单位随时保持联系，了解新节目的上演，索取节目简介与节目单，并及时分发到本社相关部门。
（2）计调员根据游客的娱乐要求，制订采购计划，并落实具体的订票工作。
（3）节目门票预订落实后，及时通知接待部门或导游，安排游客去欣赏娱乐节目。

5. 报账结算

（1）根据本社的财务规定和《合作协议书》的相关规定，及时将娱乐费用明细报财务部门。
（2）财务部门根据《合作协议书》审核无误后与娱乐节目提供单位办理结算。

2.3.6 购物服务的采购

1. 确定采购对象

（1）计调员根据本社经营计划，调查、收集各地与旅游产品相配套的娱乐节目及这些节目提供单位的信息资料。
（2）与这些旅游定点商店协商、洽谈合作事宜。
（3）根据协商的结果，选择有特色的购物商店。

2. 签订合作协议

（1）计调员根据协商的结果，根据当地具体行规，由一方或双方协商拟订《合作协议书》。

（2）通过与旅游定点商店谈判，双方在公正平等的基础上签订《合作协议书》。

（3）将签署的《合作协议书》进行编号、存档，并报送相关部门备案。

3. 整理相关资料

（1）整理与旅游定点商店签订的《合作协议书》，注明各旅游定点商店提供单位的要求及特殊规定。

（2）将旅游定点商店的相关资料列表及特殊规定分发给本社相关部门。

4. 落实旅游购物商店

（1）计调员根据本社业务计划和游客的要求，安排旅游定点商店，并落实具体的工作。

（2）安排旅游定点商店后，及时通知接待部门或导游，带游客去欣赏或购物。

5. 报账结算

（1）根据本社的财务规定和《合作协议书》的相关规定，及时将结算单报财务部门。

（2）财务部门根据《合作协议书》审核无误后定时与旅游定点商店办理结算。

2.3.7 地陪服务的选择

1. 确定采购对象

（1）计调员根据本社经营计划，调查、收集地接导游员的相关信息资料。

（2）经过初步筛选后，对基本符合本社要求的地接导游员进行考察，重点对声誉好、经验丰富的地接导游员进行考察。

（3）通过考察后，进行综合比较和评价，与符合本社要求的地接导游员联系，初步约定合作关系。

2. 签订合作协议

（1）通过与地接导游员谈判，协商具体的合作事宜。

（2）计调员根据协商的结果，利用本社的标准采购合同文本，拟订《地接导游聘用协议书》。

（3）签订双方认可的《地接导游聘用协议书》。

3. 整理相关资料

（1）将签署的《地接导游聘用协议书》进行整理、编号、存档，并报送相关部门备案。

（2）将《地接导游聘用协议书》分发给本社相关部门。

4. 落实带团工作

（1）计调员根据组团社的要求，通过对已签协议导游员的筛选，选择合适的地接导游员。

（2）将与组团社约定的旅游行程、人数、时间、注意事项等具体要求，以出团计划单的形式发给地接导游员并提醒导游员携带各项证件资料。

（3）协助地接导游员处理带团过程中的各项事宜。

5. 报账结算

（1）根据本社的财务规定和《地接导游聘用协议书》的相关规定，及时将该团导游服务费费用明细报财务部门。

（2）财务部门根据财务规定和《地接导游聘用协议书》审核无误后与地接导游员办理结算。

2.3.8 变更后的采购

旅游计划的变更因自身在产业链的位置，极易受到相关因素及突发事件的影响。这种影响直接对原先的采购构成威胁。出现变更后的作业变更，是计调工作能力的体现。当外联部或接待部告知变更时，计调部应积极协助处理，并做出相应调整，如根据团队人数增减、交通问题、行程变动等情况，做出修改、取消原定行程并重新采购等决策。

1. 变更应遵循的原则

计调员在对原计划进行调整时，应遵循以下原则。

1）变更最小原则

既将因计划变更所涉及的范围控制在最小限度，尽可能对原计划不作大的调整，也尽量不引起其他因素的变故。

2）宾客至上的原则

旅游计划是旅游活动的依据，旅行社同旅游者一旦形成约定关系，一般不要随意更改，尤其在行程进行中。对不可抗因素引起的变故，应充分考虑旅游者的意愿，并求得他们的谅解。

3）同级变通原则

变故后服务内容应与最初的安排在级别、档次上力求一致，尤其是用房。

2. 变更后采购通用方法

（1）航班变故。一是考虑包机，但要注意控制成本；二是飞机改火车，尽量利用晚间，但距离不宜过长，铺位不足，考虑加挂，三是若加挂不行，考虑利用汽车运输。

(2) 房、餐出现问题。应选择就近同级房、餐。另外，采取加菜、赠品等小恩惠弥补因变故给客人带来的损失。

计调承上启下，连接内外，在旅行社中处于中枢位置。当计划变更和突发事件发生时，计调员应立即拟出应急方案，并与旅行社的相关部门，如外联、接待及交通、酒店、地接社等迅速构成协同通道，用以应对所有可能的突变。

【任务实训】

撰写订车单、订房单、订餐单

▶实训目的

让学生掌握订车单、订房单、订餐单等相关文本的撰写。

▶实训内容

要求每位学生代表本地的一家地接社撰写订车单、订房单、订餐单。

▶实训步骤

第一步：老师指定一家旅行社、一家酒店、一家餐饮公司、一家汽车租赁公司。

第二步：让学生代表旅行社接待计调员向酒店订房，撰写一份订房通知单。

第三步：让学生代表旅行社接待计调员向餐饮公司订餐房，撰写一份订餐通知单。

第四步：让学生代表旅行社接待计调员向汽车租赁公司订车，撰写一份订车通知单。

▶实训成果

每位学生提交一份订车单、订房单、订餐单。

【任务完成】

通过对该任务的学习，学生掌握了住宿、用餐、用车、游览、购物、娱乐等各项地接服务的采购方法和采购流程，能够撰写各种订购单和变更单，能够独立地进行各种地接服务的采购。

任务2.4 国内接待计调工作流程

【任务导入】

▶案情介绍

2011年7月正是旅游旺季，北京A旅行社每天接待的团队特别多，上海B旅行社7月25日组织了由30位教师组成的旅游团，于7月25~30日在北京旅游，由北京A旅行社负责接待。北京A旅行社计调员张嘉与上海B旅行社计调员王洛已经确认了接待计划。但是，7月23日上海B旅行社又增加了5位游客，于是王洛马上给张嘉打了电话，张嘉回答接待没有问题，同意增加5人，同时王洛也发了更改计划给张嘉。张嘉接到更改计划后也及时进行了确认。由于团队太多，张嘉就没有及时更改接待计划，导致7月25日上海增加的5人到机场后，旅游车的座位不够，晚上也没有安排酒店住宿，导致客人对接待工作的不满，向旅游局投诉。

▶问题

张嘉从此案例中应该吸取哪些教训？

▶案例解析

旺季时，团量集中，工作量大，几乎所有员工都会加班加点超负荷工作。此种情况下最容易出差错。张嘉应该严格按照计调工作流程进行操作。特别是当计划变更之后，一定要及时更改计划，及时增加预定，保质保量地接待每一位客人。

【任务分析】

国内接待计调工作繁杂，一定要严格按照流程进行操作，其操作流程分为17个步骤，其操作流程图如图2.16。

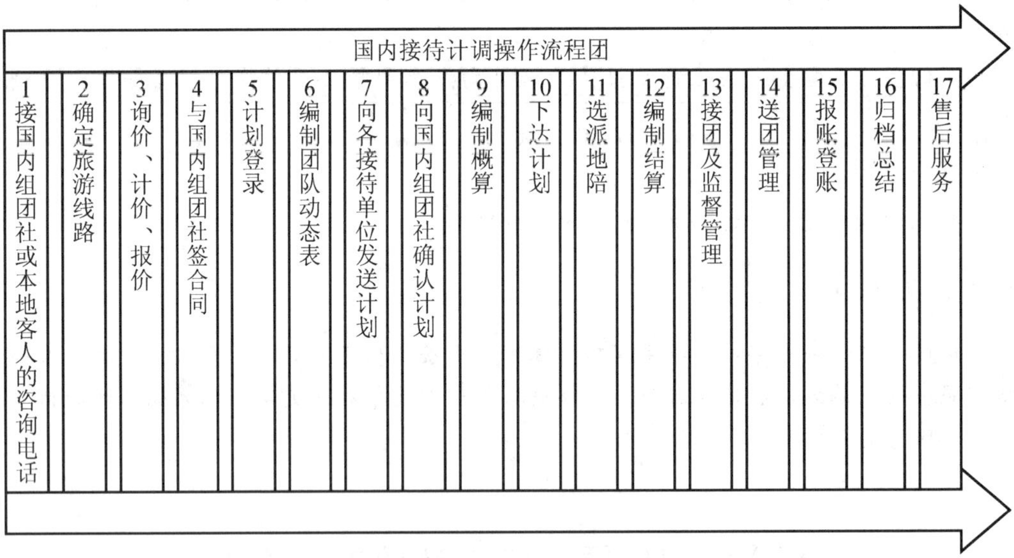

图2.16　国内接待计调操作流程图

2.4.1　接听组团社或本地客人的咨询电话

地接计调的工作流程是从接组团社、外地客人和本地客人的咨询电话开始的。组团社打电话主要是咨询旅游线路和价格。计调在接听电话时要注意以下几点。

1. 接通电话后自报家门

计调员接通电话后，一定要向对方问好，然后自报家门。例如，您好！我是四川康辉国际旅行社九寨专线李某某，很高兴为您服务。绝对禁止抓起话就问："喂，喂，你找谁呀，你是谁呀？"这样不仅浪费时间还很不礼貌，让公司的形象在顾客心中大打折扣，接听电话前一般要让电话响一到二个长音，切忌不可让电话一直响而缓慢地接听。

2. 向客人问清楚相关服务内容

接听电话时，问清对方的单位、姓名、电话、传真（最好能问到手机）、团号、抵离时间、往返大交通、所需产品（行程线路）、等级标准、团队大概人数、出行日期、有无全陪、客人有无特殊要求（如风味餐、回民餐、增减住房、禁忌等）、是公司哪位业务员的客户及相关信息。

3. 记录重要内容

在电话机旁最好摆放一些纸和笔，这样可以一边听电话一边随手将重点记录下来，电话结束后，接听电话应该对记录下来的重点妥善处理或上报认真对待。对于房、餐、车、游等内容一定要详细问清楚具体标准。

4. 重复重要内容

电话结束前，还应该对一些重要内容进行核对，重复重要内容，看记录是否有错。

2.4.2 确定旅游线路

1. 审核组团社提供的旅游线路

如果组团社提供了旅游线路，就要仔细阅读并审核组团社的旅游线路，如认为安排不合理，或地接方面的特殊情况不可能实施的，要向组团社说明情况要求更改，并提出相应合理的、可行的建议。

2. 推荐旅行社现有的旅游线路

如果组团社没有提供旅游线路，地接社计调就可以根据组团社客户的要求推荐旅行社现有的旅游线路。

3. 重新设计旅游线路

如果组团社对现有的旅游线路不满意，可以根据游客的要求重新设计旅游线路，经双方协商同意后作为最终的旅游线路。

2.4.3 询价、计价、报价

地接计调需要根据行程安排，向需要提供服务的各个单位一一询价，以询价单的方式向对方询价，要求对方尽快回传确认。在向各协作单位询价之后，进行内部计价，把各协作单位的价格加起来，就构成了地接社的成本。在地接社总成本的基础上加上一定的利润之后就可以向组团社报价了。报价的项目包括大交通费、住宿费、餐费、景点门票费、导游服务费、利润等。具体操作方法按照项目 2 任务 3 中的计价和报价方法进行。

2.4.4 与国内组团社签合同

与组团社确定价格之后，就可以签正式的旅游合同了。其中，对双方约定的事项进行程序上的确认，是计调员在操作上必不可缺少的程序。第一步，与对方协商付款方式及付款时间。第二步，与对方确定违约补偿办法。第三步，与组团社拟定协议书。协议书的内容包括旅游时间、付款方式及付款时间，交付金额，双方的权利、义务、违约责任等。第四步，确定具体事项。在双方协商时注意文字，避免发生争议。应该向对方提醒合同中的敏感条款，并进行适当解释和说明。第五步，核实签字，在双方没有任何异议的情况下，签字生效，计调员一定要注意，如果任何一方没有签字，则该协议或旅游合同将被视为无效。

相关链接 2－12

组团社与地接社合作协议书见范本 2－14。

范本 2－14　组团社与地接社合作协议书

甲方：××国际旅行社。

乙方：YY 国际旅行社。

为了进一步发展两社旅游业务，确保组团社、接团社的服务质量，确保广大旅游者的合法权益。经甲乙双方友好协商，严格按照旅行社条例执行，特签订如下协议。

一、乙方必须是注册登记的合法经营旅行社，必须向甲方旅行社提供营业执照、具有当地旅游主管部门批准的经营许可证、旅行社责任险保单的复印本、身份证复印件。

二、乙方的服务标准

1. 导游服务：提供的导游员必须持有中华人民共和国导游资格证。

2. 车辆标准：全程旅游用车为具有合法经营资质的空调车。

3. 住房标准：乙方严格按与甲方签订此协议的标准安排住房。①豪华等（挂牌三星或以上）；②标准等（挂牌二星）；③其他标准，给予酒店名称。

4. 用餐标准：安排游客在当地旅游局定点餐厅用餐（明确餐标），不克扣旅客餐费，降低标准。

5. 行程安排游览项目的具体内容及时间（有另行付费的需表明游览项目及价格），自由活动的时间和次数，安排的购物次数、停留时间及购物场所的名称，乙方不得随意增减游览项目，严禁压缩或随意调整正常行程，地陪不得向旅游者索要小费。

6. 大交通服务：乙方必须保证提供甲方所要求指定时间的车票、机票、船票，因故改变时（不可抗力除外）必须征得游客及甲方同意，并承担相应违约责任。

三、甲方以传真形式报给乙方团队行程，乙方以书面传真确认，并作好结算单，双方盖章有效。乙方散客发生价格变更应及时通知甲方对应的业务负责人。价格变更不得在当天执行。甲方在收到乙方通知后的次日，应全部调整价格进行销售。甲乙双方的变更均以书面变更为准。

四、乙方拟订散客接待的行程和标准，并制订销售价和结算价。价格必须符合市场最低价，不得擅自抬高价格。

五、甲乙双方相互支持。乙方应将安排合理的、有竞争力的旅游产品及接待价格随时反映给甲方，以保证甲方产品在市场上的竞争力。甲方积极配合乙方推广、销售产品。乙方在黄金周或旺季时必须优先确保甲方团队机位作为对甲方的支持。

六、乙方没有按照行程标准执行，造成游客投诉，乙方应全权负责赔偿。乙方应做到不把投诉带回甲方所在地。若游客将投诉上告至法律机构，或旅游质检所，或消费者协会等有关部门，甲方将和乙方作为连带责任人共同应诉。

七、甲方组织旅游者赴乙方游览，发生突发意外事件后，乙方必须采取积极态度妥善处理该事件并及时告知甲方旅行社，由于乙方责任所发生的意外事件由乙方承担经济责任。

八、团队的费用，甲方在出团前以汇票形式预付机票款，待团队回程后，由乙方将结算单传真至甲方，经审核无误后盖章确认，余款与散客的费用全部按月结清。每月10日前，结清上个月全部费用，甲方必须以支票或电汇方式支付乙方费用。

未尽事宜，甲乙双方本着友好合作的愿望，再做协商。本协议一式两份，双方各执一份。

有效期：2012 年 1 月 1 日至 2012 年 12 月 31 日

甲方（盖章）：××国际旅行社（国内组团旅游中心）　　乙方：（盖章）：

签名：　　签名：

2012 年　月　日　　2012 年　月　日

2.4.5 计划登录

接到组团社书面预报计划，将团号、人数、国籍、抵/离航班（车次）、时间等相关信息登录在当月团队动态表中。如遇对方口头预报，必须请求对方以书面方式补发计划，或在我方确认书上加盖对方业务专用章并由经手人签名，回传作为确认件。

2.4.6 编制团队动态表

编制接待计划，将人数、陪同数、抵/离航班（车次）、时间、住宿酒店、餐厅、参观景点、地接旅行社、接团时间及地点、其他特殊要求等逐一登记在《团队动态表》中。

2.4.7 向各接待单位发送计划

向各有关单位发送计划书，逐一落实接待任务。

1. 用房

根据团队人数、要求，以传真方式向协议酒店或指定酒店发送《订房计划书》并要求对方书面确认。如遇人数变更，及时做出《更改件》，以传真方式向协议酒店或指定酒店发送，并要求对方书面确认；如遇酒店无法接待，应及时通知组团社，经同意后调整至同级酒店。

2. 用车

根据人数、要求安排用车，以传真方式向协议车队发送《订车计划书》并要求对方书面确认。如遇变更，及时做出《更改件》，以传真方式向协议车队发送，并要求对方书面确认。

3. 用餐

根据团队人数、要求，以传真或电话通知向协议餐厅发送《订餐计划书》。如遇变更，及时做出《更改件》，以传真方式向协议餐厅发送，并要求对方书面确认。

4. 地接社

如客人还需要异地旅游，就需要以传真方式向协议地接社发送《团队接待通知书》并要求对方书面确认。如遇变更，及时做出《更改件》，以传真方式向协议地接社发送，并要求对方书面确认。

5. 返程交通

如果组团社没有落实返程交通，需要接待社落实返程交通时，接待计调员就要仔细落实并核对计划，向票务人员下达《订票通知单》，注明团号、人数、航班(车次)、用票时间、票别、票量，并由经手人签字。如遇变更，及时通知票务人员。

2.4.8　向国内组团社确认计划

旅游接待计划是地接社和组团社合作的基础及处理旅游纠纷的法律依据。从理论上讲，地接社和组团社利益相关，只有共同完成旅游接待任务，才能获得相应的经济回报，双方一损俱损、一荣俱荣。但在实际合作过程中，地接社和组团社之间出现纠纷扯皮的现象并不少。对此，旅游接待计划可以起到规范双方权利和义务的作用。当组团社与地接社之间就旅游行程和报价达成一致后，双方即进入旅游接待计划确认阶段。

1. 确认的原因

1）组团社要求确认接待计划。组团社把团队接待计划传真给地接社时，在计划中会附有一份回执，要求地接社在收到接待计划后，将团队计划落实情况确认后盖章回传给组团社。这样，组团社收到回执后就可以放心发团。地接社对确认的接待计划负有法律责任。

2）地接社对接待计划不能确认时，要主动通知组团社。地接社计调员收到组团社发送的接待计划后，应立即落实接待事宜。遇有个别不能确认的团队或团队计划中不能确认的项目，要及时通知组团社，以便组团社及时做出调整。

2. 确认的方式

接待社以确认单的方式向组团社确认接待计划，见范本 2－15。

范本2－15　××旅行社旅游计划确认书

TO	××旅行社	FROM	××旅行社
收件人		发件人	
TEL/FAX		TEL/FAX	
关于贵社____团计划明细如下，请核对后盖章回传确认，方可生效，感谢贵社的支持与厚爱！			
日期	起始地及交通	行程：　人数：　人	住宿/用餐

备注：

（1）请提前____个工作日提供以下资料。（2）在行程不减少的前提下，我社保留行程顺序调整权，如遇人力不可抗力因素或客人自身原因，造成行程羁留或延误所产生的费用由客人自理；旅游人身安全险具体赔付按照保险公司相关条例执行。

购物点：

另行付费旅游项目：

服务标准：

住宿：　　　　用车：

用餐：　　　　景点：

导服：

报价如下

住：	门票：
餐：	导游：
车：	保险：

人成团总费　元/人

总团款：　元/人×　人+　元（全程单房差）+全陪费用　元=　元（　万　仟　佰　元整）

付款方式：请于　年　月　日　：00前确认机票名单及付　元出机票，接团前付团款　元，余款　元，于团队结束后一周内付清！

感谢贵社的支持与厚爱！祝生意兴隆！

请看清内容，确认无误后盖章并签字回传后为最终确认。

地接社盖章确认处：

我社账号：

工商银行　　　　开户行　　　　账号

导游员：　　　　姓名　　　　手机

客人姓名	身份证号	客人姓名	身份证号

2.4.9 编制概算

编制团队“预算单”，注明现付费用、用途，交由主管审核后报财务部门审核；填写“借款单”，与“预算单”一并交部门经理审核签字后，再报总经理签字。最后，凭“预算单”、“接待计划”、“借款单”、“车队的回传确认单”、“房间回传确认单”等向财务部领取借款。

2.4.10 下达计划

编制《接待计划》（见范本2－16）及附件。由计调员签字并加盖团队计划专用章。此表由团队基本情况（含个性要求）、日程安排、游客名单3个部分组成。其中，团队基本情况包含旅游团队名称、团号、组团社名称、团队人数、团队类别、团队服务等级、自订和代订项目、住宿要求、膳食要求及标准、对地陪的要求、全陪信息、特殊要求备注等内容。日程安排包括游览日期、出发城市、团队抵离时间、班次和机场（车站、码头）名称、住宿情况、游览活动时间安排、用餐安排、文娱活动时间安排、其他特殊要求等内容。游客名单包括游客的姓名、性别、身份证号码、联络电话等。如果是散客拼团，要注明散客来自哪个旅行社。若是VIP客人，还需注明客人身份。客人有特殊要求的（如分房要求）或组团社重点备注的也须在名单中标示出来。

范本2－16 旅行社团队运行计划表 编号

团名：__________ 人数：__________ 组团社：__________

旅游线路名称：__________ 行程共计：____天____夜（含在途时间）

出发日期：______________ 出发地点：______________

途经地点：______________ 目 的 地：______________

结束日期：______________ 返回地点：

一、行程与标准

行程时间	主要景点名称（游览时间/小时）	交通工具标准	酒店标准	房间标准	其他活动
月 日					
月 日					
月 日					

备注：

1. “交通工具”栏中不含景区内观光车、索道等，应按各类别的标准填写，如飞机：头等舱/商务舱/经济舱；火车：普通车/空调车/动组车（其中，软卧/硬卧/软座/硬座）；轮船：普通客船/星级游船____人/间（其中，是否带卫生间）；汽车：空调大巴/空调卧铺/普通客车。

2. “酒店标准”栏不得写“准×星”或“相当于×星”。
3. “房间标准”栏指几人间，如双人间（带卫生间）。
4. “其他活动”栏指晚间活动或自由活动。
5. 行程天数不够填写可另加页。

二、用餐标准

早餐____次，标准____元/餐/人；

正餐____次，标准 ____元/餐/人（含____ 菜____汤）

三、购物安排

购物次数原则上每日不超过__________ 次，每次停留时间不得超过双方约定时间。

日期	购物场所名称	停留时间/小时	日期	购物场所名称	停留时间/小时
月 日			月 日		
月 日			月 日		

四、住宿时如遇单人住宿或房间标准与原计划有异

住宿差价的解决办法：__________

五、如因人数不足无法单独成团

本社将按与游客约定的行程计划与__________ 旅行社签订委托发团合同。

六、如遇不可抗力或三分之二以上游客的要求，本社带团导游有权临时调整行程。

七、自费项目提示及其他注意事项：____

____。

地接社名称：__________ 汽车车型：__________ 车号：__________

全陪：__________ 手机：__________ 地陪：__________手机：__________

集合标志：________________

旅行社投诉电话：________________ 各级旅游执法机构投诉电话：区号+96927

本计划编制人：________________

游客认定并签字：________________

旅行社业务专用章：

年 月 日

注：该表格由四川省中国国际旅行社提供。

2.4.11 选派地陪

选择合适的导游接团。地接社计调部门应本着高度负责的态度，认真选拔地陪导游。

1. 选地陪的要求

一是必须选派已取得导游证的正式导游员。二是必须掌握导游员的基本情况（包

括带团年限、证书编号、导游等级、投诉及表扬记录、仪容仪表、身体健康状况、个性品质等），选拔有良好职业道德、语言对口、等级高、无不良投诉的优秀导游员来带团。三是必须考察导游员的业务技能，择优选用。要考察的技能包括导游的知识储备、服务技能、语言能力、应变能力等，择优选用是导游服务质量的基本保证。四是必须根据团队的特点选派导游员。如老年团适合选派稳重大方的导游员，儿童团则适合选派活泼、有亲和力的导游员。

2. 发团队运行表等资料，交代带团注意事项

计调员把团队运行表、质量跟踪表（见表2-5）、游客名单、概算单等资料发给导游，如团队重点客人、民俗禁忌；用餐标准、司机和陪同人员住宿等内容。导游员必须严格执行接待计划，不得随意增减计划内容。如遇组团行程或旅游者行程与地接社行程不符时，必须立即向计调员汇报，不得擅自做主。运行前一天，对有关要素再确认，提醒导游接团。

表2-5　旅行社服务质量跟踪调查表

<table>
<tr><td>团名</td><td colspan="2"></td><td>人数</td><td></td><td>全部</td><td></td></tr>
<tr><td>地陪</td><td colspan="2"></td><td>车号</td><td></td><td>驾驶员</td><td></td></tr>
<tr><td>游客意见</td><td colspan="2">非常满意</td><td>满意</td><td>基本满意</td><td colspan="2">不满意</td></tr>
<tr><td>日程安排</td><td colspan="2"></td><td></td><td></td><td colspan="2"></td></tr>
<tr><td>导游服务</td><td colspan="2"></td><td></td><td></td><td colspan="2"></td></tr>
<tr><td>餐饮质量</td><td colspan="2"></td><td></td><td></td><td colspan="2"></td></tr>
<tr><td>住宿标准</td><td colspan="2"></td><td></td><td></td><td colspan="2"></td></tr>
<tr><td>娱乐项目</td><td colspan="2"></td><td></td><td></td><td colspan="2"></td></tr>
<tr><td>交通保障</td><td colspan="2"></td><td></td><td></td><td colspan="2"></td></tr>
<tr><td>购物安排</td><td colspan="2"></td><td></td><td></td><td colspan="2">游客签名</td></tr>
<tr><td>旅游安全</td><td colspan="2"></td><td></td><td></td><td colspan="2"></td></tr>
<tr><td>其他</td><td colspan="2"></td><td></td><td></td><td colspan="2"></td></tr>
<tr><td></td><td colspan="6">一、为了切实保护游客的合法权益，加强对旅游经营者特别是导游员的监督管理，特别制定本表。
二、团队抵达时，由导游员将本表分发给每位游客。
三、导游不得随意更改团队运行计划。
四、游客如对表中所列项目不满意，可向各级旅游执法（质监）机构投诉，投诉电话：96927。
投诉地址：　　　　　　　邮编：</td></tr>
</table>

四川省旅游执法总队编制

2.4.12 编制结算

接待计调员需要填制公司《团队结算单》，经审核后加盖公司财务专用章。于国内团队抵达前将结算单传真至国内组团社，催促对方把接待款划入该旅行社账户。

2.4.13 接团及监督管理

1. 接团

接团是指本国、本地区的旅行社对来自外国或外地区的，从事游览、观光、探亲及商务、会务或其他旅游活动的团队和个人做好接待与服务工作的过程。计调员要做好接团管理工作，安排导游准时到机场（火车站、码头、车站）等接团。接团工作开始后，旅行社将从多方面为旅游者提供服务，旅游者与旅行社的接触也随之增多。因此，接团工作直接关系到旅行社的知名度和效益。

2. 监督管理

计调员在实际操作过程中对接团的监督往往不太重视，认为旅游团队已经开始了旅游行程，不会出现大的问题，即使有问题，只要自己出面协调解决也不会造成严重的后果。为了防患于未然，与各方保持良好的关系，计调的监督作用非常重要。

在团队运行过程中注意“一进一出”原则（对于重点团要注意跟踪），即团队抵达第一日及团队返程最后一日，一直都要密切关注。如产生问题或投诉，应及时与客户沟通，以最快的速度解决问题，尽量把问题处理在当地，不要给组团社带回麻烦。并有明确的处理意见书，需领队及陪同签字确认。如是重点团队，可请领导看望团队。

（1）监督接团过程中各接待单位的落实情况。一是监督交通工具的使用情况。特别要注意旅游车的设施设备是否齐全、车况如何。它常常对团队的接待质量和利润产生着决定性影响。二是监督餐饮部门落实用餐情况，特别是餐厅的卫生情况，提醒地接导游员订餐时，及时把旅游者（团）的宗教信仰和个别客人的特殊要求转告餐厅，避免出现不愉快和尴尬的局面。三是监督酒店宾馆的住宿情况，特别要重视住宿地点的环境、设施等。提醒住宿单位严格按照协议约定的标准向旅游者提供住宿。

（2）监督地接导游员的工作情况。一是监督地接导游员实施旅游接待计划的情况。二是监督地接导游的服务态度和服务水平，以及全陪、旅游者对地接导游员的意见评价。

（3）计调员监督的方法。一是实地监督。在实施接待计划的同时，计调员到达现场对各个部门及导游员进行监督。但是，在实际操作中，这一点在执行时会有困难。如果条件允许的情况下，可以采用此方法。二是通过电话监督。计调员可以通过电话询问，如向地接导游员询问各个接待单位的接待情况，向各个接待单位询问导游的工作情况，向旅游者询问导游员的态度等。这在实际工作中比较常用。

2.4.14　送团管理

在团队顺利结束本地行程后，地接计调员还要做好送团管理工作，安排导游准时到机场送机，不要造成误机。计调员还要与游客保持良好的关系，努力使之成为自己的朋友，为第二次销售工作打下基础。

2.4.15　报账登账

团队行程结束，通知导游员凭导游报账单（见范本2－17）、接待计划、陪同报告书、质量反馈单、原始票据等及时向部门计调员报账。计调员详细审核导游填写的《陪同报告书》，以此为据填制团费用小结单（见范本2－18）及决算单，交部门经理审核签字后，交财务部并由财务部经理审核签字，总经理签字，向财务部报账。报完账之后计调将涉及该团的协议单位的相关款项及时登录到《团队费用往来明细表》中，以便核对。

范本2－17　××旅行社导游报账表

团号	人数	导游
线路	起止时间	
房费	小计：	
餐费	小计：	
门票	小计：	
其他	小计：	
车费		实支合计：¥
核实金额（大写）　　万　　仟　佰　拾　元　角　分　¥		
预领费用：	现收费用：	签单金额：
扣款：		应退（补）：¥
备注：		

经理：　　　　财务：　　　　计调：　　　　导游：

范本 2-18 ××旅行社费用结算单

<table>
<tr><td>组团社</td><td></td><td colspan="2">团号</td><td></td></tr>
<tr><td>人数</td><td></td><td colspan="2">联系人</td><td></td></tr>
<tr><td>旅游团抵离时间</td><td colspan="2">年 月 日 抵</td><td colspan="2">年 月 日 离</td></tr>
<tr><td rowspan="8">旅行团费用</td><td colspan="4">餐费： 元</td></tr>
<tr><td colspan="4">住宿： 元</td></tr>
<tr><td colspan="4">门票： 元</td></tr>
<tr><td colspan="4">城市间交通费用： 元</td></tr>
<tr><td colspan="4">飞机票： 元</td></tr>
<tr><td colspan="4">火车票： 元</td></tr>
<tr><td colspan="4">综合服务费： 元</td></tr>
<tr><td colspan="4">合计： 元</td></tr>
<tr><td colspan="5">备注：</td></tr>
</table>

确认签名： 盖章： 报销人： 年 月 日

2.4.16 归档总结

1. 建立团队档案

团队结束之后，要整理该团的原始资料，每月底将该月团队资料登记存档，以备查询。建立团队档案的主要内容有组团社的询价单（历次询价）、双方签字的确认单（盖章）、客户名单表、合同、缴费单、最终行程表、订车单、订票单。送团后双方结算的单据和地陪日志，游客意见反馈单等。这些资料保存期为两年以上。

2. 总结工作

地陪对整个带团工作进行总结，检查地陪的带团日志。处理表扬与投诉：有表扬和投诉都需要报告给部门负责人，有的表扬需要对当事人进行褒奖，或通过一定的宣传，增加旅行社的美誉度；有的投诉涉及多个部门，处理不好，旅行社可能会有名誉或经济损失，计调员要搞清情况，如实报告给部门领导，做好协调工作。

2.4.17 售后服务

旅行社的售后服务是指在旅游者结束旅游之后，由旅行社向组团社或旅游者继续提供的一系列服务，意在加强与组团社或旅游者的联系，主动解决他们遇到的各种问题。其具体操作是由计调员完成的。

售后服务对旅行社维系已有客源和开拓新的客源都至关重要。由于大多数的旅行社计调员不重视售后服务，丢失了不少客源，丧失了很多机会。由于售后服务对旅行社今后的工作，尤其是在二次销售方面工作的重要性，成熟的旅行社都极为重视。并采取了多种多样的售后服务形式以争取再次与组团社合作，招徕每一位顾客。只有做好售后服务工作，才能巩固与扩大客源。只有客源充足，才能使旅行社在激烈的竞争中求得生存与发展。

售后服务的作用：一是信息反馈。向组团社了解旅游者在旅游中的满意度；根据地接导游收集的游客意见反馈单可以得到旅游的基本信息。计调员对这些信息进行整理、分类，并及时向旅行社主管经理汇报。二是调整策略。计调员根据组团社或旅游者反馈信息，可以及时、有针对性地调整经营策略，以适应旅游者需求不断变化的需要。三是保持联系。计调员与组团社或旅游者经常保持联系，可以促进彼此的了解，加深感情。

【任务实训】

国内接待计调操作流程模拟

▶实训目的

让学生掌握国内接待计调的操作流程。

▶实训内容

通过不同角色扮演进行地接计调操作流程模拟实训。

▶实训步骤

第一步：以小组为单位进行，把全班同学分成6组，一组代表组团社、一组代表接待社，一组代表酒店、一组代表餐饮部门、一组代表汽车租赁公司、一组代表旅游景区。

第二步：每组同学分别代表该单位不同的工作岗位，进行模拟实训。

第三步：组与组之间可以互换不同的角色进行模式实训。

▶实训成果

让每个同学都掌握国内接待计调的操作流程。

【任务完成】

通过对该任务的学习，使学生掌握国内接待计调前期准备工作、发团管理业务及后期收尾工作的操作流程，通过模拟实训，对接待计调工作流程有了更深的了解，能够从事基本的接待计调工作。

同 步 练 习

一、填空题

1. 根据交通线路和交通工具的不同，旅游交通一般可分为__________、__________、__________、水运和特殊交通 5 种类型。

2. __________是指旅游者在旅游目的地国家或地区购买的各种物质产品。

3. 根据酒店规模来划分，可以把酒店划分为____________、____________和__________ 3 类。

4. 按照旅游线路的距离来划分可将旅游线路划分为__________、__________、__________ 3 种类型。

5. __________是在全包价旅游线路的基础上扣除餐费的一种包价形式。它与全包价旅游线路的主要区别在于这种旅游包价内不含午、晚餐费用。

6. __________是线路的性质、大致内容和设计思路等方面的高度概括。

7. 地接社对外报价常用的方法有两种，即__________和__________。

二、单项选择题

1. 大型饭店的客房数一般在（　　）间客房以上。

A. 400　　B. 500　　C. 600　　D. 700

2. 商务型饭店多位于（　　），接待商务客人、旅游客人及因各种原因作短暂逗留的其他客人。

A. 海滨地区　　B. 城市的中心地区　C. 公路干线上　　D. 环境优美的风景区

3.（　　）是旅游行程中的核心内容，是旅游者在旅游目的地进行的最基本和最重要的旅游活动，各项服务都围绕着这个主体展开。

A. 旅游住宿　　B. 旅游交通　　C. 游览景点　　D. 旅游娱乐

4. 下列物品中不属于购物品的是（　　）。

A. 旅游生活用品　　B. 旅游文化用品

C. 武术表演　　D. 旅游纪念品

5.（　　）是线路的性质、大致内容和设计思路等方面的高度概括。

A. 线路安排　　B. 线路名称　　C. 线路主题　　D. 线路内容

6.（　　）就是要求旅行社在开发旅游线路前，对市场进行充分的调查研究，检测市场需求的发展趋势和需求数量，分析旅游者的旅游动机。

A. 时效优先原则　　B. 市场原则

C. 突出特色原则　　D. 安全原则

7. 半包价旅游团队通常不包括的服务项目是（　　）。

A. 国内城市间交通 B. 饭店住宿 C. 中晚餐 D. 导游服务

8. （ ）是旅游线路具有吸引力的根本所在。

A. 突出特色 B. 旅游服务 C. 旅游资源 D. 旅游供给

9. 地接社计调旅游交通服务的采购主要是以（ ）为主。

A. 汽车 B. 水运交通服务

C. 航空交通服务 D. 火车交通服务

三、多项选择题

1. 下列（ ）饭店是完全服务饭店，评定星级时应对饭店产品进行全面评价。

A. 二星级 B. 三星级 C. 四星级

D. 五星级 E. 白金五星级

2. 当今世界旅游娱乐业大致分为（ ）几大类。

1. 健身性娱乐 B. 赌博性娱乐 C. 游戏性娱乐

D. 文化性娱乐 E. 社会性娱乐

3. 以旅游线路的起止特征为标准划分，旅游线路可分为（ ）形式。

A. 流线型 B. 环型 C. 辐射型

D. 封闭型 E. U 型

4. 小包价旅游又称可选择性旅游，它由可选择部分和非选择部分组成。其中，非选择部分包括（ ）。

A. 往返接送 B. 导游服务 C. 住房

D. 早餐 E. 风味餐

5. 设计旅游线路时，要兼顾（ ），尽可能做到效益最大化。

A. 旅游经济效益 B. 旅游社会效益 C. 旅游生态效益

D. 旅游文化效益 E. 旅游政治效益

6. 下列物品中属于旅游娱乐项目的是（ ）。

A. 高尔夫球 B. 赛马赌博 C. 旅游纪念章

D. 杂技表演 E. 景区光盘

四、判断题（正确的在题后括号内打“√”，错的打“×”）

1. 旅游景区是旅游活动的主体，它是旅游者选择该项旅游产品最主要的原因和动机。（ ）

2. 修学旅游线路的对象是特定的，一般都是在校学生，通常由老师带队。（ ）

3. 环线型旅游线路只有一个起点，一个终点。旅游活动自起点开始，至终点结束。（ ）

4. 在旅游活动中，保障安全是旅游者最基本的要求。（ ）

5. 在交通安排合理的前提下，同一线路旅游点的游览顺序应由吸引力较大的旅游点逐步过渡到一般的旅游点。（ ）

五、简答题

1. 作为一名计调员，应该从哪些方面去选择酒店？

2. 旅游线路设计应遵循哪些原则？

3. 简述旅游线路设计包含的主要内容。

4. 计调员在设计旅游线路时，应遵循旅游点结构合理的原则，旅游点结构合理体现在哪些方面？

5. 简述接待计调员采购住宿服务的程序。

六、操作题

北京国旅将组织25位客人，于2013年7月18日下午16：00从首都机场乘国航（CA1407）到成都，18：50到达双流机场，由四川康辉九寨假期旅行社负责接待。接机后入住成都芙蓉丽庭大酒店。7月19日早餐后乘车赴九寨沟，中午在茂县吃午餐，晚上住九寨沟沟口的九龙宾馆，20日早餐后乘车到九寨沟大门，换乘观光车进入九寨沟内游览，游览九寨沟三条沟：日则沟、则查洼沟和树正沟。沟内午餐自理，晚餐后可自费参加藏羌风情烤羊篝火晚会。晚住九龙宾馆，21日早餐后乘车前往松潘县境内的黄龙风景区。游览3小时之后乘车前往松潘，晚上到松潘太阳河国际大酒店入住。22日早餐后乘车返回成都，22日晚21：00乘国航CA1426返回北京，结束愉快旅程。

各服务单位的价格如下。成都芙蓉丽庭大酒店普标200元/间/晚，九龙宾馆180元/间/晚，松潘太阳河国际大酒店入住普标180元/间/晚，餐标均为20元/人/餐，酒店均含双早。九寨沟门票220元/人，黄龙门票200元/人，九寨沟观光车90元/人，黄龙索道130元/人。藏羌歌舞晚会180元/人，沟内自助餐40元/人。成都到九寨沟包28座金龙4天的租金共为4000元。28座金龙接机1次500元。

（1）请你代表四川康辉地接计调员，为25位北京客人设计旅游行程。

（2）请你代表四川康辉地接计调员对接待北京国旅游客进行内部计价（以每人为单位计价）。

（3）请你代表四川康辉地接计调员对北京国旅做出地接报价（以每人为单位报价）。

3

国内组团计调实务

项目概述

本项目主要介绍国内组团计调应掌握的基本知识、主要业务及工作流程。首先，介绍了国内组团计调应该掌握的各种知识。然后，阐述了省外旅游线路的设计与开发、定价与报价方法及各项旅游服务的采购方法。最后，详细地分析了国内组团计调的整个工作流程。该项目分为 4 个任务，每个任务都按照“任务导入—任务分析—任务实训—任务完成”组织安排。

知识目标

1. 了解国内组团计调在交通、旅游区划等方面的基本知识。
2. 熟悉省外旅游线路的开发及报价的方法。
3. 明确各项旅游服务的采购方法，掌握国内组团计调的工作流程。

能力目标

1. 能够独立地设计省外旅游线路，并对其设计的旅游线路进行定价和报价。
2. 能够及时地采购各种旅游服务，能够在旅行社进行组团计调操作。

任务3.1 国内组团计调知识储备

【任务导入】

▶案情介绍

成都某公司11人独立成团赴张家界长沙福州厦门旅游，行程安排七天，游览线路是“成都—厦门—鼓浪屿—福州—长沙—张家界—成都”。在七天行程中成都—厦门、福州—长沙、张家界—成都需要乘坐飞机。厦门专线部的计调员已经为游客重新设计了旅游线路，向对方确认行程，根据行程做了报价。但是，当他们给游客出机票时才发现有两个航班都没有，无法出票。原因是这两个航班当中有一个航班是每周一、三、五、日才有，行程中的这一天正好是周二，另一个航班是每周三、六才有，而行程中的这一天正好是周四。结果导致这两个航班都无法出票。这个时候计调员才重新给游客打电话，重新订航班，重新修改出发日期，重新报价。但是游客认为这家旅行社做事太不负责了，于是就取消了与该旅行社的合作，选择了另外一家旅行社，给该旅行社造成了损失。

▶问题

旅行社的损失该由谁承担责任？组团社计调员今后在工作中应该吸取哪些教训？

▶案例解析

在该案例中旅行社的损失应该由计调员来承担。因为国内组团计调很重要的一项工作就是要熟悉各种大交通工具的基本知识，准确地为游客提供大交通服务。在该案例中购买的3段机票，两段机票都出了问题，说明计调员的工作责任心不强，没有认真核对机票信息导致无法准时出票，需要重新订票、重新报价。最终导致游客不信任旅行社，取消合作。组团计调今后一定要吸取教训，对工作认真负责，每次要仔细核对航班信息，使航班信息与行程安排相吻合，让游客能够顺利出行。

【任务分析】

国内组团计调只有掌握了城市之间大交通的基本知识，省外各城市主要旅游景点、旅游线路、旅游交通等知识之后，才能更好地为游客设计更实用、更合理的旅游线路。

3.1.1 大交通基本知识

国内组团计调在为客人选择交通工具时，主要是选择飞机和火车两种交通工具，所以国内组团计调除要掌握汽车知识以外，还必须掌握飞机和火车的相关知识。

1. 航空知识

1）航班、班次

民航运输飞行主要有3种形式：班期飞行、加班飞行和包机飞行。其中，班期飞行是按照班期时刻表和规定的航线，定机型、定日期、定时刻的飞行；加班飞行是根据临时需要在班期飞行以外增加的飞行；包机飞行则是按照包机单位的要求，在现有航线上或以外进行的专用飞行。此外，还有不定期航班与季节性航班飞行。

航班分为定期航班和不定期航班。前者是指飞机定期自始发站起飞，按照规定的航线经过经停站至终点站，或直接到达终点站的飞行。在国际航线上飞行的航班称国际航班，在国内航线上飞行的航班称国内航班。航班又分为去程航班和回程航班。为方便运输和用户，每个航班均编有航班号。中国国内航班的航班号由执行航班任务的航空公司二位代码和4个阿拉伯数字组成，其中第一位数字表示执行该航班任务的航空公司或所属管理局，第二位数字表示该航班终点站所属的管理局，第三、四位数字表示班次，即该航班的具体编号，其中第四位数字若为奇数，则表示该航班为去程航班，若为偶数，则为回程航班。掌握了中国民航局所属9个管理局（或航空公司）的代号，就知道了航班是怎样编排的。1为北京局，2为西安局，3为广州局，4为成都局，5为上海局，6为沈阳局，7为太原局，8为厦门局，9为新疆局。例如，以6503/04航班为例，“6”表示是沈阳管理局的飞机，“5”是指飞往上海，“03”是飞往上海不同时间航线的序号，“04”是本次航班的回程编号，详见表3-1。

表3-1 我国国内航空公司二位代码及民航管理局

航空公司名称	简称	二位代码	所属管理局	民航管理局代码	航站所在地
中国国际航空公司	国航	CA	华北管理局	1	北京
中国西北航空公司	西北航	WH	西北管理局	2	西安
	东航	MU	西北管理局	2	上海
中国南方航空公司	南航	CZ	广州管理局	3	广州
深圳航空公司	深航	ZH	广州管理局	借用新航9	深圳

（续表）

航空公司名称	简称	二位代码	所属管理局	民航管理局代码	航站所在地
中国西南航空公司	西南航	SZ	西南管理局	4	成都
	国航	CA	西南管理局	4	成都
四川航空公司	川航	3U	西南管理局	借用厦航 8	成都
云南航空公司	云航	3Q	西南管理局	5	昆明
	东航	MU	西南管理局	5	昆明
中国东方航空公司	东航	MU	华东管理局	5	上海
上海航空公司	上航	FM	华东管理局	借用新航 9	上海
山东航空公司	山航	SC	华东管理局	借用国航 1、4	济南
中国北方航空公司	北航	CJ	北方管理局	6	沈阳
	南航	CZ	北方管理局	6	沈阳
中国通用航空公司	通用	GP	华北管理局	7	太原
海南航空公司	海航	HU	华北管理局	7	海口
厦门航空公司	厦航	MF	华东管理局	8	厦门
新疆航空公司	新航	XO	西北管理局	9	乌鲁木齐
上海春秋航空公司	春秋	9C	华东管理局	8	上海

班次是指在单位时间内（通常用一个星期计算）飞行的航班数（包括去程航班与回程航班），班次是根据往返量需求与运能来确定的。

2）电子客票

现在使用的都是电子客票，纸质机票已经完全退出市场了。中国旅客购票，须凭本人《居民身份证》或其客观有效身份证件购买，外国旅客、华侨、港澳台胞购票，须凭有效护照、回乡证、台胞证、居留证、旅行证或公安机关出具的其他有效身份证件购买。购买儿童票、婴儿票，应提供儿童、婴儿出生年月的有效证明。机票只限票上所列姓名旅客使用，不得转让和涂改，否则机票无效且不退机票费。国内、国际机票的有效期均为一年。但是旅游机票一般都是团体打折票，不能退，不能更改。已满2 周岁未满 12 周岁的儿童按成人全票价的 50% 购买儿童票，未满 2 周岁的婴儿按成人全票价的 10% 购买婴儿票，不提供座位。如需要单独占用座位，应购买儿童票。每一成人携带婴儿超过一名时，超过的人数应购买儿童票。

电子客票的票款包括 3 个部分：票面价格+机场建设费+燃油附加费。票面价格是指出发机场到到达机场的价格。例如，成都双流国际机场到上海浦东国际机场经济舱全票为 1610 元，遇有打折时，票面价格按四舍五入进行计算。机场建设费一般情况下是 50 元，有些小飞机是 10 元。乘坐飞机需要缴纳一定的燃油附加税，燃油附加税的缴纳数是根据国际油价的变化而调整。国内航段（包括国际航线国内段），800 公里（含）以下和800公里以上航段每位旅客征收的费用不一样。婴儿票没有机场建设费和燃油附加税两项费用，儿童票无机场建设费，燃油费减半。这两项费用是在购买机票的同时购买的，是硬性收费。

3）乘机时间要求

计调员要熟悉各个城市机场的情况，机场距离市中心的距离（见表3－2），便于游客提前到达机场，避免误机。乘坐国内航班的旅客应在客票上列明的航班规定时间起飞前90分钟到达指定机场，凭客票及本人有效身份证件办理乘机手续。航班规定离站前30分钟停止办理乘机手续。旅客没有按规定的时间到达指定机场，或携带的护照、签证及旅行证件不符合规定，未能办妥乘机和出境等各类手续而引起的一切损失和责任由旅客自负。

表3－2　国内各城市机场的名称及距离市中心的公里数

城市	机场名称	距离市中心距离	城市	机场名称	距离市中心距离
北京	首都国际机场	天安门25.4公里	上海	虹桥国际机场	市中心13.5公里
上海	浦东国际机场	市中心65公里	天津	滨海国际机场	市中心13.3公里
太原	武宿机场	五一广场13.8公里	呼和浩特	白塔机场	火车站14.3公里
沈阳	桃仙国际机场	市中心18.5公里	大连	周水子国际机场	市中心9.5公里
长春	大房身机场	市中心10公里	哈尔滨	太平国际机场	市中心33公里
齐齐哈尔	三家子机场	市中心13公里	佳木斯	东郊机场	松花江铁路桥13公里
厦门	高崎国际机场	市中心11公里	福州	长乐国际机场	市中心47.5公里
杭州	萧山国际机场	杭州市中心27公里	合肥	骆岗机场	市中心9.6公里
宁波	栎社机场	市中心11公里	南京	禄口国际机场	市中心35.8公里
广州	白云国际机场	市中心6公里	深圳	宝安国际机场	市中心32.5公里
长沙	黄花机场	市中心24.4公里	海口	美亚机场	市中心26公里
武汉	天河机场	长江大桥26公里	济南	遥墙机场	西门桥28.5公里
青岛	流亭机场	市中心23公里	南宁	吴墟机场	市中心27.5公里
三亚	凤凰国际机场	市中心13.5公里	重庆	江北国际机场	市中心19公里
成都	双流国际机场	市中心17公里	昆明	巫家坝国际机场	市中心6.6公里
桂林	两江国际机场	市中心35公里	西安	咸阳国际机场	钟楼16.8公里
兰州	中川机场	距市中心74.5公里	贵阳	龙洞堡机场	市中心10公里
拉萨	贡嘎机场	距市中心90公里	乌鲁木齐	地窝堡机场	市中心16.8公里
南昌	向塘机场	距市中心25公里	郑州	新郑机场	市中心35公里

（资料来源：孙娈．旅行社计调业务，上海：上海交通大学出版社，2011.）

4）安全检查

安全检查事关旅客人身安全，旅客都必须无一例外地经过检查后，才允许登机。也就是说，安全检查不存在任何特殊的免检对象。所有外交人员、政府首脑和普通旅客，不分男女、国籍和等级，都必须经过安全检查。

5）随身携带物品及行李

随身携带物品是指经航空公司同意由旅客自行携带乘机的零星小件物品。国内航班随身携带物品的重量，每位旅客以 5 千克为限。持头等舱客票的旅客，每人可随身携带两件物品；持公务舱或经济舱票的旅客，每人只能携带一件物品。每件随身携带物品的体积均不得超过 20×40×55 厘米。超过规定件数、重量或体积的限制，应作为托运行李托运。

国内航班，持成人票或儿童票的旅客，每人免费行李额（包括托运和自理行李）为，头等舱 40 千克，公务舱 30 千克，经济舱 20 千克，持婴儿票的旅客无免费行李额。

相关链接 3-1

航空常识

1. 机型。国内一般使用 4 种机型：波音（B）居多；欧产空客（A）、麦道（MD）次之；运 7（Y-7）用于支线。

2. 机位（座）。B-737 200 120 座；B-737 300 145 座；B-737 500 150 座；B-747（双层）340-400 座，分头等舱、公务舱、经济舱；B-757 198 座；B-767 246 座；B-777 380 座；国内用空客 A320 150 座；MD-82 MD-90 168 座；Y-7 40 座。

3. 飞机餐（配餐）。飞行超过两个小时有正餐，指米饭；配餐只有点心；特殊旅客（如穆斯林）有特餐。

2. 铁路知识

1）旅客列车的种类及代码含义

计调员在操作过程中，要对火车的情况有所了解，包括列车的车次、运行时间、抵离时间等，实际上火车的车次就包含了很多的信息。比如，北京出发的华东团，首站是南京，从北京去南京选择 T65 次列车，T 代表什么意思呢？快车还是慢车？有无空调？很多计调员对这个并不熟悉，其实从火车的代码上就能知道这些信息。火车车次的首字母代码具体说的是铁路列车车次的一种等级编号，常见的有 T、K、Z、N、L、A、Y 等，见表 3-3。

表 3－3　旅客列车的种类及代码含义

字母类型	列车种类	备　注
G 字头列车	高速动车	2009 年 12 月 26 日，武广高速铁路正式对公众运行，新启用车次为 G+4 位数字，意为高速动车（G 字头），最高时速可达 350 公里
C 字头列车	城际列车	2008 年 8 月 1 日，京津城际铁路正式对公众运行，新启用车次为 C+4 位数字，意为城际列车，最高时速可达 350 公里
D 字头列车	动车组列车	以 CRH1、CRH2、CRH5 型为主，最高时速可达 250 公里，其中广深线更全线使用此车
Z 字头列车	直达特快旅客列车	直达特别快速旅客列车，简称直特，字母 Z 是“直”字的汉语拼音首字母。这样的列车在行程中一站不停或者经停必须站但不办理客运业务，全部都是空调列车，这类列车是从 2004 年 4 月 18 日铁路第五次提速后才出现的
T 字头列车	特快旅客列车	特快旅客列车，简称特快，字母 T 是“特”字汉语拼音的首字母，最高时速 140 公里，全部都是空调列车
K 字头列车	快速旅客列车	快速旅客列车，简称快速，字母 K 是“快”字汉语拼音的首字母，最高时速 120 公里
1001 ~ 5998 列车	普通旅客快车	普通旅客快车（1001 ~ 5998），停靠县级市和大部分县级中大站点。此类列车大约 40% 为空调列车
6001 ~ 7598 列车	普通旅客慢车	普通旅客慢车（6001~7598），停靠大部分可以停靠的站点。由于票价低廉，列车基本上“站站停”，很受低收入乘客喜爱
7601 ~ 8998 列车	通勤列车	通勤列车（7601~8998），此类列车通常用于铁路职工和周边居民上下班，列车“站站停”铁路职工凭证免费乘坐
L 字头列车	临时旅客快车	临时旅客快车。此类列车一般在春运、暑运、国庆长假等时候开行，跨局临客列车一般没有空调，也被称为“民工专列”
Y 字头列车	临时旅游列车	旅游季节增开的，一般都由各大旅行社开展主题旅游活动，租用铁路部门的车体开行的车次

2）车次的编排

车次的编制和上行下行有关。铁路规定：进京方向或是从支线到干线被称为上行列车，反之离京方向或是从干线到支线被称为下行列车。上行的列车车次为偶数（双数），下行的列车车次为奇数（单数）。例如，T11 次是从北京开往沈阳北方向，为下行，所以是奇数（单数）的，它的回头车 T12 次是从沈阳北开往北京方向，为上行，所以是偶数（双数）的。另外，还有的车在运行途中会因为线路上下行的改变而改变车次，例如，K388/385 386/387 次，是运行沈阳北到成都区间内的，从沈阳北始发是开向北京的，所以上行，车次为 K388 次，车经停天津以后开始向离京方向行驶，改为下行，所以车次同时改为 K385 次。从成都向沈阳北开的时候也是一样，在到天津前是上行，所以车次是 K386 次，经停天津后改下行，所以车次为 K387 次。同时在改车次前后的区间内，车次自成一对。比如，沈阳北到天津区间车次是上行 K388，下行 K387。

列车的卧铺和硬座编组也和上下行有关，往北京方向开，卧铺基本在前面，硬座在后面；反之，返回的时候，就变成硬座在前，卧铺在后。例如，南昌—上海的 K288 次，往上海方向为上行，卧铺在前，硬座在后。

3）车票

铁道部规定，2012 年 1 月 1 日起，所有旅客列车都将实行实名制购票验票乘车制度。旅客购票均须凭本人有效身份证件，并持车票及购票时所使用的乘车人本人有效身份证件原件（免费乘车的儿童及持儿童票乘车的儿童除外）进站、乘车。车票票面主要应载明以下内容：发站和到站站名；座别、卧别、径路；票价；车次；乘车日期；有效期。

随同成人旅行身高 1.2~1.5 米的儿童，享受半价客票、加快票和空调票（简称“儿童票”），超过 1.5 米时应购买全价票。每一成人旅客可免费携带一名身高不足 1.2 米的儿童。超过一名时，超过的人数应购买儿童票。儿童票的座别应与成人车票相同，其到站不得远于成人车票的到站。身高不足 1.2 米的儿童单独使用卧铺时，应购买全价卧铺票，有空调时还应购买半价空调票。

4）计调员在制订线路时如何选择火车车次

计调员在制订线路时，在交通工具的选择及车次的把握上要动点脑筋。以火车车次为例，通行城市间往往有多班车次可供选择，有早上的、中午的、下午的、晚上的、夜间的，有硬座的、硬卧的、软卧的。计调员在选择时可根据具体行程安排来制订时间的选择。例如，短线团队时间比较紧张，一般安排一天内完成行程，就可以安排早上坐火车抵达，下午返回的方式，这样比较节省团费同时行程不会很累。计调员具体选择火车车次的时候需要按照具体团队的计划安排来制订，切不可随意指定。

相关链接 3-2

火车常识

1. 车票——基本票，指客票；附加票，指加快票、空调票、卧铺票等。火车票分为 YZ、RZ、YW、RW 4 种，按运输分类分为普快、直快、特快等。

2. 列车——YZ 车厢：21、22 型 118 座，已淘汰；24、25 型（新型、多用）128 座。卧铺车厢：66 个铺。双层车厢：162 座。

3.1.2 中国旅游区划知识

中国旅游区划是一项涉及面广、细致而复杂、科研性很强的工作。据不完全统计，有关中国旅游区划的方案目前至少已有十多种。本书的中国旅游区划方案采用了罗兹柏教授的旅游大区、旅游亚区、游览区三级描述体系，即把中国旅游划分为8个旅游大区，31个旅游亚区，73个游览区。

旅游大区为本区划的一级区，跨越二至多个省级行政区域，地理上集中连片，自然条件相近，社会经济环境和历史文化相似，旅游资源具有共性特征，区内各省区可加强横向联系，协调发展区域旅游。旅游亚区为本区划的二级区，大体上以完整的省级行政区单元为其地域范围，一般情况下不打破省区界线，以便于各省区能充分发挥其综合性管理职能，有针对性地进行区域旅游业发展的统一规划和有效管理。游览区主要是用在旅游亚区之下，将相对邻近的旅游点分区划片，便于叙述和设计旅游路线的旅游点组合概念。三级旅游区是开发建设旅游点与旅游地，组织、管理、协调旅游活动的相对独立的地域单元，也是旅游区划体系中最基本的地域单位。

1. 中原（华北）旅游大区——京都古迹·名山海景

本区位于我国黄河中下游，居于我国北部中枢地区，范围包括北京、天津两直辖市和河北、河南、山西、山东、陕西五省。这里是我国古文化的发祥地，以北京和西安等古都为代表，是我国人文旅游资源种类最多、数量最丰富、分市最集中、质量最高的旅游区；历史文化遗迹与名山海景浑然一体，也是我国以人文景观为主体并具备多种旅游资源的旅游大区（北京故宫博物院见图3.1）。

图3.1 北京故宫博物院

该区平原广阔，交通发达，城市众多，首都所在，区位优势突出，是我国旅游业发展的核心区域。该大区的详细情况见表3-4。

表 3-4 中原（华北）旅游大区情况一览表

旅游大区	旅游亚区	游览区	主要景区	主要旅游线
中原（华北）旅游大区——京都古迹·名山海景	京津旅游亚区	京城游览区	天安门广场、故宫、天坛、北海公园、雍和宫、颐和园、中华民族园、卢沟桥、鸟巢、水立方	1. 中原旅游线 2. 山西旅游线 3. 鲁中、胶东旅游线 4. 京津冀旅游线 5. 陕西旅游线
		京城郊县游览区	八达岭长城、明十三陵、周口店北京猿人遗址、十渡	
		天津游览区	水上公园、独乐寺、盘山三胜、大沽口炮台	
	河北旅游亚区	冀东北游览区	承德避暑山庄、外八庙、秦皇岛与北戴河海滨、山海关	
		冀西南游览区	赵州石桥、苍岩山、清东陵、响堂山石窟	
	山东旅游亚区	鲁西南游览区	泰山与岱庙、大明湖、趵突泉、孔庙、孙府	
		山东半岛海滨游览区	蓬莱阁、崂山、芝罘岛、八大关	
	山西旅游亚区	晋北游览区	云冈石窟、晋祠、悬空寺、五台山、恒山	
		晋南游览区	尧庙和尧陵、侯马晋国遗址、司马光墓、黄河壶口瀑布	
	河南旅游亚区	郑州及以东游览区	相国寺、殷墟、文峰塔、禹王台	
		豫西北游览区	龙门石窟、嵩阳书院、嵩山、少林寺	
	陕西旅游亚区	关中游览区	华山、秦始皇陵及兵马俑、骊山及华清池、大雁塔	
		陕北游览区	黄帝陵、宝塔、王家坪革命遗址、榆林	

2. 江南（华东）旅游大区——名城佳园·秀山雨水

本区位于东南沿海中部，行政范围包括江苏、浙江、安徽、江西、上海四省一直辖市。本区地处长江下游，濒临东海、黄海，其中沪、苏、浙属沿海省市，具有近海位置优势，交通便捷，经济发达的特点。本区有苏州等地最具代表性的中国古典风景园林（苏州拙政园见图 3.2），上海、南京等众多近代和古代历史文化名城与著名古都、名刹古寺等人文景观，有风景优美的黄山、庐山等不少名山景观和太湖、鄱阳湖、钱塘江等众多河湖水域景观，是一个自然山水风光和人文景观兼优，旅游资源最密集、类型最多的旅游区。

图 3.2 苏州拙政园

该区旅游业发展的经济与区位优势明显，也是我国旅游业发展的重心区域。该大区的详细情况见表 3－5。

表 3－5 江南（华东）旅游大区情况一览表

旅游大区	旅游亚区	游览区	主要景区	主要旅游线
江南（华东）旅游大区——名城佳园·秀山雨水	上海与长江三角洲旅游亚区	上海游览区	豫园、中共一大会址、外滩、淀山湖、大观园、世博园	1. 苏南旅游线 2. 浙皖旅游线 3. 浙东旅游线 4. 赣北旅游线
		太湖沿岸游览区	沧浪亭、寒山寺、张公洞	
	江苏旅游亚区	苏南游览区	中山陵、莫愁湖、蜀岗、金山	
		苏北游览区	云台山、孔望山、云龙山、云龙湖	
	安徽旅游亚区	皖北游览区	逍遥津公园、采石矶、振风塔	
		皖南游览区	黄山、九华山、齐云山	
	浙江旅游亚区	浙北游览区	西湖、岳庙、大禹陵和大禹庙、莫干山、普陀山	
		浙东游览区	雁荡山、楠溪江	
		浙西游览区	富春江、千岛湖、灵栖洞、金华北山三洞	
	江西旅游亚区	赣北游览区	庐山、滕王阁、石钟山、龙宫洞	
		赣南游览区	井冈山、茨坪、茅坪	

3. 岭南（华南）旅游大区——南国风情·山海景观

本区位于我国最南端，北回归线穿过广东的汕头等地，区域范围包括广东、福建和海南三省及港、澳、台三地区。该区南临南海、东靠东海，台湾位于我国东南海面上，东面濒临太平洋，是我国第一大岛，香港、澳门分别位于广东省珠江口东西两侧。该区气候暖湿，地形以山地、丘陵为主，海岸线漫长，具有典型的热带和南亚热带山海风光。武夷山风光见图 3.3。

图 3.3　世界双遗产武夷山风光

该区动植物资源丰富，有武夷山、鼎湖山等名山；文物古迹和革命胜迹众多，民族风情别具；又位居我国改革开放的前沿，经济发达，是海外游客的主要入境口岸区，旅游业发展优势突出。该大区的详细情况见表 3－6。

表 3－6　岭南（华南）旅游大区情况一览表

旅游大区	旅游亚区	游览区	主要景区	主要旅游线
岭南（华南）旅游大区——南国风情·山海景观	福建旅游亚区	闽北游览区	三山鼎立、鼓山、武夷山、金湖	1. 珠江三角洲旅游线 2. 海南旅游线 3. 闽南旅游线 4. 福州武夷山旅游线 5. 台湾宝岛旅游线 6. 港澳旅游线
		闽南游览区	鼓浪屿、万石山风景区、清源山、广化寺	
	广东旅游亚区	粤中游览区	七星岩与鼎湖山、六榕寺塔、中华民俗文化村、从化温泉	
		粤东游览区	罗浮山、阴那山、湘子桥、东妈屿岛	
	海南—雷州半岛旅游亚区	琼北游览区	东坡书院、马鞍岭、五公祠、东寨港红树林保护区	
		琼南游览区	天涯海角、鹿回头、大东海、亚龙湾海滨旅游胜地	
		雷州半岛游览区	湖光岩、电白县放鸡岛、湛江霞山海滨游泳场、湛江港	
	港澳旅游亚区	香港游览区	宋城、太平山、海洋公园、太空馆、迪斯尼	
		澳门游览区	妈阁庙、卢氏花园、东望洋山	

（续表）

旅游大区	旅游亚区	游览区	主要景区	主要旅游线
岭南（华南）旅游大区——南国风情·山海景观	台湾旅游亚区	台北游览区	阳明山和北投、野柳风景区、乌来瀑布、龙山寺	
		台中游览区	日月潭、阿里山、玉山积雪	
		台南游览区	赤嵌楼、澎湖渔火、佛光山、关子岭	
		台东游览区	鲁阁幽峡、清水断崖、阿美文化村	

4. 华中旅游大区——山水峡谷·文化胜迹

本区位于我国中部的长江中上游地区，以长江三峡为轴线，包括四川、湖北、湖南、重庆三省一直辖市，是全国唯一既不靠海又无陆地国境线的旅游区。九寨沟风光见图3.4。

图3.4　世界遗产九寨沟

区内河湖胜景众多，名山峡谷特色鲜明，文化古迹丰富多彩，自然保护区原始独特，大型水利工程举世闻名，是我国旅游资源开发的主要地区，旅游业发展潜力巨大。该大区的详细情况见表3-7。

5. 西南旅游大区——岩溶山水·民族风情

本区位于我国西南部、青藏高原东侧，包括云南、贵州两省和广西壮族自治区。区内岩溶景观发育典型（桂林七星岩见图3.5），分布广泛；热带亚热带高山高原及峡谷风光独特，动植物资源极为丰富；少数民族众多，民族风情浓郁；旅游资源丰富多彩，特色突出，是我国旅游业发展较重要的一个区域。

表 3-7　华中旅游大区情况一览表

旅游大区	旅游亚区	游览区	主要景区	主要旅游线
华中旅游大区——山水峡谷·文化胜迹	重庆与长江三峡旅游亚区	渝西游览区	山城风光、红岩村、大足石刻、缙云山	1. 长江三峡旅游线 2. 湖北三国旅游线 3. 湘东旅游线 4. 湘西北旅游线 5. 川北蜀汉遗迹旅游线 6. 川南旅游线 7. 九寨黄龙旅游线
		三峡游览区	丰都鬼城、忠县石宝寨、云阳张飞庙、奉节白帝城、瞿塘峡、大宁河小山峡、巫峡、西陵峡	
		鄂西游览区	葛洲坝水利枢纽工程、三峡工程、屈原故里、昭君故乡、神农架林区	
	四川旅游亚区	川中北游览区	武侯祠、杜甫草堂、都江堰、青城山、剑门关	
		川西游览区	九寨沟、黄龙、峨眉山、乐山大佛、卧龙自然保护区	
		川南游览区	恐龙博物馆、盐业博物馆、张大千博物馆、蜀南竹海、兴文石海	
	湖北旅游亚区	鄂东游览区	黄鹤楼、东湖、赤壁	
		鄂西北游览区	古隆中、武当山	
	湖南旅游亚区	湘东北游览区	岳阳楼-洞庭湖风景名胜区、岳麓书院、爱晚亭、韶山、衡山风景名胜区	
		湘西北游览区	武陵源风景名胜区、桃花源	

图 3.5　桂林七星岩

随着交通条件的进一步改善，该区凭借其沿海沿边的区位优势和独特的旅游资源优势，旅游业必将进一步腾飞。该大区的详细情况见表 3-8。

表3-8 西南旅游大区情况一览表

旅游大区	旅游亚区	游览区	主要景区	主要旅游线
西南旅游大区——岩溶山水·民族风情	广西旅游亚区	桂东南游览区	叠彩山、象鼻山、独秀峰、七星岩、芦笛岩、鱼峰山、柳侯祠、都乐岩、大龙潭公园、花坪自然保护区、灵渠、程阳风雨桥	1. 柳州-桂林旅游线 2. 贵北旅游线 3. 滇南旅游线
		桂北游览区	阳朔、漓江、桂平	
		南宁-北海游览区	南湖公园、伊岭岩、灵水、左江花山、北海	
	贵州旅游亚区	黔西南游览区	黔灵山、花溪、甲秀楼、红枫湖、地下公园、黄果树瀑布安顺市文庙、马岭河峡谷风景区	
		黔东南游览区	凯里、荔波樟江风景区、独山仙人洞、黄平飞云崖、真元青龙洞	
		黔北游览区	遵义会址、桃溪寺、娄山溶洞、仁怀三温泉、习水石林、梵净山、赤水风景名胜区	
	云南旅游亚区	滇东游览区	滇池、西山、大观楼、金殿、筇竹寺、黑龙潭、九乡风景名胜区、见水风景名胜区、路南石林、安宁温泉、澄江抚仙湖	
		滇西游览藏南区	西双版纳、腾冲火山群、崇圣寺三塔、苍山、洱海、蝴蝶泉、瑞丽江——大盈江风景名胜区	

6. 青藏高原旅游大区——世界屋脊·雪域藏乡

本区位于我国西南部的青藏高原，号称“世界屋脊”，包括青海省和西藏自治区两省区。高原上独特的冰雪世界、高寒草原、湖泊热泉（青海湖见图3.6），以及高

图3.6 青海湖

原、高山峡谷与原始森林等构成了本区奇异诱人的自然旅游资源；而具有原始色彩的藏族风情、宗教文化与礼制建筑又构成了本区神秘诱人的人文旅游资源。

本区在登高探险，科学考察、民族风情旅游开发上独具优势，是一个极富魅力、发展前景广阔的待开发和正在开发中的旅游区。该大区的详细情况见表 3－9。

表 3－9　青藏高原旅游大区情况一览表

旅游大区	旅游亚区	游览区	主要景区	主要旅游线
青藏高原旅游大区——世界屋脊·雪域藏乡	西藏旅游亚区	拉萨游览区	布达拉宫、大昭寺	1. 藏南旅游线 2. 塔尔寺－青海湖旅游线
		日喀则游览区	日喀则	
	青海旅游亚区	东部游览区	清真大寺、北山寺、塔尔寺、青海湖	
		南部和西部游览区	察尔汗盐湖、万丈盐桥、南八仙、大风山、德合哈柏瀑布、大柴旦温泉	

7. 西北旅游大区——丝路古迹·边塞风情

本区位于我国西北部，包括新疆维吾尔自治区、宁夏回族自治区、内蒙古自治区和甘肃省。该区位于欧亚大陆中部，深居内陆，距海遥远，面积广大，资源丰富，属内陆型旅游区。本区广阔的沙漠戈壁（甘肃鸣沙山见图 3.7）与其间的绿洲、坦荡的草原与雪山和森林构成了层次分明的自然景观；以维吾尔族、蒙古族为代表的民族风情异彩纷呈。

图 3.7　甘肃鸣沙山

这里更是我国古代“丝绸之路”的要道所在，历史文化古老独特，拥有丰富多彩的“丝路”古迹和民族历史文化胜迹，石窟艺术世界闻名。因此，本区也是颇具特色、开发前景广阔的旅游区。该大区的详细情况见表3－10。

表3－10 西北旅游大区情况一览表

旅游大区	旅游亚区	游览区	主要景区	主要旅游线
西北旅游大区——丝路古迹·边塞风情	甘肃旅游亚区	西线游览区	敦煌莫高窟、嘉峪关、鸣沙山和月牙泉、玉门关和阳关	1. 丝路古迹旅游线 2. 边塞风情旅游线
		东线游览区	兴隆山和马衔山、崆峒山	
		南线游览区	麦积山石窟、夏河拉卜楞寺	
	新疆旅游亚区	天山一线游览区	博物馆、红山、鉴湖、天池、吐鲁番、葡萄沟、高昌故城	
		阿勒泰游览区	阿尔泰山、喀纳斯湖	
		南疆游览区	艾提尕清真寺、楼兰古城遗址、和田、罗布泊	
	内蒙古与宁夏旅游亚区	呼市-包头游览区	昭君墓、大昭、成吉思汗陵、美岱召	
		东部游览区	呼伦贝尔湖、扎兰屯市、阿尔山温泉	
		银川游览区	西夏王陵、海宝塔	

8. 东北旅游大区

本区位于我国东北部，是我国纬度最高的旅游区。范围包括辽宁、吉林和黑龙江三省，北、东两面分别以黑龙江、乌苏里江、鸭绿江和图们江与俄罗斯、朝鲜两国为界，南面濒临黄海与渤海，地理位置独特。这里沃野千里，交通发达，气候湿润，森林特产丰富，长白山天池见图3.8。

图3.8 长白山天池

本区广阔的森林，夏凉冬雪的气候，以及滨海风光、山川湖泊、火山奇景、特有动物、极光与极昼现象等，构成了以北国风光为特色的自然旅游资源；以清代前期满族文化遗存为代表的历史文物及以满族、朝鲜族、鄂伦春族、赫哲族等为代表的少数民族风情，则构成了本区别具风采的人文旅游资源。该大区的详细情况见表 3－11。

表 3－11　东北旅游大区情况一览表

旅游大区	旅游亚区	游览区	主要景区	主要旅游线
东北旅游大区——冰城雪野·林海火山	辽宁旅游亚区	辽东游览区	南部海滨浴场、旅顺口、金石滩、老铁山、蛇岛、千山风景名胜区、沈阳故宫、清昭陵、本溪水洞、凤凰山	1. 辽东旅游环线 2. 辽西旅游环线 3. 长春－吉林旅游线 4. 长白山旅游线 5. 黑龙江省南部旅游线
		辽西游览区	医巫闾山、北镇庙、兴城	
	吉林旅游亚区	长春－吉林游览区	八大部、净月潭风景区、伊通火山群、北山公园、松花湖、江城树挂	
		长白山游览区	长白山天池、长白瀑布、长白山自然保护区	
	黑龙江旅游亚区	哈尔滨游览区	冰雪世界、太阳岛、斯大林公园、东北烈士纪念馆	
		五大连池游览区	火山群、药泉山、扎龙自然保护区	
		镜泊湖游览区	镜泊湖	

3.1.3　外省地图知识

国内组团计调要掌握一些全国政区图，明确各个主要城市的地理位置，掌握各省政区图、交通分布图、旅游资源分布图（辽宁省旅游资源分布图见图 3.9），景区导游图，便于了解各省交通、旅游景区的分布情况。在给客人制作旅游行程时学会使用政区图和交通类地图，有助于了解各个景点之间的空间位置和方位，使制定的行程更加合理；在给客人介绍游览线路时，要学会使用线路图，使客人对整个旅游活动的走向有一个清楚的认识。在给游客介绍旅游景点时，使用景区导游图，便于客人能知道该景区景点的分布情况。在行程表中最好附上旅游交通图、景区导游图，这样客人感到很高兴，他们对整个旅游活动要经过的地方也就非常清楚了。

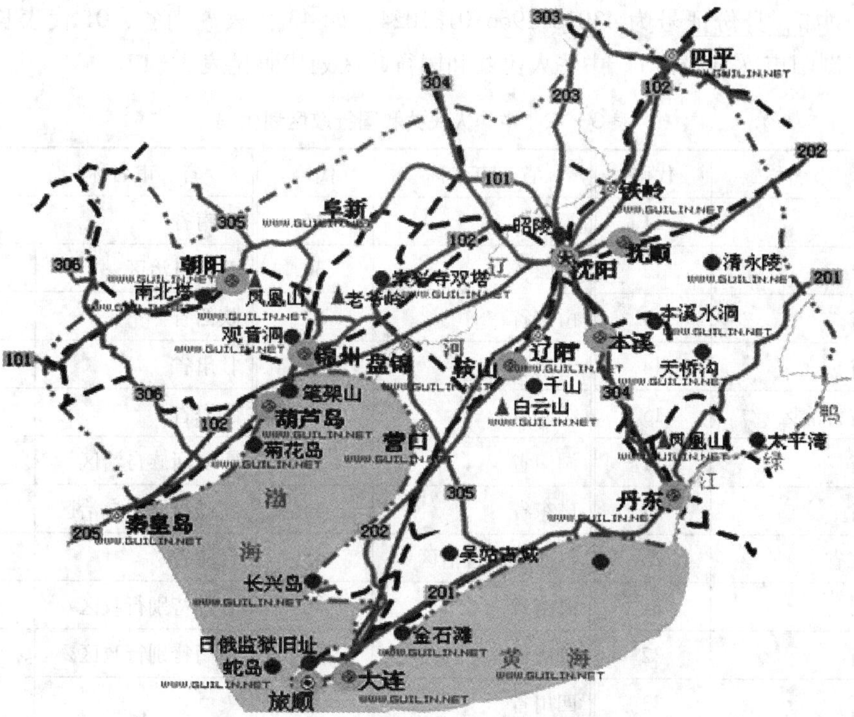

图3.9　辽宁省旅游资源分布图

3.1.4　身份证知识

居民身份证是国家法定的证明公民个人身份的证件。在旅行社给客人订机票、办签证、买旅游人身意外险、办理入住宾馆手续都需要游客的身份证。身份证号还能向我们透露很多信息，如游客的原籍、年龄、生日、性别，由此我们可以推断客人的部分需求。比如，从身份证上可以看出是老年人还是年轻人，老人行程不要太紧，要特别叮嘱注意安全等；还可以看出游客的生日是哪天，如果在旅游当天是游客的生日，旅行社还可以给游客提供一份生日礼品，让游客获得意外的惊喜。

1. *居民身份证编号识别*

身份证编码规则如下：根据中华人民共和国国家标准 GB 11643—1999《公民身份号码》中有关公民身份号码的规定，公民身份号码是特征组合码，由 17 位数字本体码和一位数字校验码组成。排列顺序从左至右依次为，6 位数字地址码+8 位数字出生日期码+3 位数字顺序码+1 位数字校验码。

（1）地址码（身份证前 6 位）：表示编码对象第一次申领居民身份证时的常住户口所在县（市、旗、区）的行政区划代码。第一位和第二位为省、自治区、直辖市代码；第三位和第四位为地级市、省、自治州代码；第五位和第六位为县、县级市、区代码。例如，身份证号为430181196610181024，如43代表湖南省，01代表长沙市，81代表浏阳市（县级市）。中华人民共和国行政区划代码见表3－12。

表3－12　中华人民共和国行政区划代码

省、市名称	代码	省、市名称	代码	省、市名称	代码
北京市	11	福建省	35	云南省	53
天津市	12	江西省	36	西藏自治区	54
河北省	13	山东省	37	陕西省	61
山西省	14	河南省	41	甘肃省	62
内蒙古自治区	15	湖北省	42	青海省	63
辽宁省	21	湖南省	43	宁夏回族自治区	64
吉林省	22	广东省	44	新疆维吾尔自治区	65
黑龙江省	23	广西壮族自治区	45	台湾省	71
上海市	31	海南省	46	香港特别行政区	81
江苏省	32	重庆市	50	澳门特别行政区	91
浙江省	33	四川省	51		
安徽省	34	贵州省	52		

（2）生日期码（身份证第7~14位）。表示编码对象出生的年、月、日，其中年份用四位数字表示，年、月、日之间不用分隔符。例如，1981年05月11日就用19810511表示。

（3）顺序码（身份证第15~17位）。是县、区级政府所辖派出所的分配码，每个派出所分配码为10个连续号码，如“000~009”或“060~069”，其中单数为男性分配码，双数为女性分配码，如遇同年同月同日有两人以上时顺延第二、第三、第四、第五个分配码。例如，007的就是个男生，而且和他同年月日生的男生至少有两个，他们的后四位是001＊和003＊。

（4）校验码（身份证最后一位）。是根据前面17位数字码，按照ISO7064：1983. MOD11-2校验码计算出来的检验码。主要是为了校验计算机输入公民身份证号码的前17位数字是否正确，其取值范围是0~10，当值等于10时，用罗马数字符X表示。校验码为“X”不能更换，并且我国的计算机应用系统也不承认19位的身份证号码。

2. 居民身份证有效期限与持证人年龄、签发日期的关系

居民身份证的有效期限分为10年、20年、长期3种。16~25周岁的，发给有效期为10年的居民身份证；26~45周岁的，发给有效期为20年的居民身份证；46周岁以上的，发给长期有效的居民身份证。证件有效期限从签发之日起计算。如某人1949

年9月20日出生，1984年35周岁时申领居民身份证，签发日期为1984年12月31日，他属于26~45周岁这一年龄段，证件有效期限属于20年这一档，到2004年12月30日有效期满。查验或检查时，应对照检查证件有效期限与持证人年龄、签发日期三者之间的关系。

【任务实训】

绘制外省旅游景点分布图

▶实训目的

了解外省旅游资源的分布情况。

▶实训内容

在全国任选一个省，绘制该省主要城市和旅游景点的分布图。

▶实训步骤

第一步：每位同学自选一个省作为选择对象。

第二步：在网上收集各省政区图、旅游交通图、旅游资源分布图。

第三步：开始绘制该省的政区图，然后在图上标出该省的主要城市、著名旅游景点。

▶实训成果

每位学生提交一份外省旅游景点分布图。

【任务完成】

通过对该任务的学习，学生明确了国内组团计调掌握城市之间大交通工具的基本知识、熟悉了中国旅游区划的基本知识。通过实训能够独立绘制各省政区图、旅游交通图、旅游景点分布图。

任务3.2 外省旅游线路的开发与报价

【任务导入】

▶案情介绍

在一家电子产品公司打工的小马终于结束了长达7年的爱情长跑。近日，他和女友将踏上红地毯，走进婚姻的殿堂。在安排婚礼的余暇，小马开始四处搜罗报纸上的旅游分类广告和旅行社线路报价单，为蜜月旅游做准备。然而，资料收集得越多，小马越迷惑：“众多旅行社在线路安排上都是千篇一律，不是海南就是云南，选择一个有新意又浪漫的蜜月游怎么这么难?”

其实，有这样困惑的人并不止小马一个。不少旅游者反映，目前市场上可供选择的新线、新景实在太少，人们能看到的还是那些“流行”多年的老线、热线。随便翻翻分类旅游广告和旅行社的线路单，人们不难发现，如今的中长出游线路基本上都被海南、桂林、九寨沟、张家界、贵州黄果树等这样的传统经典热线长期占据着。

面对这种情况，一方面是旅行社大叹现在竞争激烈，生意难做、微利生存；另一方面是许多旅游者抱怨旅游线路陈旧，自己心仪已久的一些旅游目的地在旅行社的“菜单”上难觅芳踪。面对差异不大的旅游产品，不少旅游者提出了这样的疑问：难道旅行社就不能创新，开发自己独特的产品吗?

▶问题

旅行社应该怎样开发适合旅游者需要的旅游线路?

▶案例解析

如果旅行社的旅游线路一成不变、千篇一律，就会使得整个旅游产品缺乏新意，市场拓展不开。对此，旅行社应着重在线路开发上创新，使线路设计更富新意、个性化，形成自己的特色，以吸引更多的消费群体。

【任务分析】

外省旅游线路的开发与报价，是组团计调员十分重要的工作，需要与游客、接待社共同协商，开发出游客满意的旅游线路，然后根据地接社的报价和大交通费用等情况给游客做出合理的报价。

3.2.1 外省旅游线路的开发

1. 外省旅游线路开发的类型

1）组团社直接采用接待社提供的旅游线路

由于旅游目的地的接待社对本地的旅游资源、旅游设施更加熟悉，设计的旅游线路具有较强的操作性和实用性。目前，很多组团社就直接采用接待社已经设计好的旅游线路，组团社只根据游客的要求选择出发地到目的地的大交通工具，再把回来的交通工具确定了，旅游线路就基本上确定了。目前，很多组团社都直接采用地接社设计的旅游线路。例如，四川海螺沟冰川（见图 3.10）三日游就是四川接待社设计的一条常规的旅游线路，很多组团社都直接采用这条线路，即组团社设计的旅游线路=出发地到目的地的往返交通+接待社设计的线路。

2）组团社适当修改接待社提供的旅游线路

组团社对接待社提供的线路基本认可，然后根据游客的要求做一些小的改动，比如说增加一些旅游景点，或者减少一些购物项目，提高餐标或住宿标准等。例如，成都 A

图 3.10 四川海螺沟冰川

旅行社组织游客到山西旅游，山西 B 旅行社提供了山西常规的四日游，但由于成都的游客在山西旅游时有一天是要进行调研，于是成都 A 旅行社就在山西常规四日游的基础上增加了一天的调研活动，把餐标用普通的每人每餐 15 元改为了每人每餐 30 元。

3）组团社重新设计旅游线路

组团社对接待社提供的线路不满意，重新设计旅游线路。接待社提供的一般都是一些常规的、大众化的旅游线路。组团社的一些游客不满足于常规的线路，要求组团社根据游客的需求重新设计一些专题旅游线路。组团社就要认真研究游客的需求，与接待社一起共同开发能满足游客需求的旅游线路。例如，上海 A 旅行社组织游客到四川旅游，四川 B 旅行社为游客提供了九寨黄龙双飞三日游的常规行程。由于这批游客是摄影爱好者，他们在九寨黄龙主要是以摄影为主，对常规线路不感兴趣。上海 A 旅行社根据游客要求重新设计了旅游线路。

重新设计外线旅游线路的流程与接待社开发旅游线路是一样的，详见项目 2 任务 2.2。

2. 外省旅游线路包含的内容和格式

外省旅游线路包含的内容和格式与本省旅游线路包含的内容和格式一样，详见项目 2 任务 2.2。

相关链接 3-3

外省旅游线路开发范例

兵马俑　华清池　华山　市内双飞四日游

★行程特色

西安在历史上，是一个让美恣意盛开的地方。在千年后，在已被称为西安的今天，拂去历史的尘埃、重新抖搂出那些出土文物尘封的美丽，古时女子的浓艳与奢华的昔日光芒便恣意地绽放……2013 年新年伊始，请跟随我们的团队，开始览史之旅吧！

★行程安排

陕西东线旅游地图见图 3. 11。

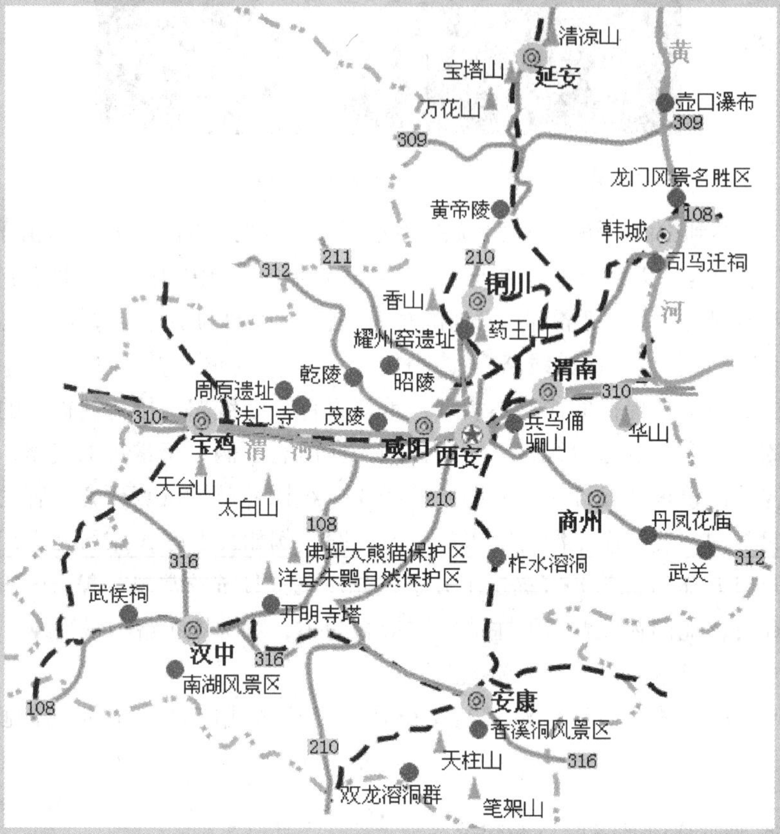

图 3. 11　陕西东线旅游地图

第一天：成都—西安（飞机：　　）。 自行按照指定时间前往成都双流机场集合，我社有专人为您办理登机手续，乘机前往古都西安（飞行时间 1 小时左右），接团后乘车前往西安市区（约 50 分钟车程），抵达后入住酒店休息。		宿：西安 用餐：无

（续）

第二天：临潼—西安（35 千米，车程约 1 小时）。  早餐后，参观位于骊山北麓的“世界第八大奇迹”——秦始皇帝陵博物院（参观约 3 小时）（包含兵马俑博物馆 1、2、3 号俑坑，秦始皇陵，铜车马展厅，秦始皇陵遗址等几大展馆，深入全面地展示了始皇帝嬴政的历史功绩）；游览唐玄宗与杨贵妃避暑的行宫及西安事变中蒋介石下榻的华清池（游览约 70 分钟）（五间厅、贵妃汤）；秦陵地宫。 购物店参考：玉器店（180 或地矿，主营玉器，40 分钟，无强制性消费）	宿：华山或临潼 用餐：早中晚
第三天：西安—华山（约 280 千米；车程约 3 小时）。  早餐后参观五岳当中以险著称的华山，乘景区进山车上山（40 元/人自理）亚洲第一索道（150 元/人自理）直达北峰顶。依次参观东、南、西、北、中 5 座山峰，武侠巨匠金庸先生笔下的华山论剑和神话小说中的沉香劈山救母的故事就发生在北峰和西峰，感受华山自古一条路和有惊无险的奇妙景象。（参观约 5~6 小时），后车返西安，入住酒店。为了保证华山游览时间更充足，中餐建议客人自带路餐。 购物店参考：华山碳语堂（主营竹碳工艺品，40 分钟，无强制性消费）	宿：西安 用餐:早晚
第四天：西安—成都（飞机：　　　）  早餐后，参观我国现保存最为完整的古代城垣环城建筑——明城墙，游览拥有“亚洲最大音乐喷泉、最大水景”的大雁塔北广场（游览时间约 1 小时）；漫步“西安中心”钟鼓楼广场及北院门小吃一条街（游览时间约为 1 小时），可自费品尝大米凉皮、荞面饸饹、灌汤包子等，晚乘机返成都，结束愉快的旅程。 购物店参考：天石购物广场（主营水晶，土特产，讲解 30 分钟，购物 10 分钟）	用餐:早中

服务标准	1. 大交通：成都—西安往返机票含税。 2. 住　宿：挂牌三星酒店双人标准间。 3. 餐　食：3 早 4 正餐（酒店自助早餐、正餐 20 元餐标）。 4. 门　票：景点首道大门票。 5. 导　游：我社专职持证中文导游。 6. 用　车：当地空调旅游车。 7. 购　物：全程 3 个店（参考店名：详见行程）
包含门票	秦始皇帝陵博物院（兵马俑+秦始皇陵墓）、华清池、地宫、明城墙、华山大门票
特色推荐	小吃泡馍宴 880 元/桌起，德发长饺子宴 118 元/人起，华清池《长恨歌表演》258 元/人起，仿唐歌舞 198 元/人起，大唐芙蓉园及水幕电影 90 元/人

（续）

陕西特色	八大怪：面条像腰带、锅盔像锅盖、辣子是道菜、泡馍大碗卖、碗盆难分开、帕帕头上戴、房子半边盖、姑娘不对外、不坐蹲起来、唱戏吼起来。 民　艺：唐乐舞荟萃历代歌舞所长，兼收西域众多少数民族及国外之精粹，充分体现了盛唐王朝百国朝贺、民族交融的鼎盛景象和风土人情。唐乐舞气势磅礴，场面壮观，集诗、词、歌、赋予吹奏弹唱；融钟、鼓、琴、瑟于轻歌曼舞。乐曲高亢悠扬，动作舒展流畅，服饰华丽多姿，堪称历代歌舞之最。唐乐舞的兴盛正是盛唐时期歌舞升平、国泰民安的完美写照，还可以边吃边看。 小　吃：羊肉泡馍、肉夹馍、凉皮、镜糕、蜂蜜凉粽子、粉蒸肉、各类面食、金线油塔、钱钱饭。 土特产：石榴、猕猴桃、核桃、狗头枣、柿饼、板栗、寥花糖、黄桂稠酒、水晶柿子、剪纸、皮影、户县农民画、德懋恭水晶饼、仿兵马俑、冬青木烙花筷、面花、石子馍、秦腔脸谱、耀州瓷器、碑石拓片等
备注说明	根据具体收客情况，参考航班（列车）可能会有调整。 儿童（12周岁/1.4米以下）只含机票、正餐半餐、旅游车及导游服务，住宿不占床，门票、列车票及其他费用自理。 服务标准中所列范围以外产生的费用由导游当地现收，服务标准内未发生的费用由导游当地现退。 行程中所进购物店时间约为40分钟/点，不强制消费，可根据客人要求适当延长购物时间。 如游客在行程进行中，在未通知旅行社或未协商一致的情况下，擅自离团，将视为本旅游合同（包括所有综合旅游服务项目及保险责任）的自动终止，未产生的旅游项目费用均无法退还。 行程中费用不含园中园门票、游客购物、旅游意外险、游客自费项目等。 在不减少景点的前提下，我社可根据具体航班时间来调整游览顺序。 因自然灾害、天气变化等人力不可抗因素造成的损失或增加费用，由游客自行承担
投诉建议	游客投诉以在当地游客自行填写的意见单为主要依据，请务必真实填写。因虚假填写或不填意见单而产生的后续争议和投诉我社概不受理，如在行程中对我们的服务及接待标准有异议，请在当地提出沟通解决；若当地解决不了可在当地备案，回程后协商解决；若游客在当地未明确提出意见，视为自行放弃权利，回程后我社不予受理投诉，多谢合作与支持！（投诉解决期限为团队返回后10天内有效）

（续）

友情提示	1. 西北地区气候较为干燥，且雨水较少，注意每天补充适量水分。 2. 由于南北方气候及饮食习惯差异较大，请携带一些预防感冒及止腹泻药物备用。 3. 西安为国际性旅游大都市，人流量较大，成分较复杂，夜晚出行最好三五人结伴。 4. 西安是西北地区少数民族聚集地，以回族居多，多数信仰伊斯兰教，为清真饮食（禁猪肉），请尊重民族信仰。 5. 游客品尝当地的特色菜、风味小吃，无疑是一种“饮食文化”的享受，但切忌暴饮暴食。 6. 西安地区内的出租车起步价为6元，单价为2元/公里左右（早晚有差价）

览史之旅——西安同业品牌专线

24小时质量监督电话：132×××××××蒋春梅　189×××××××吴迪（女）

企业QQ：×××××××××　传真028—××××××××　联系人：吴迪 蒋春梅

联系电话：团队028—××××××××　散客028—××××××××

注：此行程由成都京都旅行社提供。

3.2.2 外省旅游线路报价

1. 外省旅游线路价格构成

1）城市间大交通费

城市间大交通费指飞机、火车、轮船、内河及古运船和汽车客票价格，从目前来看，城市间大交通主要是以火车、飞机为主，距离较近的可以使用汽车。例如，成都到西安旅游，可以根据游客的情况选择飞机、火车、汽车等交通工具。重庆到上海可以选择飞机、火车、轮船等交通工具。

2）外省接待社费用

外省接待社费用包括目的地交通费、住宿费、餐费、景点门票、地陪等费用。接待社根据接待的标准和人数，给组团社一个总的报价。如果是独立成团，一般要求外省接待社提供一份详细的分项报价。

3）全陪分摊费用

国内组团社派出全陪全程陪同游客游览的所有费用。一般情况下是把全陪所用的费用分摊到每个旅游者头上，目前散客旅行社一般都没有安排全陪，就可以节约这笔费用。独立成团，一般要安排全陪，就要计算全陪费用。

4）市内接送费用

市内接送费是接送游客到机场（车站、码头等）的费用。对于散客来说，旅行社一般都安排游客自己到机场（车站、码头等）去，就没有这笔费用，对于团队，一般都要安排接送，在计价时就要加上这笔费用。

5）保险费

旅游一定要购买保险，保险包括保险责任险和意外险，责任险由组团旅行社购买，意外险由游客自己购买。

6）经营利润

获取利润是旅行社的根本性质，组团社应根据旅游市场的情况确定适当的利润。

2. 组团计调报价流程

1）向接待部门询价

（1）向外省地接社询价。调阅资料库资料，同时应向两家以上的地接社询价，包括房价，旅游汽车，内路交通，景点门票等，确认相对稳定的要素，如门票、中间段的火车票等有无调整，经常变化的旅游汽车的现行价格，确认地接的基本价格区间。国内团即使去N个省，因为熟悉情况，一般也会选择N个地接社，各地一个，可以降低成本。

（2）向交通部门询价。旅游线路基本确定后，应立即向航空公司、火车站询价，预定国内机票或火车票，使大交通基本有保障。交通费用包括往返大交通费、市内接送交通费。

2）组团社计调内部计价

组团社计调内部计价是组团社计调根据外省地接社报价、城市间交通费、接送费、全陪费用、保险费等计算组团社总成本的过程。组团社的计价方式有两种，一是在接待社地接价基础上加上往返大交通费用、接送费用、全陪费用、保险费等来进行计价；也可以根据省外目的地接待社提供的食、住、行、游等项目进行分项计价。

（1）成本加总计价法。国内组团社计价=地接社地接价+城市间往返大交通费用+市内接送费用+全陪费用+保险

成本加总计价法见范本3-1。

范本3-1　成都—五台山、平遥、乔家大院四日游（5人独立成团）

一、行程安排

D1：（6/4周五）成都—太原（含晚餐）。宿：太原。

上午10:50，成都双流机场乘机飞往太原，飞行约2小时后抵达，接团后，公务活动，入住酒店。

D2：（7/4周六）太原—平遥古城（车程约2小时）（含早中晚餐）。宿：太原。

用完早餐后乘车赴世界文化遗产——平遥古城，参观古城墙、中国银行业的鼻祖——日升昌票号、明清老街、保存完整的县衙，中餐后参观素有“皇家看故宫，民宅看乔家”、电影《大红灯笼高高挂》的乔家大院，返太原。

D3：（8/4 周日）太原—五台山（车程约 4 小时）（含早中晚餐）。宿：五台山。

早餐后乘车赴佛教圣地、中国四大佛教名山之首——五台山（车程约 4 小时），游览黄庙领袖寺庙——菩萨顶、最大的青庙——显通寺、五台山标志性建筑——塔院寺。

D4：（9/4 周一）五台山—太原—成都（含早中晚餐）。

早餐后朝拜五台山香火最旺的寺庙——五爷庙，登小朝台黛螺顶；返太原参观山西百年文化醋园，晚上 21：10 乘飞机到成都，结束愉快的旅程。

二、地接社报价　990 元/人（挂三星）报价包含以下内容。

住：三星或同级酒店双人标间。

门票：所列景点首道大门票。

餐：3 早 6 正餐，正餐 20 元/正。

交通：当地空调旅游用车（含山西机场接送）。

导游：当地优秀导游讲解服务。

三、成都组团社山西专线部计价

1. 山西地接社报价：990 元/人（挂三星）。

2. 成都到太原往返机票如下。

单边：1140×80%（机票折扣）= 912（元）≈910（元），机票实行四舍五入。

往返机票费 =（910+机场建设费 50+燃油税 130）×2 = 2180（元）

3. 接机送机：30×2 = 60（元）。

4. 全陪费用：该团没有派全陪，就没有产生费用。

5. 保险：10 元。

成都组团社山西专线部计价 = 地接社地接价+组团社的往返交通费用+接送费用+全陪费用+保险 = 990+2180+60+0+10 = 3240（元/人）

（2）地接成本分项计价法。地接成本分项计价法是在接待社分项报价的基础上，把接待社的各项成本分项进行计算，然后再把其他各项成本相加。

以上例为例，成都组团社的计价如下。

成都到太原往返机票。

单边：1140×80%（机票折扣）= 912≈910（元），机票实行四舍五入。

往返机票费 =（910+机场建设费 50+燃油税 130）×2 = 2180（元）。

接机送机：60 元/人。

全陪费用：0 元/人。

目的地车：当地空调旅游车；265 元/人。

目的地门票：270+45 = 315（元）。

目的地住宿：1300/5＝260（元）。

太原：两人间为200元；三人间为290元。

五台山：3个两人间为160×3＝480（元）。

平遥：3个两人间为110×3＝330（元）。

导游：30元/人。

餐：120元/人。

成都组团社计价＝机票+接送机+全陪+当地车费+门票+住宿+导游+餐+保险10元

＝2180+60+0+265+315+260+30+120+10元＝ 3240（元/人）

3）组团计调对各服务网点报价

目前我国外省游的具体操作是由国内各专线负责，收客主要是各服务网点负责。因此，专线部询价之后进行内部计价、然后是专线部对服务网点报价、最后是服务网点对游客报价，即外省接待社专线部向国内组团社专线部报价—国内组团社专线部进行内部计价—国内组团社专线部在内部计价的基础上加上利润向服务网点报价—服务网点在专线部报价的基础上加上利润之后向直客报价。国内组团社报价流程图见图3.12。

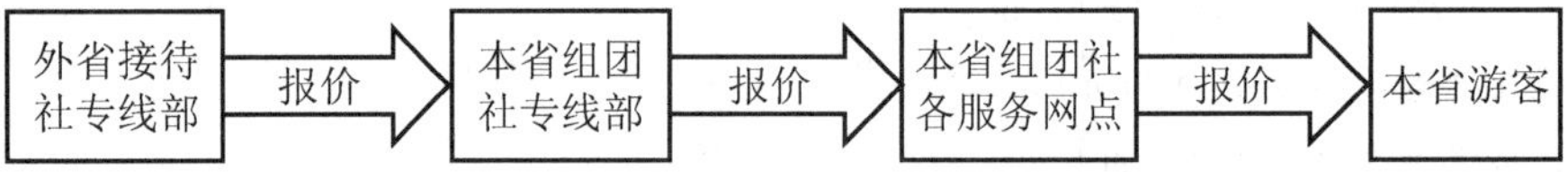

图3.12　国内组团社报价流程图

国内组团社专线部在所经营地区开发了很多条不同的旅游线路，在对每一条旅游线路进行内部计价的基础上，加上每条线路的操作费用（操作费包含整个旅游行程的制定与落实费、航空机票出票操作费、省外旅游服务预定协调工作费等）就是专线部对服务网点的报价了。操作费用的多少根据具体的线路来确定，一般跟团游的利润低一些，一般是计价的5%左右，包团游的利润高一些，一般是计价的10%左右，即“国内组团社专线部报价＝内部计价+操作费用（利润）”。

仍以上面的成都—五台山、平遥、乔家大院四日游为例：山西专线的内部计价为3240元/人，假定利润为200元（利润的多少由专线部自行确定，我们假定为300元/人来计算），那么，

该国内组团社山西专线部对服务网点的报价＝内部计价+操作费用（利润）

＝3240+200＝3440（元/人）

一般每个国内组团社专线部在黄金周、每月都要向该旅行社所覆盖的服务网点下发接待计划，接待计划上就提供了每条线路的报价。四川康辉国际旅行社有限公司厦门专线部和华东专线部提供给各个服务网点的2013年春节黄金周各条旅游线路的报价见范本3-2和范本3-3。

范本3－2 2013年“春节”黄金周厦门特别计划

2013年1月14日（第一期）

<table>
<tr><td colspan="4">在厦门，时间是用来浪费的——岛、老别墅、回廊、雕琢高抬空间……说话、发呆……闲庭蔓藤、斜阳、月、海的风……咖啡、音乐、书、酒…… 散漫、安静、懒洋洋……</td></tr>
<tr><td colspan="4">厦门自由人·自在到底　　（享受厦门慢生活）</td></tr>
<tr><td colspan="2" rowspan="3">热卖套餐计划</td><td colspan="2">厦门双飞五日自由行</td></tr>
<tr><td>成人/元</td><td rowspan="2">儿童/元</td></tr>
<tr><td>2. 9/2. 10/2. 11/2. 12</td></tr>
<tr><td colspan="2">特别推荐：顶级豪华五星酒店
2晚鼓浪屿四星精品酒店+2晚厦门五星豪华酒店</td><td>5180</td><td>2200</td></tr>
<tr><td>套餐A</td><td>音乐海岛之旅——4晚鼓浪屿四星精品酒店</td><td>4980</td><td></td></tr>
<tr><td>套餐B</td><td>顶级尊贵之旅——2晚鼓浪屿四星精品酒店+2晚市内四星</td><td>4680</td><td></td></tr>
<tr><td>套餐C</td><td>豪华享受之旅——2晚鼓浪屿四星精品酒店+2晚市内三星</td><td>4380</td><td></td></tr>
<tr><td>套餐D</td><td>经济实惠之旅——4晚市内三星酒店</td><td>3880</td><td></td></tr>
<tr><td colspan="4">备注：1. 厦门自由人报价均含：往返机票、机建+酒店住宿、双早、基金+厦门接机。
2. 另备各种自由人组合：厦门往返机票+任意星级酒店住宿，欢迎电询!!!
3. 另备世界文化遗产——土楼一日游/海岛奇观——滨海火山地质公园一日游等线路供你丰富自己的行程!</td></tr>
<tr><td colspan="4">品质团队游·火热报名中</td></tr>
<tr><td colspan="2" rowspan="2">品质团队旅游线路</td><td>成人/元</td><td rowspan="2">儿童/元</td></tr>
<tr><td>2. 9/2. 10/2. 11/2. 12</td></tr>
<tr><td colspan="2">特别推荐：★★★★★★
观中国最美海岸线　体验独特惠女风情
厦门、鼓浪屿、集美、西沙湾　双飞五日品质纯玩游
四星住宿赠送1晚超豪华五星海景房、全程不进店无自费、赠送海鲜大餐</td><td>5080</td><td>2880</td></tr>
<tr><td colspan="2">厦门 集美 鼓浪屿 火山岛　　　　双飞五日海岛游</td><td>3880</td><td>2380</td></tr>
<tr><td colspan="2">厦门 集美 鼓浪屿 土楼　　　　双飞五日文化遗产游</td><td>3880</td><td>2380</td></tr>
<tr><td colspan="2">厦门 集美 鼓浪屿3+2半自助　　　　双飞五日休闲游</td><td>3580</td><td>2280</td></tr>
<tr><td colspan="4">24小时服务热线：028—××××××××　　传真：028—××××××××</td></tr>
<tr><td colspan="2">计调联系人</td><td colspan="2">小赵×××××××××××　028—××××××××</td></tr>
<tr><td colspan="2">销售及渠道支持</td><td colspan="2">小易×××××××××××　QQ：×××××××××</td></tr>
</table>

注：资料由四川康辉国际旅行社厦门专线提供。

范本 3－3　华东专线 2013 年春节计划（20130110 版）　　1300 元起

旅游线路	成人/元	团期及进出港
产品 1：华东五市+双水乡（乌镇+月河）+双园林（狮子林+梅园赏梅）双飞 6 日 特色：含华东五市精华景点，特别安排双水乡（乌镇+月河），赠游江南赏梅圣地梅园游览，是赴华东五市行程中最超值、性价比最高的行程	常规/品质/精品 1300/1400/1500	9/2、10/2 常州往返
	常规/品质/精品 1500/1600/1700	8/2、10/2 南上 11/2 上南
产品 2：华东升级版 1 华东五市+绍兴+双水乡（乌镇+月河）+三园林（狮子林+沈园+梅园）6 日（挂三纯玩） 特色：1. 住宿酒店升级为挂三星或准四星酒店，餐标提高为 20 元/人餐，全程不进店，真正纯玩团； 2. 景点增加绍兴鲁迅故居、沈园、西湖上岛、梅园等华东经典景区，行程景点更丰富多彩	2460	9/2 无锡往返 10/2 南进上出
产品 3：华东升级版 2 华东五市+双水乡（乌镇西栅+木椟）+上海夜景+上海沙特馆双飞 6 日（挂四纯玩） 特色：全程酒店升级挂四赠 1 晚准五星；餐标 25 元/人餐；全程进 1 店；赠游上海夜景和沙特馆；真正高品纯玩团	3000 起	10/2 上海往返
	3300 起	11/2 上海往返
产品 4：黄山千岛湖+南京杭州上海+水乡乌镇双飞 6 日（山水精品游） 特色：游天下第一山黄山、天下第一秀水千岛湖、华东三大省会城市及水乡乌镇，是出游华东的经典行程之一	2660	10/2 南进上出
产品 5：普陀+上海杭州宁波溪口+杭州湾大桥+绍兴双飞 6 日（祈福品质游） 特色：游佛教四大名山普陀山及浙东经典景点，是赴华东祈福的最佳线路	2800 起	11/2 上进上出
备注：以上产品我社已交足额机票定金，请同行放心收客；产品 3、5 位置有限，请收客之前来电确认价格及接机位置		
联系电话：××××××××　××××××××（一号通）/传真：×××××××× 联系人：小桂、小贺　质量监督：吴×××××××××××　贺××××××××××× 成都中国青年旅行社、四川百事通国际旅行社、四川康辉国际旅行社指定：华东江西黄山专线		

注：该资料由四川康辉国际旅行社提供。

4）国内组团社各服务网点对游客报价

国内组团社所属的服务网点对游客报价一般是采用成本加成法进行的。服务网点的成本就是专线部提供的旅游计划上的同行报价，利润由各个服务网点自行确定，外省一般是 150 元左右，当然要根据不同的时间、不同的线路来确定具体的利润。国内组团社服务网点对游客的报价＝国内组团社专线部报价+服务网点利润。范本 3－2 和范本 3-3 中的所有价格均为国内组团社专线部的报价，服务网点加上一定的利润后就可以给游客报价了。

仍以上面的成都—五台山、平遥、乔家大院四日游为例，山西专线部对服务网点的报价为 3440 元/人，假定服务网点的利润为 150 元（利润的多少由服务网点自行确定，我们假定为 150 元/人来计算），那么

该国内组团社服务网点对游客的报价 = 专线部报价+服务网点利润
= 3440+150 = 3590（元/人）

通过以上计算可以看出，成都—五台山、平遥、乔家大院四日游，地接价是 990 元/人，往返机票（含机建燃油税费）为 2180 元/人，没有全陪，无全陪费，旅游意外保险 10 元/人，市内接送 60 元/人，专线内部计价为 3240 元/人，专线部给服务网点报价为 3440 元/人，毛利为 200 元/人，服务网点给游客报价为 3590 元/人，服务网点毛利为 150 元/人。成都—五台山、平遥、乔家大院四日游计价报价分解表。

表 3-13　成都—台湾四日游计价报价分解表　　单位：元/人

<table>
<tr><th>部　门</th><th colspan="2">成　本</th><th>内部计价</th><th>对外报价</th><th>毛利</th></tr>
<tr><td rowspan="4">国内组团社专线部</td><td>地接价</td><td>990</td><td rowspan="4">3240</td><td rowspan="4">3440（对服务网点报价）</td><td rowspan="4">200.00</td></tr>
<tr><td>往返机票（含机建燃油税费）</td><td>2180</td></tr>
<tr><td>市内接送费</td><td>60</td></tr>
<tr><td>外省旅游意外保险</td><td>10</td></tr>
<tr><td>国内组团社服务网点</td><td>专线报价</td><td>3440</td><td>3440</td><td>3590（对游客报价）</td><td>150.00</td></tr>
</table>

【任务实训】

外省旅游线路设计

▶实训目的

掌握境外旅游线路的设计方法和流程。

▶实训内容

以大学生为目标市场，设计一条北京双飞五日游旅游线路。

▶实训步骤

第一步：分析大学生旅游需求特点。

第二步：在网上收集北京的主要旅游资源。

第三步：在网上查询你所在城市至北京的航班情况。

第四步：根据大学生旅游需求特点、北京的旅游资源及航班情况，设计出一条你所在城市至北京的五日游旅游线路。

▶实训成果

提交设计好的电子版旅游线路（含线路名称、行程特色、行程安排、报价、服务标准、注意事项，北京交通图、北京旅游景点分布图）。

【任务完成】

通过对该任务的学习，学生掌握了外省旅游开发的类型及格式，能够独立地为旅游者设计旅游行程；明确了外省旅游线路价格构成、计价和报价方法，能够独立地为旅游者报价。

任务 3.3　国内组团计调的采购业务

【任务导入】

▶案情介绍

2011 年 9 月，刘某等 16 名旅游者报名参加了北京某旅行社组织的“海南 5 日游”活动。双方口头约定，9 月 30 日中午 12：00 乘飞机赴海南，10 月 4 日下午 15：00 乘飞机返京，旅行社派全程导游员服务。后旅行社因为未买到全陪的机票，所以没有派全陪导游随团前往海南，但承诺已与地接社联系好，保证接待质量。9 月 30 日，旅游团乘机飞往海南。北京组团社派导游送机，并将返程机票交给刘某，告知返京航班的时间为 10 月 4 日下午 15：00，晚上 19：00 之前就可以抵达北京。

10 月 3 日，旅游团在从三亚返回海口的途中，地陪导游员询问返京航班的时间，刘某答复是次日下午 15：00。10 月 4 日上午 21：00 多，刘某拿出机票，查看航班的确切时间，突然发现机票上印的起飞时间是上午 8：10，而并非组团社所说的下午 15：00 多。刘某立即与北京组团社交涉。由于北京组团社购买的是不得转签、退换的优惠票，原票全部作废。经过地接社的多方努力，重新购买了 10 月 4 日中午 12：05 的返程机票。刘某等旅游者考虑到单位尚有急事须办理，只好先承担了误机的责任，支付了机票款共计 12 600 元。刘某回到北京后即与北京的组团社交涉。

组团社认为，返程机票已交给刘某，由其自行保管，并且，在旅游过程中，地接社导游多次询问，刘某始终回答是 10 月 4 日下午 15：00 的飞机，这是由于刘某的疏忽造成误机，其损失不应该由旅行社承担；但考虑到旅游者的实际利益，出于对旅游者的同情与安抚，旅行社愿意补偿机票的 10%。刘某等旅游者则持相反意见。双方各持己见，协商不能达成一致。

▶问题

该次误机事故的责任应该由谁来承担？为什么？组团社计调员在工作中应该吸取哪些教训？

▶案例解析

该次误机事故旅行社计调员、送机导游员、刘某、组团旅行社等均应该承担一定的责任。双方口头约定的是10月4日下午15：00多乘飞机返京，但机票上印的起飞时间是上午8：10，而并非组团社所说的下午15：00多，计调员就应该及时告诉游客航班的变化；送机导游员再给游客机票时也应该向游客交代清楚航班的情况；组团社对整个管理存在一些问题。所以他们均要承担一定的责任，即旅行社计调员疏忽大意，所派送机导游信口开河，最终导致误机。

【任务分析】

组团社计调的采购业务主要有城市之间大交通的采购、异地接待社的采购、全陪服务的采购、市内接送服务的采购及旅游保险的采购等内容。

3.3.1 大旅游交通服务的采购

旅游是一种异地活动，无论从常住地到旅游目的地，还是在目的地的暂时逗留与旅游活动期间各地之间的往返，交通都承担着旅游者空间位移的任务。交通不仅要解决旅游者往来不同旅游点间的空间距离问题，更重要的是解决其中的时间距离问题。因此，安全、舒适、便捷、经济是旅行社采购交通时需要考量的因素，交通的形式主要有飞机、火车、汽车和轮船，旅行社必须与包括航空公司、铁路部门、轮船公司、汽车公司在内的交通部门建立密切的合作关系。事实上，为寻找稳定的客源渠道，交通部门也非常倾向于同旅行社的业务合作。旅行社要争取取得有关交通部门的代理资格，以便顺利采购到所需的交通服务（取得交通代理已成为国内许多旅行社的利润来源之一）。

1. 航空交通服务的采购流程

旅行社采购航空服务，具体落实在飞机的订位上。计调部根据旅游接待预报计划，在规定的期限内向航空公司提出订位，如有变更，应及时通知有关方面。航空服务主要分为定期航班服务和包机服务两种。如遇客流量超过正常航班的运力，旅游团队无法按计划成行，则旅行社就要考虑包机运输。在选择航空公司时主要考虑6个方面的因素，即机票折扣（是否具有竞争力的表现）；机位数量（是否能满足需要）；工作配合度；付款方式；航班密度；各地联络网络方便与否。

1）确定采购对象

计调员通过各种渠道和方法收集航空公司、机票销售单位信息资料及负责人的联系方式，然后根据旅行社的线路需求，了解航空公司的规定及航空公司的经济实力，主要包括航空公司的机票折扣、机位数量、服务态度、航班密度、改/退票的手续及费用，机票销售单位信誉度、网络与否方便、付款方式、工作配合度、竞争优势、机票返利额度等信息。最后，确定多家本旅行社的采购对象。

2）签订合作协议

旅行社计调员与航空公司或机票销售单位经过多次协商之后，确定相关事项，然后双方签订正式的《经济合同书》，明确双方的合作关系及相互约定并备案。

3）整理相关资料

计调部要印制航空公司的航班、票价信息及相关规定、机票销售单位信息，然后分发给社内相关部门，并备案，并根据航空交通部门的相关要求，设计并印制订购票所需的表单，如飞机订票单（见范本 3－4）、《订票身份证信息确认单》、《机票变更/取消单》等。

范本 3－4　飞机票预订单

<table>
<tr><td>团号</td><td></td><td>国籍</td><td></td><td colspan="2">人数</td><td colspan="2"></td><td>组团单位</td><td></td></tr>
<tr><td>乘机日期</td><td colspan="2"></td><td>航班</td><td colspan="4"></td><td>去向</td><td></td></tr>
<tr><td rowspan="2">人员</td><td>成人</td><td>2 岁以下
儿童</td><td colspan="3">2~12 岁儿童</td><td colspan="2">金额合计</td><td colspan="2">开票要求</td></tr>
<tr><td></td><td></td><td colspan="3"></td><td colspan="2"></td><td colspan="2"></td></tr>
<tr><td>游客</td><td colspan="2"></td><td colspan="3"></td><td colspan="2"></td><td colspan="2"></td></tr>
<tr><td>陪同</td><td colspan="2"></td><td colspan="3"></td><td colspan="2"></td><td colspan="2"></td></tr>
<tr><td>订票日期</td><td colspan="2"></td><td colspan="2">订票单位</td><td colspan="2"></td><td>订票人</td><td colspan="2"></td></tr>
<tr><td>票务员
联系日期</td><td colspan="3"></td><td colspan="4">民航接受人</td><td colspan="2"></td></tr>
</table>

某某旅行社

4）实施订购票业务

计调员根据接待计划和《经济合同书》的相关要求选择机票销售单位，向机票销售单位提出订票、购票需求，航空交通部门在约定的时间内出票，计调员在约定的时间内接票。

5）报账结算

计调员根据本社的规定及《经济合同书》的要求，将订、购票的明细账及返利情况上报财务部门，财务部门审核无误后，根据约定付款时间及方式为航空交通部门办理结算事宜，并支付相应的票款。

2. 铁路交通服务的采购流程

火车具有的价格便宜，沿途又可以饱览风光的特点，特别在包价产品中具有竞争力。近年来，我国铁路加大力度改善交通环境，使火车运输仍具优势。目前，国内多数旅游者仍选择火车作为首选出游交通工具。旅行社向铁路部门采购，主要是做好票务工作。采购铁路服务就是按照旅游接待计划订购火车票，确保团队顺利成行。出票率、保障率是衡量铁路服务采购的重要指标。

1）确定采购对象

计调员要了解铁路部门的相关规定及列车时刻表、主要包括列车密度、提前预订票的时间限制、预订票应交的手续费、改/退票的手续等，通过各种渠道和方法收集车票销售单位、火车票销售网点的信息资料及负责人的联系方式。

2）签订合作协议

旅行社计调员要与车票销售单位、火车票销售网点的相关人员进行多次协商，然后，签订正式的《经济合同书》，明确双方的合作关系并备案。

3）整理相关资料

计调部需要印制铁路部门的相关规定、列车时刻表、票价等信息，并分发给社内相关部门，并备案。根据铁路部门的相关要求，设计并印制订购票所需的表单，如《火车票订票确认单》（见范本3－5）、《火车票变更/取消单》等。

范本3－5　火车票预订单

团号		国籍		人数		组团单位	
乘机日期			航班		去向		
人员	成人	1.2~1.4米的儿童	1.4米以上儿童		金额合计	开票要求	
游客							
陪同							
订票日期			订票单位			订票人	
票务员联系日期			车站接受人				

某某旅行社

4）实施订购票业务

计调员根据接待计划中人数、车次、火车类别及特殊游客乘车席别、铺位的需求和《经济合同书》的相关要求，在规定时间内向铁路交通部门提出订票、购票需求，铁路交通部门在约定的时间内出票，计调员在约定的时间内接票。

5）报账结算

计调员根据本社的规定及《经济合同书》的要求，将订、购票的明细账及手续费上报财务部门，财务部门审核无误后与铁路交通部门办理结算事宜，并支付相应的票款。

3. 水运交通服务的采购

鉴于我国的大陆形态，除去三峡、桂林等内河及少数海路，轮船不是外出旅游的主要交通工具。旅行社向轮船公司采购水路服务，关键是做好票务工作。如遇运力无法满足，或不可抗力因素无法实现计划，造成团队航次、船期、舱位等级变更，应及时果断地采取应急措施。

1）确定采购对象

计调员通过各种渠道和方法收集水运交通公司、船票销售网点的信息资料及负责人的联系方式，了解交通部门及水运交通公司的规定，主要包括船次密度、提前预订票的时间限制、预订票应交的预订金、改/退票的手续等。

2）签订合作协议

旅行社计调部与水运交通部门或船票销售单位点签订正式的《经济合同书》，明确双方的合作关系并备案。

3）整理相关资料

印制票务信息及规定分发给社内相关部门，并备案。根据水运交通部门的相关要求，设计并印制订购票所需的表单，如《订票确认单》、《船票变更/取消单》等。

4）实施订票业务

计调员根据接待计划和《经济合同书》的相关要求，向水运交通部门提出订票、购票需求，水运交通部门在约定的时间内出票，计调员在约定的时间内接票。

5）报账结算

计调员根据本社的规定及《经济合同书》的要求，将订、购票的明细账上报财务部门，财务部门审核无误后与水运交通部门办理结算事宜，并支付相应的票款。

3.3.2 异地接待社的采购

旅行社向旅游者销售的旅游线路，通常有一至多个旅游目的地。采购异地接待服务的目的，是使旅游计划如期如愿实现。应该说，旅游产品的质量在很大程度上取决于各地接待质量，尤其是各旅行社的接待质量。因此，选择高质量的接待旅行社，是采购到优质接待服务的关键。

1. 异地接待社的选择标准

1）信誉良好

接待旅行社必须根据事先同组团旅行社达成的合作协议，严格地按照双方商定的接待标准和组团旅行社的旅游接待计划向旅游者提供接待服务。接待旅行社不得以任何借口拒绝履行合作协议，或者不按照双方商定的接待标准提供服务。接待旅行社如因特殊原因，无法落实旅游接待计划所要求的活动内容时，必须及时通知组团旅行社，并在征得组团旅行社的同意后，方可改变原先的接待计划。

2）较强的接待能力

接待旅行社必须具有较强的接待能力，能够采购到组团旅行社委托其采购的各项旅游服务，并提供优质的旅游服务。

3）真诚的合作愿望

接待旅行社必须具有同组团旅行社真诚合作的愿望，积极主动地配合组团旅行社履行与旅游者达成的旅游合同。

4）收费合理

接待旅行社的收费不能过高，超过旅游者和组团旅行社的承受能力。接待旅行社不能以各种借口违反事先达成的协议，侵害旅游者和组团旅行社的合法利益。

2. 异地地接社的采购

1）确定采购对象

计调员根据本社经营计划，调查、收集地接社或外地在当地办事处的相关信息资料，经过初步筛选后，对基本符合本社要求的地接社或外地在当地办事处考察，重点考察接待质量和信誉等，通过考察后，进行综合比较和评价，与符合本社要求的地接社或外地在当地办事处联系，初步协商合作事宜。

2）签订合作协议

计调员根据协商的结果，利用本社的标准采购合同文本，拟订《合作协议书》，通过与地接社或外地在当地办事处负责人谈判，协商具体的合作事宜，并签订双方认可的《合作协议书》。

3）整理相关资料

将签署的《合作协议书》进行编号、存档，并报送相关部门备案，将相关资料及规定列表分发给本社相关部门。

4）落实游览工作

计调员根据游客游览要求，制订异地接待服务采购计划，并落实具体的游览工作，将发团的人数、时间等具体要求，用传真发给地接社索要报价，根据地接社的回传传真确认情况，按照接待计划中的发团日期顺序排列存档，并将地接社联系人姓名、联系方式转告给接待部门。

5）报账结算

根据本社的财务规定和《合作协议书》的相关规定，及时将该团费用明细报财务部门，财务部门根据《合作协议书》审核无误后与地接社办理结算。

3.3.3 全陪服务的采购

1. 全陪服务采购知识

全陪作为组团社的代表，参与旅游团的全旅程活动，负责旅游团移动中各环节的衔接，监督接待计划的实施，协调领队、地陪、司机等旅游接待人员的关系。因此，旅行社在全陪服务的采购中应注意全程陪同导游员的品德修养、业务能力、沟通能力等。

2. 全陪服务的采购流程

1）确定采购对象

计调员根据本社经营计划，调查、收集全陪的相关信息资料，经过初步筛选后，对基本符合本社要求的全陪进行考察，重点对声誉好、经验丰富的全陪进行考察，通过考察后，进行综合比较和评价，与符合本社要求的全陪联系。

2）签订协议书

通过与全陪谈判，协商具体的合作事宜，计调员根据协商的结果，利用本社的标准采购合同文本，拟订《全陪聘用协议书》，签订双方认可的《全陪聘用协议书》。

3）整理相关资料

将签署的《全陪聘用协议书》进行整理、编号、存档，并报送相关部门备案，将《全陪聘用协议书》分发给本社相关部门。

4）落实带团工作

计调员根据游客的要求，通过对已签协议的导游员进行筛选，选择合适的全陪，将发团的旅游行程、人数、时间、注意事项等具体要求，以出团计划单的形式发给全陪并提醒导游员携带各项证件资料，协助全陪处理带团过程中的各项事宜。

5）报账结算

根据本社的财务规定和《全陪聘用协议书》的相关规定，及时将该团导游服务费费用明细报财务部门，财务部门根据财务规定和《全陪聘用协议书》，审核无误后与全陪办理结算。

3.3.4 其他服务的采购

组团社计调采购业务除了上述的各种必须要采购的旅游服务外，还有其他服务的采购，代办旅游保险等服务的采购。根据《旅行社条例》及相关法律，旅行社应该为旅游者提供规定的保险服务。计调员要认真理解旅游保险规定，收集、调查保险公司的资料，根据实际情况，与实力强、信誉好的保险公司协商洽谈，与符合本社要求的保险公司进行合作洽谈，代表旅行社与对方代表签订《合作协议书》，对签署的《合作协议书》进行编号、存档，并报送相关部门备案，整理与保险公司签订的《合作协议书》及相关资料及规定并列表，将列表分发给本社相关部门，通知收取保险费。将每一名投保游客的资料送发给保险公司，并请保险公司及时回复传真确认，注意接收《承保确认书》，以此作为投保依据。在旅游途中发生意外事故时，及时通知保险公司并向导游员了解真实情况，必要时可进行现场考察，在保险协议规定的期限内向保险公司呈报书面材料。索赔时，真实地向保险公司提供相关方面的证明。

【任务实训】

国内航空服务的采购

▶**实训目的**

了解国内航空服务的网上查询及采购方法。

▶**实训内容**

北京—上海、成都—西安国内航班的查询与机票采购。

▶**实训步骤**

第一步：北京—上海、成都—西安作为机票采购对象，时间自定。

第二步：在携程网及相关旅游网站上查询北京—上海、成都—西安的往返航班号、出发时间、飞行时间、抵达时间，机票价格，并学会在网上采购国内机票。

第三步：记录这些返航班号的出发时间、飞行时间、抵离时间、机票价格、燃油税、机场建设费。

▶**实训成果**

提交北京—上海、成都—西安往返航班信息（列表说明）。

【任务完成】

通过对该任务的学习，学生掌握了国内航空服务的查询和采购方法，能够独立地为游客采购国内航空服务，明确了外省接待社和其他服务的选择标准和方法，能够独立地进行外省服务的采购。

任务3.4 国内组团计调操作流程

【任务导入】

▶**案情分析**

2012年7月，成都某旅行社接受了一批客人的委托，为他们定制组团到云南西双版纳旅游，并根据客人的需求拟定了旅游行程计划书，计划书中除了常规的游览外，还按客人的要求，安排了昆明自由活动一天。旅行社组团人员考虑了多种因素，安排的行程是在客人返回成都的当天，让客人乘早班机从西双版纳飞昆明，上午10：00抵昆明，晚上20：00飞成都，这种安排让客人在昆明停留的时间有10个小时，自由活动的时间有6~8小时，客人同意旅行社的安排，跟旅行社签订了旅游合同。旅行社计调员根据旅游行程计划书，预定了成都—昆明、昆明—西双版纳、西双版纳—昆明、昆明—成都四联程机票，跟云南的地接社联系，做好了所有应该做的工作。但是，航空公司没有确认机票的预定，回复说，预定的四段联程机票中有三段没问题，但其中旅行社要求日期的西双版纳—昆明的这段，早班机机位不够，下午的航班机位数可以满足旅行社的要求，请旅行社考虑是否可以用下午的航班。这位计调员得知情况后，多方联系了其他航空公司，都不能满足计划。他找不到能按计划飞的机票，又自认为这天没有旅游景点，自由活动在昆明或西双版纳差不多，于是他擅自定了下午的航班，没有就此事征求组团人的意见、也没有通知全陪、地接社。后来他说，他认为全陪接到机票自然会看到是下午的航班。

这个团按计划飞到了云南，走完了游览行程，客人也是满意的，到了最后一天，西双版纳的地接社按照计划书上的航班时间把客人送到了机场，结果当然是客人上不了飞机。全陪急了，给组团人打电话，给计调员打电话，又是了解情况，又是埋怨，拖了很长时间也没有商量出解决的方案，这时的客人只好在候机室焦急地等待，有的年龄大的客人在候机室找不到坐的地方，就到室外的街沿边坐着休息，全团客人情绪很大，又是惊讶又是气愤，回到成都后客人投诉旅行社单方面改变行程。其中有一位客人是一位老红军，他说，当时他提出在昆明自由活动一天，是为了见见几十年未见面的老战友，有几个客人说他们是要用这段时间探亲访友，还有的客人安排了其他的事，旅行社改了航班时间，压缩了他们在昆明的时间，致使他们没见到老战友，没见到亲友，让他们的计划落空，要求旅行社赔偿。旅行社明显违反了合同约定，有不可推卸的责任，于是提出了解决方案：请老红军再去一次昆明，由旅行社承担机票费用，对其他团员旅行社领导登门道歉，并赔偿 100 元/人，客人不同意，反复谈了多次，最后是赔礼道歉，还陪了每位客人 400 元了结。这个改动不但给旅行社造成了经济损失，而且在一定的范围内影响了旅行社的声誉。

▶问题

1. 旅游行程计划书计调有权改动吗？
2. 此例中，组团计调员出了什么错？
3. 地接计调员有疏忽的地方吗？他们有机会发现和解决组团计调员的错误吗？
4. 全陪工作有漏洞吗？

▶案例解析

旅游行程计划书是计调业务工作的纲领性文件，计调业务完全依据它而展开，它是旅游合同的一部分，具有法律效力，原则上是不能变动的。但在实际工作中，情况复杂，多种因素叠加，难免会出现对旅游行程计划书进行调整甚至取消的需求和必要。对计划书进行调整或取消是有条件的，必须满足下列条件之一：不可抗力（如战争、地震、塌方、泥石流、灾害性天气等）；因为某种原因旅行社和旅游者都同意解除合同，取消旅游行程；航空公司临时调整或取消航班；旅行社因采购方面的原因如订房、订车、订票，遇到问题，需要调整，获得了组团人员和旅游者的书面同意；旅游者要求变更，而旅行社通过努力和协调能够办到。

【任务分析】

外省旅游有散客和团队两种情况，两种团队的操作方式有一些不同，但基本流程差不多。在具体操作中一定要严格按照流程进行操作，其操作流程分为19个步骤，其操作流程见图3.13。

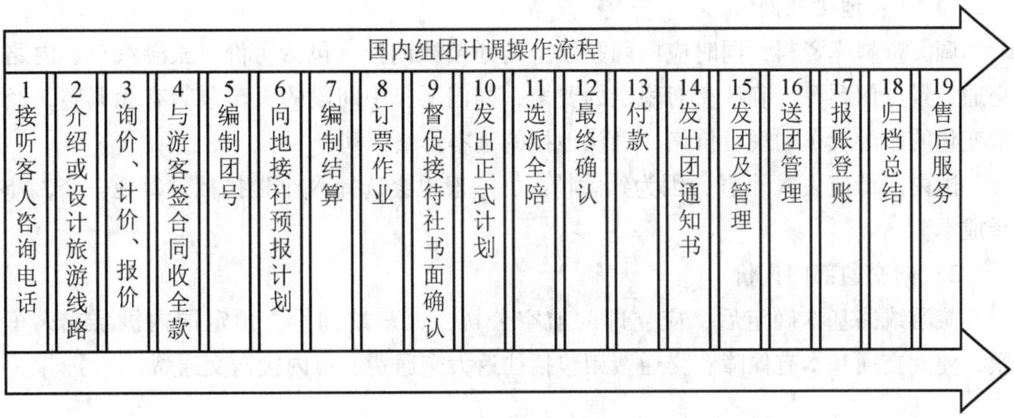

图3.13　国内组团计调操作流程图

3.4.1　接听客人咨询电话

计调员首先是接听客人的咨询电话，在接客人的咨询电话时一定要做好电话记录，问清客人的基本情况和要求。如是散客团还是团队，出团时间、往返大交通、住宿标准、人数、主要旅游景点、是否需要全陪、特殊要求。认真记录与客户谈话的要点，留下来电客户的联系方式。为了减少和避免工作中的失误，计调员应该重复确认客户提出的要求。

3.4.2　介绍或设计旅游线路

1. 介绍现有旅游线路

每个旅行社都有很多已经向社会公开推出的已经成型的旅游线路，再接受团体和散客的咨询，就可以向客人详细地介绍产品的情况、产品的亮点、产品的报价及产品的价格构成等等。让游客从众多旅游线路中选择一条自己比较理想的旅游线路。

2. 设计旅游线路

如果是独立成团，计调员就必须根据客人的要求来重新设计旅游线路。计调员在设计旅游线路时，一定要根据客人的要求进行设计，经常与客人沟通，设计出客人满意的旅游线路。经过双方多次修改，最后设计出客人满意的旅游线路。

3.4.3 询价、计价、报价

1. 询价

1）向各地接社询价

调阅资料库资料，同时应向两家以上的地接社询价，包括房价、旅游汽车、内路交通、景点门票等，确认相对稳定的要素，如门票、中间段的火车票等有无调整，经常变化的旅游汽车的现行价格，确认地接的基本价格区间。

国内团即使去 N 个省，因为熟悉情况，一般也会选择 N 个地接社，每地一个，降低成本。

2）向交通部门询价

旅游线路基本确定后，应立即向航空公司、火车站询价，预定国内机票或火车票，使大交通基本有保障。交通费用包括往返大交通费、市内接送交通费。

2. 计价

计调将询价的情况进行汇总，就开始进行内部计价，即内部计价就是把组团社的各项成本加起来。

3. 报价

报价就是在内部计价的基础上加上一定的利润，就是给客户的报价。报价的项目包括往返大交通费、地接社综合服务费、全陪服务费、市内接送费和一定的利税。给客户报价时一定要及时、准确，报价不能太高，太高了客户会流失；也不能太低，太低了旅行社就没有利润。

报价之后，等待对方的回应。但不是消极等待，而是积极地对待。视报价内容的轻重缓急有张有弛地积极跟进。掌握客户的情况和市场的变化，如有需要，或有可能，要调整报价或增加服务，特别是免费服务内容，想方设法增强竞争力，力争把每一单都做成功；同时，把跟踪的情况和调整的内容做好记录；根据进展情况，及时控制资源，即提前预订某一时段的房、车、火车票、机票等。

3.4.4 与游客签合同收全款

客人确定价格之后，就可以签正式的旅游合同了。计调员在与旅游者签订旅游合同时，应当对旅游合同的具体内容作出真实、准确、完整的说明。一定要根据《旅行社条例》第 28 条规定，载明下列事项：旅行社的名称及其经营范围、地址、联系电话和旅行社业务经营许可证编号；旅行社经办人的姓名、联系电话；签约地点和日期；旅游行程的出发地、途经地和目的地；旅游行程中交通、住宿、餐饮服务安排及其标准；旅行社统一安排的游览项目的具体内容及时间；旅游者自由活动的时间和次数；旅游者应当交纳的旅游费用及交纳方式；旅行社安排的购物次数、停留时间及购物场所的名称；需要旅游者另行付费的游览项目及价格；解除或者变更合同的条件和提前通知的期限；违反合同的纠纷解决机制及应当承担的责任；旅游服务监督、投诉电话；双方协商一致的其他内容。签订合同之后，全额收款，交财务部入账，填写交款记录，成团。

3.4.5 编制团号

游客签订了旅游服务合同之后，就开始编制团号。团号，即旅行团的编号。在给游客上旅游人身意外险的保险公司的单子、制订组团计划时的文件、团队资料存档等方面都要填写，以便和其他团队区分开。目前，我国各家旅行社的团号都不一样，有的简单，有的复杂。有的对团队号不重视，有的只注重使用即可。

WTO[①] 规范团号就是一种标准团号，即通过这个团队的编号，就能够一目了然地看出它的游览城市、往返交通、人数、团队等级等各方面的信息。WTO 规范团号以国际航空代码为基础，分为中国区域、境外华侨区域、港澳台区域和国际区域 4 个区域。现举例说明团号的编制。

【例 3-1】“银川双飞八日标准游”，出团日期 5 月 6 日，出团数为第一个，合成 WTO 规范团号：

XBY　08　B-2F　0506　A

①　②　③④　⑤　⑥

① 首先参照基本代码设定团号，前两位英文大写为区域代码，第一位和第二位 XB 代表西北大区，与第三位（第一个游览城市的拼音大写）组成三位数团号代码，这里银川是 XBY。

② 第四位和第五位代表游览天数。团队游览时间按照国家规定日期由两位阿拉伯数表示，八天是 08。

③ 第六位代表团队的等级。日期之后的字母代表团队的等级。熊晓敏计调实务中认为，H 代表豪华团，B 代表标准团，S 代表散拼团。

④ 连接横线后两位是交通等级，双飞（2F），单飞（1F），一飞一卧（1F1W），双卧（含船）（2W），双座（2Z），全程汽车（2T）。

⑤ 交通等级后两位是旅游团出团时间，按照国家规定月份日期由两位阿拉伯数字表示，5 月 6 日是 0506。

⑥ 最后一位英文大写为出团数，如第一个团写作“A”，第二个团写作“B”，以下依此类推。这里是 5 月 6 日当天第一个团，所以标注为 A。

① WTO，World Tourism Organization，世界旅游组织。

【例3－2】“澳门双飞五日游”，出团日期10月2日，出团数为第五个团：MFM 05 -2F 1002 E。

【例3－3】“新马泰香港双飞九日游”，出团日期为7月18日，出团数为第二个团，将新加坡（SIN）、马来西亚（KUL）、泰国（BKK）、香港（HKG）的航空代码首字母合并组成一个简约代码：SKBH。组合成SKBH 09-2F 0718 B。

相关链接3－4

WTO规范团号

WTO规范团号以国际航空代码为基础，分为中国区域、境外华侨区域、港澳台区域和国际区域4个区域。

（1）中国区基本代码：中国区域划分为六大区，其代码按照航空公司的三位数为基数，即大区的两位拼音代码，加上一个主要游览城市的首位拼音大写，如天津（HBT）。

① 东北大区（DB）：黑龙江（省会：哈尔滨）、吉林（省会：长春），辽宁（省会：沈阳）。

② 华北大区（HB）：河北（省会：石家庄）、河南（省会：郑州）、山西（省会：太原），直辖市北京、天津，内蒙古自治区（首府：呼和浩特）。

③ 华东大区（HD）：山东（省会：济南）、江苏（省会：南京）、安徽（省会：合肥）、浙江（省会：杭州）、江西（省会：南昌）、福建（省会：福州），直辖市上海。

④ 华南大区（HN）：湖北（省会：武汉）、湖南（省会：长沙）、广东（省会：广州，含深圳、珠海特区）、广西壮族自治区（首府：南宁）、海南（省会：海口）。

⑤ 西北大区（XB）：陕西（省会：西安）、甘肃（省会：兰州）、宁夏回族自治区（首府：银川）、青海（省会：西宁）、新疆维吾尔自治区（首府：乌鲁木齐）。

⑥ 西南大区（XN）：云南（省会：昆明）、贵州（省会：贵阳）、四川（省会：成都），直辖市重庆，西藏自治区（首府：拉萨）。

（2）境外华侨分为8个区域，代码主要以城市名为主。

（3）港、澳、台区，香港（HKG），澳门（MFM），台北（TPE）。

（4）国际旅游区域分为9个区域，三字代码团号以其所在区域的二字汉化拼音简称加上一个主要游览国家或城市的首位拼音大写，或二字英文简称加上一主要游览国家或城市的英文首字母组成，如澳大利亚（AUS）。

3.4.6　向地接社预报计划

向目的地接待社编制出团计划《团队接待通知书》（见范本3－6），如果有几个地接社就要同时向行程中的各接待社发出预报计划。预报计划的目的是使接待社将此团列入该社的接待计划，要求接待社尽早预订酒店、车辆等。预报计划的内容应该包括团号、旅游团的准确人数、团队抵离时间及交通工具、行程、食宿标准及其他要求等。向选定的接待社发出正式的团队预告，将产品的旅游行程计划书给地接社，方便地接社提前做准备工作。督促接待社在最短的时间（8～24小时）内书面确认。确认重点为机（车、船）票、用房、用车、结算等。说明所接团队/个人的各项注意事项；有无回民游客用餐问题及吃饭的各种禁忌；团队/个人的结算问题（自带车一般现收费）；要考虑到可能出现的各种问题，以及解决办法。

范本3－6　××旅行社国内旅游组团中心出团计划书

TO:	T:	F:		
FR:	T:	F:	Date	
团号:	人数:	房间数:	团型:	
日　期	交　通	日程安排	餐　饮	酒　店
服务标准				
购物说明				
客人姓名			T:	
注意事项				
结算				

请盖章回传确认！多谢!!　　　　　　　　　　　　发件人

3.4.7　编制结算

编制概算，报财务审核，总经理签字后开始作业；凭《概算单》、《组团合同》、地接社《确认》件、正式计划——《团队接待通知书》，填写《借款单》，经部门经理签字，报财务审核，总经理签字后领取借款。

3.4.8 订票作业

仔细落实并核对计划，向票务人员下达《团队订票单》（见范本3－7），注明团号、人数、航班（车次）、用票时间、票别、票量，并由经手人签字。如遇变更，及时通知票务人员。

范本3－7 ××旅行社国内旅游组团中心航空订座单

自	至	航班号	日期	起飞时间	人数			记录编号
					大人	小孩	幼儿	

序　　号	姓　　名	身份证号	序　　号	姓　　名	身份证号
1			11		
2			12		
3			13		
4			14		
5			15		
6			16		
7			17		
8			18		
9			19		
10			20		

3.4.9 督促接待社书面确认

组团计调员督促接待社在最短的时间（8～24小时）内书面确认。确认重点为机（车、船）票、用房、用车、结算等。

3.4.10 发出正式计划

接待社回传确认后，组团社在出发前发出正式计划。正式计划打印，加盖计划专用章，一式两份（发出、留存各一份），督促回执。

3.4.11 选派全陪

全陪作为国内组团社的代表，自始至终参与旅游团的全程活动，负责旅游团移动中各环节的衔接，监督接待计划的实施，协调领队、地陪、司机等旅游接待人员的关系。因此，旅行社在全陪服务的采购中应注意全陪的品德修养、业务能力、沟通能力等。根据不同团队的要求选派不同的全陪，确定团队接待重点及服务方向，交代接待计划，发放全陪日志。全陪日志见范本3－8。

范本3－8 全陪日志

<table>
<tr><td colspan="15">单位/部门</td><td colspan="15"></td><td colspan="15">团号</td><td colspan="15"></td></tr>
<tr><td colspan="15">全陪姓名</td><td colspan="15"></td><td colspan="15">组团社</td><td colspan="15"></td></tr>
<tr><td colspan="15">领队姓名</td><td colspan="15"></td><td colspan="15">国籍</td><td colspan="15"></td></tr>
<tr><td colspan="15">接待时间</td><td colspan="15">年 月 日至 年 月 日</td><td colspan="15">人数</td><td colspan="15">（含 岁 儿童 名）</td></tr>
<tr><td colspan="15">途经城市</td><td colspan="15"></td><td colspan="30"></td></tr>
<tr><td colspan="60">国内重要客人、特别情况及要求：</td></tr>
<tr><td colspan="60">领队或游客的意见、建议和对旅游接待工作的评价：</td></tr>
<tr><td colspan="60">该团发生问题处理情况（意外事件、游客投诉、追加费用等）：</td></tr>
<tr><td colspan="60">全陪意见和建议：</td></tr>
<tr><td colspan="60">全陪对全过程服务的评价： 合格 不合格</td></tr>
<tr><td colspan="12">行程状况</td><td colspan="12">顺利</td><td colspan="12">较顺利</td><td colspan="12">一般</td><td colspan="12">不顺利</td></tr>
<tr><td colspan="12">客户评价</td><td colspan="12">满意</td><td colspan="12">较满意</td><td colspan="12">一般</td><td colspan="12">不满意</td></tr>
<tr><td colspan="12">服务质量</td><td colspan="12">优秀</td><td colspan="12">良好</td><td colspan="12">一般</td><td colspan="12">比较差</td></tr>
<tr><td colspan="20">全陪签字</td><td colspan="20">部门经理签字</td><td colspan="20">质管部门签字</td></tr>
<tr><td colspan="20">日期</td><td colspan="20">日期</td><td colspan="20">日期</td></tr>
</table>

3.4.12 最终确认

出发前24小时与对方核对计划，要求对方最终确认，向对方催要《结算单》。确认团队质量无异议，经财务部审核，总经理批准，（允许预付）将团款汇入地接社账户。

3.4.13 付款

确认团队质量无异议，经财务部审核，总经理批准，（允许预付）将团款汇入地接社账户。

3.4.14 发出团通知书

团队出发前，应该制作好出团通知书（见范本3－9），把出游前需要准备的资料、出游中的注意事项向游客逐项交代清楚。

范本3－9 ××西安旅行出团通知书

尊敬的______先生/小姐一行15人（独立成团）：

您好！感谢您订购我公司西安华山延安双飞六日游的产品。请您在出团前仔细阅读以下注意事项，以免耽误您的旅行。

1. 集合时间：2012年9月15日20：55分 。
2. 集合地点：**成都双流机场T1航站楼3号厅。**
3. 集合标志：黄底红字“寻秦之旅”导游旗集合。
4. 去程航班：15/9成都—西安：**3U8803**；起飞时间:22：55分起飞。
5. 回程航班：20/9西安—成都：**3U8804**；起飞时间:23：05分起飞。
6. 西安接团导游：小雯134××××××××　成都紧急联系人：小吴139××××××××
7. 成都送团导游：小胡189××××××××　189××××××××。

特别提示：请您携带本人有效身份证原件、12岁以下儿童带户口本原件出团！

温馨提示：

1. 气候：西安属西北气候，空气干燥，建议多吃水果、蔬菜。
2. 饮食：西安主要以面食为主，可以根据个人口味自带小菜。特色小吃：牛、羊肉泡馍，葫芦头，凉皮，肉夹馍，饺子，各类面食等。
3. 行车：如有晕车者，请提前服用晕车药。
4. 购物：蓝田玉、冬青木烙花筷、陕北大红枣、仿秦兵马俑、仿唐三彩、唐三彩、黄桂稠酒、农民画。
5. 出行：**请游客保管好自己的随身物品，注意自己的人身及财产安全，**最好穿一双舒适的旅游鞋出游；带上雨具及常备药品出游；**夜间自由活动要结伴出行，切记不要单独出行，**尊重当地民俗习惯，不要随意和陌生人搭话，随意算命，以免造成不必要的麻烦。
6. 西安最近气温参考：15~26度，延安6~19度，气候适宜，但紫外线比较强，请注意防晒。
7. 自费景点随客意，如果不去，可以在景区外等其他参观的客人，绝不强制。
8. 若产生单房差，旅行社可根据情况安排三人间或加床，如无法拼住请客人自补房差。
9. 因自然灾害或国家政策性调价等人力不可抗拒的因素造成滞留或延误，所产生的费用请客人自理。
10. 在不减少景点、降低服务标准的情况下，旅行社有权根据具体情况，适当调整行程游览先后顺序。

祝您旅途愉快！

注：该资料由成都京都旅行社提供。

3.4.15　发团及监督

1. 发团

发团，指组团社把通过各种招徕手段形成的旅游团队，委托给选定的接团社，并由其负责完成合同中规定的游客应该享受的权利和旅行游览活动的过程。组团社将旅游团委托给旅游目的地接团社后，由接团社根据合同规定安排该旅游团在旅游目的地的一切旅游活动，而发团社通过对接团社的监督，督促对方完成旅游合同。

2. 监督

团队发出之后，组团计调员要时时监控团队的异地运行，监控内容如下。

1）监督地接社的接待情况

组团计调员在团队发出后应该履行监督职责。监督地接社的接待质量，具体监督方法可以通过组团社派出的全陪或客人的信息反馈，发现问题及时纠正，消除各种隐患。

2）监督全陪的工作情况

组团计调员在团队发出后应该要求全陪定期向组团社汇报团队的情况，同时还要向接待社了解全陪在工作中是否认真履行自己的职责。现在很多国内团为了降低成本，不再派全陪，给组团社的督察工作带来一些不便，这样就更要维持通信联系，“遥控”地接，如有问题必须及时按程序处理。

3）监督游客的游览情况

组团计调员在团队发出后应该向全陪、接待社了解客人游览的情况，在第一时间发现问题，并及时与接待社协商解决，保证团队顺利游览。对游客违规要搜集证据，为以后处理问题留下依据。

3.4.16　送团管理

在团队顺利结束异地行程返回本地后，组团计调员与全陪一起搞好送团工作。主动征求客人的意见，让游客高高兴兴地结束整个旅游行程。

3.4.17　报账登账

团队运行中如果有一些变动，或增减了项目，会涉及费用，团队运行完毕，计调员要对全过程进行审核；团队对地接质量有无异议，有无投诉，要了解清楚，给地接社拨全款前，应要求地接社把客人的意见反馈表传回组团社，作为拨款的依据；最后做好结算单，报财务结账。一般要求团队行程结束后一周内清账，填写《决算单》，连同《概算单》一式两份、《组团合同》、地接社《确认》件、地接社《结算单》、《团队接待通知书》原始凭证，交公司财务部报账。

报账之后，计调员将涉及该团的协议单位的相关款项及时登录到《团队费用往来明细表》中，以便核对。

3.4.18 归档总结

1. 建立团队档案

团队结束之后，要整理该团的原始资料，每月底将该月团队资料登记存档，以备查询。建立团队档案的主要内容有地接报价单（历次报价）、双方签字的确认单（盖章）、客户名单表、合同、缴费单、最终行程表、订车单、订票单。这些资料保存期为两年以上。

2. 总结工作

全陪对整个带团工作进行总结，检查全陪的带团日志；处理表扬与投诉，有表扬和投诉都需要报告给部门负责人，有的表扬需要对当事人进行褒奖，或通过一定的宣传，提高旅行社的美誉度；有的投诉涉及多个部门，处理不好，旅行社可能会有名誉或经济损失。计调员要搞清情况，如实报告给部门领导，做好协调工作。

3.4.19 售后服务

在团队顺利结束行程返回本地后，组团计调员应进行客户满意度调查，掌握准确的信息，为今后工作的改进提供依据。计调员要与客户保持良好的关系，努力使之成为自己的朋友，为第二次销售工作打下基础。

【任务实训】

国内组团计调操作流程

▶**实训目的**

掌握国内组团计调工作内容和操作流程。

▶**实训内容**

到学校所在地附近的旅行社外省专线部实地参观实习。

▶**实训步骤**

第一步：任课老师联系学校附近的旅行社外省专线部。

第二步：学生到旅行社外省专线部参观，组团计调员给学生进行示范讲解。

▶**实训成果**

归纳总结国内组团计调员的操作流程。

【任务完成】

通过对该任务的学习，学生掌握了国内计调员在前期业务准备、发团管理阶段及散团收尾阶段的操作流程与具体的工作内容，使学生能够在旅行社外省专线部进行简单的业务操作。

同步练习

一、填空题

1. __________是按照班期时刻表和规定的航线，定机型、定日期、定时刻的飞行。

2. 中国国内航班的航班号由执行航班任务的航空公司__________字代码和__________个阿拉伯数字组成。

3. 铁道部规定，从2012年1月1日起，所有旅客列车都将实行__________购票验票乘车制度。

4. 青藏高原旅游大区位于我国西南部的青藏高原，号称“世界屋脊”，包括__________和__________两省区。

5. 中华人民共和国公民身份号码是特征组合码，由__________位数字本体码和__________位数字校验码组成。

二、单项选择题

1. 乘坐飞机规定：航班离站前（　　）分钟停止办理乘机手续。

A. 10　　B. 20　　C. 30　　D. 60

2. 26~45周岁的，发给有效期为（　　）年的居民身份证。

A. 5　　B. 10　　C. 15　　D. 20

3. 火车车次的首字母代码具体说的是铁路列车车次的一种等级编号，常见的有T、K、Z、N、L、A、Y、G等，其中高速动车的首字字母是（　　）。

A. K　　B. N　　C. L　　D. G

4. 国内航班随身携带物品的重量，每位旅客以（　　）千克为限。

A. 5　　B. 10　　C. 15　　D. 20

5. 在全国八大旅游大区中，（　　）区是全国唯一既不靠海又无陆地国境线的旅游区。

A. 华北旅游大区　　B. 华中旅游大区　　C. 华南旅游大区　　D. 西南旅游大区

三、多项选择题

1. 民航运输飞行主要有（　　）种形式。

A. 班期飞行　　B. 定期飞行　　C. 包机飞行

D. 加班飞行　　E. 不定期飞行

2. 中原（华北）旅游大区位于我国黄河中下游，居于我国北部中枢地区，范围包括北京、天津两直辖市和（　　）省。

A. 河北　　B. 河南　　C. 山西

D. 山东　　E. 陕西

3. 江南（华东）旅游大区位于东南沿海中部，行政范围包括（　　）。

A. 上海　　B. 江苏　　C. 浙江

D. 安徽　　E. 江西

4. 居民身份证的有效期限分为（　　）几种。

A. 5 年　　B. 10 年　　C. 15 年

D. 20 年　　E. 长期

5. 省外接待社费用包括（　　）等费用。

A. 目的地交通费　　B. 住宿及餐费　　C. 城市间交通费

D. 景点门票　　E. 地陪费用

6. 组团社计调员的采购业务主要有（　　）等内容。

A. 城市之间大交通的采购　　B. 异地接待社的采购

C. 娱乐项目的采购　　D. 全陪服务的采购

E. 酒店的采购

四、判断题（正确的在题后括号内打“√”，错的打“×”）

1. 旅行社为旅游团购买的团体旅游机票有效期为一年。（　　）

2. 普通旅客乘坐飞机必须经过安检，外交人员乘坐飞机可以不经过安检。（　　）

3. 出票率、保障率是衡量铁路服务采购的重要指标。（　　）

4. 组团社在出发前 24 小时应与对方核对计划，要求对方最终确认。（　　）

五、简答题

1. 简述省外旅游线路开发的类型。

2. 请简述组团社的报价流程。

3. 简述航空交通服务的采购流程。

4. 组团社计调员选择异地接待社时应该采用哪些标准?

5. 绘图说明国内组团计调的操作流程。

六、操作题

北京康辉旅行社组织 30 位游客到云南参加由云南康辉旅行社组织的大理、丽江、香格里拉五晚六日游，由云南康辉负责接待，云南康辉的地接报价为980元/人。30位游客从北京到昆明往返机票均购买4折票，经济舱全价为1810元，民航发展基金50元/人/次，燃油附加费130元/人/次。派出一位全陪，全陪费用为3000元。北京机场接送费每人每次80元/人，保险费10元/人。

请你根据以上内容完成下列问题。

(1) 请代表北京康辉旅行社的计调员进行内部计价，计算出该组团社的成本价格。

(2) 请代表北京康辉旅行社计调员向30位客人做出组团社报价。

4

出境组团计调实务

项目概述

本项目主要介绍出境组团计调应掌握的基本知识、主要业务及工作流程。首先，介绍了出境组团计调应该掌握的各种知识。然后，阐述了出境旅游线路的设计与开发、定价与报价方法及各项旅游服务的采购方法。最后，详细地分析了出境组团计调的整个工作流程。该项目分为4个任务，每个任务均按照“任务导入—任务分析—任务实训—任务完成”来组织安排。

知识目标

1. 了解出境计调员在出境方面的基本知识。
2. 熟悉出境旅游线路设计、开发及定价、报价的方法。
3. 明确各项出境旅游服务的采购方法。
4. 掌握出境组团计调的工作流程。

能力目标

1. 能够设计出境旅游线路，并对其设计的旅游线路进行定价和报价。

2. 能够及时地采购各种出境旅游服务，能够初步操作出境旅游团队。

任务 4.1　出境组团计调知识储备

【任务导入】

▶案情介绍

2012 年 12 月 2 日，北京某公司组织 21 位职工出境旅游。经过比较，该公司选择了北京甲旅行社组织的“美国一地十四日游行程安排”，双方签订正式合同，约定 2013 年 1 月 26 日出发。26 日上午 9：00，当 21 位员工到达机场，在该团领队带领下办理出境手续时，领队突然发现由于美国使馆工作人员的失误，把签证的有效期写错了，与该旅行团的行程时间不相吻合，而旅行社出境计调员未能及时发现，致使旅游团无法如期出境。经过紧急协商，客人同意由旅行社重新办理出境手续，整个行程往后顺延 1 天。27 日，员工们持新办的证件顺利出境。旅行社全额承担了重新签证、改变行程等所支出的费用，合计 5 万余元人民币。

▶请问

在该案例中，出境计调员是否应该承担责任？应该从中吸取哪些教训？

▶案例解析

在该案例中，出境计调员应该承担责任。该团 21 位员工无法如期赴美出境旅游的责任应该由美使馆工作人员、北京 A 旅行社出境组团计调、领队共同承担责任。美使领馆工作人员工作不仔细，把签证的有效期写错了，与该旅行团的行程时间不吻合，应该承担主要责任。出境计调员工作马虎，没有认真核对签证、及时发现团队签证的错误，最终影响团队出行，使旅行社蒙受不必要的损失，因而计调员也应该承担一定的责任。领队出境前没有仔细发现签证的错误，也应该承担一定的责任。该案例说明，证件在出境旅游中是很重要的，绝不能出现任何差错。

【任务分析】

国家旅游局的统计数据显示，2012 年中国出境旅游人数达 8200 万人次，同比增长 16.7%；出境旅游花费约 850 亿美元，同比增长 20%。2002—2011 年，我国出境旅游人数由 1660 万人次增加到 7025 万人次，增长了 323%，成为世界上出境旅游增长最快的国家。随着出境旅游的迅速增长，对出境计调员的要求也越来越高。

出境组团计调就是通过各种途径，将游客送抵旅游目的国家或地区的旅游业务的操作者。作为出境组团计调，首先要对所经营的出境旅游线路有足够的体验和认识；要掌握出境所需证件、手续的办理、各种政策的变化；要详细了解专线里面各种线路中的吃、住、行、游、购、娱方面各种详细情况；要丰富专线里面的资源，景点、酒店、餐厅等，有助于选择的多样性和搭配的灵活性。

4.1.1 出境旅游所需证件

1. 中华人民共和国护照和签证

中华人民共和国护照和签证是出国旅游所需证件。

1）护照

（1）护照的种类。护照是一国主管机关发给本国公民出国或在国外居留的证件，证明其国籍和身份。护照一般分为外交护照、公务护照和普通护照 3 种。外交护照是发给政府高级官员、国会议员、外交和领事官员、负有特殊外交使命人员、政府代表团成员等具有外交身份的人员使用的护照；持有外交护照者在国外享有外交礼遇（如豁免权）。公务护照是发给国家公务人员的护照，如政府一般官员、驻外使领馆工作人员、因公派往国外执行文化和经济等任务的人员。也有的国家称这种供政府官员使用的护照为“官员护照”。普通护照是由中华人民共和国公安部出入境管理机构或者由公安部委托的县级以上地方人民政府公安机关出入境管理机构及中华人民共和国驻外使馆、领馆和外交部委托的其他驻外机构签发，中国一般公民和国外侨民使用的护照。

在我国，外交护照和公务护照都由外事部门颁发，普通护照由公安部门颁发。中华人民共和国护照的有效期一般为 10 年，16 岁以下中国公民的护照有效期为 5 年。出境旅游要求护照有效期必须在半年以上，要有明确的目的地和动机，护照上的填写内容一定不能有涂改。

为顺应全球护照电子化发展趋势，方便公民出入境，自 2012 年 5 月 15 日起，中国公安部门统一开始向普通公民签发普通电子护照。电子护照在传统本式普通护照中嵌入电子芯片，并在芯片中存储持照人个人基本资料及面部肖像、指纹信息。中华人民共和国新版护照见图 4.1。

图 4.1　中华人民共和国新版护照

（2）护照的办理。

第一，填写完整并贴上本人近期正面免冠彩色照片（规格：48mm×33mm，白色背景）的《中国公民因私出国申请表》，见范本 4－1。

第二，交验有效居民身份证、户口簿原件（申请人未满 16 周岁的，交验户口簿，军人交验身份证件），并提交复印件。委托他人代为申请（须提交委托书、交验委托人及被委托人的身份证明原件，并提交复印件）。

第三，属于登记备案国家工作人员和现役军人的，应当提交本人所属工作单位或者上级主管单位按照人事管理权限审批后出具的同意出境的意见。

第四，申领护照的申请人，未满 16 周岁的申请人需监护人陪同提交申请，并提交其监护人出具的同意出境的意见、监护人的居民身份证或者户口簿、护照及 A4 规格的复印件。

第五，办理时限为 12 个工作日。

第六，收费标准为 200 元/本。

2）签证

（1）签证的种类。签证是一国主管机关在外国公民所持的护照或其他旅游证件上签注、盖印，表示准其出入本国国境或者过境的手续。公民在国际间往来，不仅必须持有本国政府颁发的合法的护照，同时事先均须获得前往国家的有效签证，这样才能离开本国国境，进入前往国家或地区。签证一般做在护照上，和护照同时使用。9 人以上的旅游团可申请办理团体签证。旅游团队要办理落地地签证，应该事先经有关国家接待旅行社报该国签证机关同意后才能发团。

签证根据不同的标准有不同的分类方法。根据签证类别可分为外交签证、公务签证和普通签证；根据出入境事由可分为移民签证、非移民签证、留学签证、旅游签证、工作签证、商务签证和家属签证等；根据出入境情况可分为出境签证、入境签证和过境签证等；根据停留次数可分为一次签证、两次签证和多次签证；根据停留期长短可分为长期签证和短期签证。

范本 4－1　中国公民因私出国申请表

中国公民因私出国申请表

以下内容由申请人填写（请用黑色或者蓝黑色墨水笔书写）

身份证号码					
姓		名		性 别	
拼音姓		拼音名		民 族	
出生日期	年　月　日	出生地		婚姻状况	
政治面貌		文化程度		联系电话	
户口地址				所属派出所	
本人现住址				邮政编码	
本人身份	□国家工作人员　□国有大中型企业中层以上管理人员 □金融、保险系统人员　□国有控股、参股企业中的国有股权代表 □军人　□其他人员				
单位全称				职务职称	
单位地址				联系电话	
前往国家		属第（　）次申请因私护照			
出国事由	□定居　□旅游　□探亲　□商务　□劳务　□留学　□其他				
申请证件种类类别	□普通护照首次申领□护照补发□护照换发□护照失效重新申领 □普通护照变更加注 普通护照变更加注类型：（　　） 普通护照变更加注内容：（　　） 普通护照换发、补发原因：（　　）				
原护照号码		签发地		有效期至	年　月　日
家庭主要成员	称谓	姓　名	年龄	工作单位、职务	家庭住址
本人简历					
如需办理速递。凭申请回执到邮政速递专柜办理。					

申请编号条形码

贴照片处

近期正面免冠半身淡蓝色背景彩色照片

照片大小：48mm×33mm
头部宽度：21～24mm
头部长度：28～33mm

特别声明：

1、本人知道，凡属于登记备案的国家工作人员申办因私出国护照必须由单位出具意见，否则，由此造成的一切后果由本人承担；

2、本人申请表格所填内容正确无误，所提交的身份证明文件和照片真实有效。如有虚假将承担法律责任。

申请人签名：

____年___月__日

不满十六周岁的申请人，办理申请时，须由监护人陪同。监护人须作出如下声明：

本人是申请人的______，依法拥有对申请人的监护权，同意申请人提出申请，本人的居民身份证号码：

声明人签名：

____年___月___日

相关链接 4-1

特殊签证

口岸签证（落地签证），是指在前往国的入境口岸办理签证。一般说来，办理口岸签证，需要邀请人预先在本国向出入境管理部门提出申请，批准后，将批准证明副本寄给出访人员。后者凭该证明出境，抵达前往国口岸时获得签证。目前，对外国公民发放口岸签证的国家，主要是西亚、东南亚、中东及大洋洲的部分国家。持中华人民共和国普通护照出国落地签的国家/地区有巴林、孟加拉、柬埔寨、古巴、厄立特里亚、埃塞俄比亚、格鲁吉亚、印度尼西亚、约旦、哈萨克斯坦、肯尼亚、科威特、老挝、黎巴嫩、利比里亚、立陶宛、马达加斯加、马拉维、马来西亚、莫桑比克、巴基斯坦、帕劳群岛、卡塔尔、圣多美和普林西比、坦匝马、泰国、帝摩尔莱斯塔、乌干达等。

互免签证，是随着国际关系和各国旅游事业的不断发展，为便利各国公民之间的友好往来而发展起来的，是根据两国间外交部签署的协议，双方公民持有效的本国护照可自由出入对方的国境，而不必办理签证。互免签证有全部互免和部分互免之分。持中华人民共和国普通护照出国免签的国家/地区有安道尔、阿鲁巴、贝宁、库克群岛、多米尼加、马尔代夫、毛里求斯、麦克罗尼西亚、尼泊尔、萨摩亚、塞舌尔、所罗门群岛、斯里兰卡、叙利亚、特科斯和开科斯、图瓦卢、瓦努阿图、埃及、俄罗斯。

过境签证。当一国公民在国际间旅行，除直接到达目的地外，往往要途经一两个国家才能最终进入目的地国境。这时，不仅需要取得前往国家的入境许可，而且还必须取得途经国家的过境许可，这就称为过境签证。关于过境签证的规定，各国不尽相同。不少国家规定，凡取道该国进入第三国的外国人，无论停留时间长短，一律需要办理签证。按照国际惯例，如无特殊限制，一国公民只要持有有效护照、前往国入境签证或联程机票，途经国家均应发给过境签证。

另纸签证，是签证的一种形式。它和一般签注在护照上的签证具有同样的作用。所不同的是，它是在护照以外单独签注在一张专用纸上，但必须和护照同时使用。签证一般都签注在护照上，也有的签注在代替护照的其他旅行证件上，有的还颁发另纸签证。例如，美国和加拿大的移民签证是在一张 A4 的纸张上，新加坡对外国人也发一种另纸签证，签证一般来说须与护照同时使用方有效力。

ADS（approved destination status，被批准的旅游目的地国家）签证。加注 ADS 签证后仅限于在被批准的旅游目的地国家旅游。此签证在目的地国家境内不可签转，不可延期。持有这种签证的人必须团进团出。持中国因私护照的申请者通过由中华人民共和国国家旅游管理部门（中国国家旅游局）认可的旅行社申请签证，被认可的旅行社可为参团旅行者申请签证。

676签证是个人旅游签证，即客人以个人名义送交使馆的签证，有很高的拒签率。有些是去往签署了《旅游目的地国地位谅解备忘录》的国家，有些是前往没有签署《旅游目的地国地位谅解备忘录》的国家。各个使馆对于676签证的要求是不一样的。比如，必须去澳大利亚的个人旅游签证，即使在北京，旅行社拿到资料后也得送到上海的使馆办理，或者你自己去上海的使馆申请办理。有的个人签证能在北京、上海或广州这几个地方办理。

（2）签证的程序。同中国已建交的国家中，大部分都已在中国建立了大使馆或领事馆。大使馆设在首都北京，总领事馆设在经济发达和人口较多的城市，如上海、广州、沈阳、成都等，一些尚未建立使领馆的国家，或在香港设有领事馆，或会委托其他办事处代办签证事务。中国公民申办外国签证的程序如下。

第一步：递交有效期在半年以上的护照。

第二步：缴验与申请事由相适应的各种文件（每个国家要求不一样）。

第三步：填写外国签证申请表格，同时缴付本人照片。

第四步：同前往国驻华大使馆或领事馆官员会见（有些国家不要求会见）。

第五步：大使馆或领事馆，将填妥的各种签证申请表格和必要的证明材料，呈报本国内务部门审查批准（有少数国家的使领馆有权直接发给签证，但仍需转报国内备案）。

第六步：前往国家的主管部门进行必要的审查后，将审批意见通知驻华使领馆。

第七步：申请者向有关国家的驻华使领馆缴纳签证费用，也有些国家根据互免签证费协议，不收费。

相关链接4-2

美国在中国的使馆领区

北京总领事馆（北京领区）：北京市、天津市、河北省、湖北省、河南省、山东省、山西省、陕西省、甘肃省、青海省、内蒙古自治区、新疆维吾尔自治区、江西省、湖南省。

沈阳总领事馆（沈阳领区）：辽宁省、吉林省、黑龙江省。

成都总领事馆（成都领区）：云南省、贵州省、四川省、重庆市、西藏自治区。

广州总领事馆（广州领区）：广东省、广西壮族自治区、福建省、海南省。

上海总领事馆（上海领区）：上海市、江苏省、浙江省、安徽省。

（3）申请签证提供的资料。

各个国家使馆对申请签证所需资料是不一样的，有的简单，如东南亚国家，就需要2张照片和护照；有的复杂，如在职人员必须提供单位营业执照复印件并加盖公章、在职证明原件等。有的国家不要求和申请人会见，如日本、韩国、澳大利亚及东南亚等国；有的国家在递交护照等材料的同时必须和申请人见面，如美国；有的只选择部分申请人会面，如加拿大。各使领馆的权限也不一样，受理和审批签证的程序各异，所以从受理申请人的签证到正式颁发给有效期签证的时间长短也不同。时间长的需要3~5个月，甚至超过半年，或一年以上。时间短的需要几天，如日本是5个工作日，或者当时就可以获得签证，如美国。另外，同样是去欧洲旅游，有的走法国签证，有的走意大利签证。旅游签证方面的知识比较复杂，出境计调员应该非常熟悉自己所负责区域办理签证所需要的提供的资料。申请美国签证需要提供的材料见范本4-2。

范本4-2　美国旅游签证申请人需提供的资料清单

注意：请留意以下材料均须原件，尽可能多地提供有利于你获取签证的材料。

资料类别（申请人）	资料名称（申请人）	份数	资料说明（申请人）
护照	护照	1份	有效期距回国日期6个月以上，护照末页本人亲笔签名
	以往出入境记录（如有）	数份	以往使用过的旧护照，包括因私/公务/因公/普通/一次性旅游护照，对您获取签证非常重要。有美国出入境记录的申请人，如不能提供护照，请提供曾经获取签证的具体信息、入美国境内时间及在美停留时间
照片	签证申请照片	1张	2×2英寸，请随申请表提供一份数码照片，在面签时提供一份打印照片，照片细节要求请参照此表的相关说明
	家庭合影照片	数张	半年内的家庭成员合影生活照
	在国外以标志性建筑为背景拍摄的照片	数张	所有到过的国家，每个国家提供1张或2张
个人身份证明	身份证	1份	有效期内的身份证原件
	户口簿	1份	须提供全部家庭主要成员的户口簿，不论家庭主要成员是否在同一个户口簿上；未满18岁的申请人要求全家人同在一户口簿上，如果不是，请提供亲属关系公证
	结婚证	1份	已婚人士请一定提供
	毕业证/学生证	1份	需提供最高学历的毕业证书；未满18岁的申请人请提供学生证，如未满入学年龄者则不需提供
	能证明本人身份的职业证书、荣誉证书或照片	数份	包括会计资格证、医师证、工程师证、律师证、警官证、法官证、教授职称证书、人大代表证等；人大或政协会议照片、荣誉证书等（党政机关工作人员请特别重视此部分资料的准备）

（续）

资料类别（申请人）	资料名称（申请人）	份数	资料说明（申请人）
个人工作证明	营业执照或机构代码证	1份	2选1，复印件上必须加盖公章；如是单位法人，请带营业执照副本原件
	公司税单、资金往来凭证、公司宣传资料等	数份	能说明公司经营规模、状况等材料，尤其是单位法人需注意该部分的资料准备
	单位证明 包含在职证明、准假证明和单位担保	4份	具体格式请来电索取，或请提供4份带有单位正规抬头、加盖公章及领导签名（信纸的右下角）的空白信纸（开立证明日期需提前1周以上，且不能是周末）；未满18岁的申请人需提供父母双方的工作及收入证明
	名片或工作证	4张	请一定提供；未满18岁的申请人需提供父母双方的名片和工作证件
	在读证明	1份	未满18岁的申请人的在读情况及准假证明；如未满入学年龄者则不需提供
	退休证	1份	退休人员只需提供退休证，个人工作证明类其他材料均不需提供；退休证要有退休单位名称、退休时间及退休工资金额
个人资产证明	房产证、购买合同	数份	本人、配偶名下的均可，房产证需原件，如是合同需提供合同原件及购房发票
	存折、账户等的交易记录	数份	本人、配偶名下的存折、账户等定期、活期类别近半年的银行交易记录、信用卡账单等
	工资存折、工资单、个人所得税单	数份	本人、配偶名下均可，越多越好
	汽车行驶证	数份	本人、配偶名下的，或者是单位配车的均可；也可用车辆登记证
	其他资产证明	数份	如股权证或其他有价证券（股票、国库券等）
	注意：未满18岁的申请人请提供父母名下的资金和资产证明原件，包括以上各个类别		

2. 边防通行证

在中国的出境旅游范围内，除了到国外的内地旅游之外，还有一个地方就是外国的边境地区，即在位于两国的边境或者两国的交界地区旅游。比如，中朝、中越、中缅、中俄等的边境地区。为了方便边境旅游，中国政府实行了边防通行证制度，即边防通行证（以下简称“通行证”，见图4.2）。

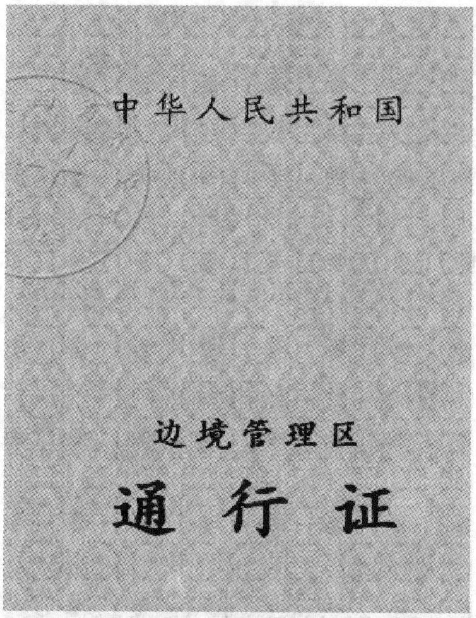

图 4.2　边境通行证

随着旅游目的地国家或地区的不断开放，护照的作用越来越大，但边防通行证制度至今仍在一些边贸或边界不起使用。通常是根据团队需要，由组团社开具证明，到本人户口所在地的公安局开具证明，办理手续；贴上一张一寸免冠照片，到了边境地区与本人的身份证一起在边境地区使用。这样同样可进出国外的领土范围，从而完成边境旅游或边贸商务活动。

3. 中华人民公共和国往来港澳通行证及其签注

中华人民共和国往来港澳通行证及其签注是港澳游所需证件。

1）港澳通行证

内地居民因私往来香港或澳门特别行政区旅游，探亲，从事商务、培训、就业等非公务活动，向户口所在地的市、县公安出入境管理部门提出申请。凭公安出入境管理部门签发的往来港澳通行证及有效签注前往。中华人民共和国往来港澳通行证见图 4.3。

2）签注

内地居民前往港澳地区，需申请办理签注，自 2008 年 9 月 1 日起，赴澳门另需办签注。赴港澳签注种类如下：往来港澳签注分为 6 个种类，即探亲（T）、商务（S）、团队旅游（L）、个人旅游（G）、其他（Q）、逗留（D），根据申请事由分类签发。赴港澳个人游签发“G”字头个人旅游签注，赴港澳团体旅游签发“L”签注，必须由旅行社根据旅游线路来安排在香港或澳门停留的时间，要“随团进出”。深圳居民从 2009 年 4 月 1 日起开始办理一年内多次往返港澳的通行证，从 2009 年 5 月 1 日起，外省的人员可以在深圳办理港澳通行证。

图 4.3 中华人民共和国往来港澳通行证

3）港澳通行证和签注的办理

（1）填写完整并贴有本人近期正面免冠彩色照片（规格：48mm×33mm，白色背景）的《内地居民往来港澳地区申请审批表》，见范本 4－3。

（2）交验有效居民身份证、户口簿原件（申请人未满 16 周岁的，交验户口簿，军人交验身份证件），并提交复印件。

（3）申请个人旅游签注的，免交其他材料，可申请 3 个月一次、3 个月二次、1 年一次和 1 年二次签注，每次在香港或者澳门逗留不超过 7 天。

（4）除登记备案国家工作人员须按干部管理权限出具单位意见、军人由其所在部队或者工作单位政治部门出具意见外，其他人员无须提交单位或户口所在地派出所意见。

（5）申请港澳通行证及签注，申请人须亲自到场提交申请，未满 16 周岁或已满 60 周岁（含）的申请人，可委托他人代为申请（须提交委托书、交验委托人及被委托人的身份证明原件，并提交 A4 规格纸复印件）。

（6）办理时限。申请往来港澳通行证及签注的，12 个工作日内办结；再次申请签注的，5 个工作日内办结；自助受理签注的，2 个工作日内办结。团队旅游办理 L 签注；个人旅游办理 G 签注。

（7）收费标准。往来港澳通行证 100 元/证；一次有效签注 20 元/件；二次有效签注 40 元/件。

范本 4－3　内地居民往来港澳申报表

以下内容由申请人填写（请和黑色或者蓝黑色墨水笔写）

身份证号码						贴照片处 近期正面免冠 彩色照片 照片大小：48mm×33mm 头部宽度：21~24mm 头部长度：28~33mm
姓		名		性别		
拼音姓		拼音名		民族		
出生日期		出生地		政治面貌		
户口所在地				所属派出所		
家庭现住址				联系电话		
单位名称				职务		
单位地址				联系电话		
申请类别	□往来港澳通行证	□签注		前往地	□香港	□澳门

通原行证号码：　　有效期至：　　年　　月　　日　　签发地：

申请签注种类	□探亲	□商务	□团队旅游	□个人旅游	□其他	□逗留
	□3 个月一次 在香港或者澳门逗留不超过 14 天 □3 个月多次 在香港或者澳门逗留不超过自首次进入之日起 90 天	□3 个月一次 □3 个月多次 □1 年多次 每次在香港或者澳门逗留不超过 7 天	□3 个月一次 □3 个月二次 □1 年一次 □1 年二次 每次在香港或者澳门逗留不超过 7 天，须随团出人境	□3 个月一次 □3 个月二次 □1 年一次 □1 年二次 每次在香港或者澳门逗留不超过 7 天	□3 个月一次 □3 个月二次 □1 年一次 □1 年二次 每次在香港或者澳门逗留不超过 14 天	多次有效，出境有效期根据香港或者澳门有关部门批准的期限签发

港澳亲属	姓名		性别		出生日期	年　月　日
	港澳身份证号码			与申请人关系		

家庭主要成员	称谓	姓名	年龄	工作单位、职务	家庭住址

申请人声明	本申请表所填内容正确无误，所提交的身份证明文件和照片真实有效。如有虚假愿承担法律责任。 申请人签名：　　委托人签名： 年　月　日
取证方式	□邮政速递　　□到公安机关领取

邮寄地址		收件人姓名	邮政编码	联系电话

4. 大陆居民往来台湾通行证和中国台湾地区入出境许可证

大陆居民申请因私前往台湾探亲、定居、访友、旅游等其他因私事务，以及申请前往台湾进行企业经贸交流活动，均需要办理大陆居民往来台湾通行证（见图 4.4）和中国台湾地区入出境许可证。通行证需要申请人本人前往户籍所在地的市、县公安机关出入境管理部门办理，入台证台湾方面办理至少需要 5 天，具体办理过程是由大陆批准的具备组织赴台游组团资质的旅行社通过台湾地区的接待社来完成，过程较为复杂。一般赴台旅游的大陆居民，在成行前必须留有足够的时间，两证齐全才可以顺利进入台湾旅游观光。

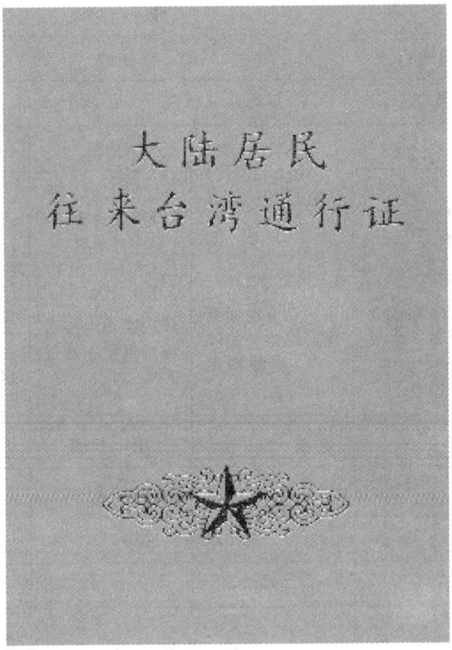

图 4.4　大陆居民往来台湾通行证

1）大陆居民往来台湾通行证的办理

（1）填写完整并贴有本人近期正面免冠彩色照片（规格：48mm×33mm，白色背景）的《大陆居民往来台湾地区申请审批表》见范本 4－4。

（2）本市居民交验有效居民身份证、户口簿原件（申请人未满 16 周岁的，交验户口簿，华侨交验有效中国护照、定居国外的证明原件和暂住地派出所出具的临时住宿登记），并提交复印件。

（3）除登记备案国家工作人员须按干部管理权限出具单位意见外，其他人员免交工作单位或公安派出所意见。

范本 4-4 大陆居民往来台湾地区旅游申请审批表

大陆居民往来台湾地区申请审批表

身份证号码					
姓		名		出生日期		出生地
				性别	□男 □女	
拼音姓		拼音名		文化程度	□研究生以上 □本科 □专科 □高中 □初中 □小学 □其他	
现住址				联系电话		
本人是：□国家公务员 □国有大中型企业中层以上管理人员 □国有控股、参股企业中的国有股权代表 □金融系统县级以上机构领导成员 □其他人员						
单 位				职 务或级别		
单位地址				联系电话		
				邮政编码		
申请类别	□ 通告证和签注 □通行证 □旧证换发 □遗失补发 □申请签注			拟出境时 间	年 月 日	
原通行证号码：	有效期至： 年 月 日	签发地：				
申请事由	□定居 □探亲 □居留 □旅游 □应邀 □非公务应邀 □乘务 □其他（ ）					
相应的证明材料	□入台许可证		编号			
	□国务院台办“赴台批件”		编号			
	□国务院台办经济局“关于应邀往来台湾立项批复”		编号			
取证方式	□邮政速递	□回公安机关领取				
	□是否需要手机发送审批状况信息	手机号码：				
★特别提示：如选择邮政速递方式领证，请按照如下要求详细填写，以免发生差错。						
投递地址		收件人	邮 政编 码	联系电话		
右边栏目由公安出入境管理部门填写	受理单位意见					
	审批单位意见					

申请编号条形码

贴照片处

近期正面免冠半身头像
蓝底光学光面照片
相片大小：48 mm×33mm
头部宽度：21～24mm
头部长度：28～33 mm

申请人声明：

本申请表格所填内容正确无误，所提交的身份证明文件和照片真实无假。本人明白，不如实填报或提交虚假的资料属违法行为，将会被取消申请资格，并被追究法律责任。

申请人签名：

_____年___月___日

不满十四周岁的申请人，办理申请时，须由父母或法定监护人陪同。其父母或监护人须作如下声明：

本人是申请人的

□父亲 □母亲

□监护人，依法拥有对申请人的监护权，同意申请人提出申请，本人的居民身份证号码是：

声明人签名：

___年___月___日

（4）申请往来台湾通行证及签注，申请人须亲自到场提交申请。未满16周岁或已满70周岁（含）的申请人赴台旅游的，可委托他人代为申请（须提交委托书、交验委托人及被委托人的身份证明原件，并提交A4规格纸复印件）。持有有效往来台湾通行证的，须同时提交通行证；证件遗失的须提交遗失声明。

（5）办理时限。首次申请往来台湾通行证及签注的，12个工作日内办结，再次申请签注的，5个工作日内办结。团队旅游办理L签注；个人旅游办理G签注。

（6）收费标准。往来台湾通行证30元/证；证件加注20元/件；一次有效签注20元/件；多次有效签注100元/件。

2）办理中国台湾地区入出境许可证需提供的资料

大陆居民赴台湾旅游，应向其户口所在地公安机关出入境管理部门申请办理《大陆居民往来台湾通行证》及个人旅游签注，之后委托本城市指定经营大陆居民赴台湾旅游业务的旅行社，经台湾有接待大陆居民赴台湾旅游资质的旅行社，向台湾相关机构申请、代办入台相关出入境手续。需提交如下资料才能办理。

（1）台湾通行证。有效期在6个月以上的大陆居民往来台湾通行证照片页和有效G签注页的彩色扫描件。

（2）自由行申请表格。赴台个人旅游申请表一份（签名：手签），赴台个人旅游行程表一份（Word文档），紧急联络人登记表一份（签名：手签），随同亲属名册表一份（没有随同亲属的可不填），如果申请人为国家公务员，另需填写亲笔签名。

（3）身份证明。身份证正反面彩色扫描件，户口簿整本彩色扫描件（户主页、本人页及变更页逐一扫描）。

（4）紧急联络人的身份证明及资料表。大陆紧急联络人的身份证彩色扫描件及户口簿整本彩色扫描件。

（5）财力证明（以下3项任选一项）。

第一，银行开具人民币5万元的存款证明扫描件（存款期需要超过一个月）。赴台新规：凡提供银行存款证明作为资产证明的客人，资金存入日需在申请中国台湾地区入出境许可证前1个月。例如，2月3日申请2月15号赴台个人游，资金存入日必须在1月3日之前（含1月3日）。

第二，银行出具的信用卡（必须是金卡或金卡以上的双币卡，仅人民币信用卡不可用）正反面扫描件，反面必须要有签名。

第三，收入证明，年收入必须在12.5万元人民币以上，用带有公司抬头、单位名称、地址电话的公司便签开具，且有经办人手写签名加盖公司公章（一定要清楚）。

（6）照片。本人二寸白底彩色照片2张（一年内近照，要求露出五官）。

（7）年满18~20岁的在校学生。不用提供财力证明，需提供目前就读学校的学生证和在读证明及父母同意书。

（8）未成年人。未满18周岁不得单独申请台湾个人游，必须由直系亲属（只限父或母）陪同前往。与父母同行的，如户口簿能体现与同行的父母亲关系的，只需提供整本户口簿扫描件；如户口簿不能体现与同行的父母亲关系的，则需提供出生证明扫描件。

4.1.2 各国出入海关基本常识

1. 熟悉入关携带个人自用物品的规定

对于个人自用的生活用品，欧美国家一般没有限制，都准予入境。其中，对于入境旅客所携带的美元或其他外币（包括旅行支票），一般都准予入境，但旅客应该如实申报。在进入某国口岸之前，国际航班的服务小姐一般会发给每位旅客一份入境时通关用的海关申报单。旅客应该如实申报，包括随身携带的外汇及支票。对于入境携带的礼品，超过一定限额的，海关要收税。比如到美国，礼品价值超过 50 美元即要收税。

2. 明确各国禁止入境的物品

世界各国海关一般都严禁鸦片、海洛因、大麻等致瘾、致幻物品及其原料入境；大部分国家，特别是世界保护野生动物组织的参加国对于动物制品，如象牙制品、毛皮制品等，都有不同程度的限制。美国等西方各国海关禁止从象牙产地国进口象牙或象牙制品，也禁止进口虎、豹等濒危动物的毛、皮、骨制品等。美国、英国、日本等国禁止旅客入境时携带新鲜的水果、蔬菜或未经处理过的肉类。西亚的阿拉伯、伊斯兰国家对于有违伊斯兰教的书刊及其他印刷品、音像制品有较严格的进口限制。以色列对于反犹太教和损毁犹太民族感情的物品、印刷品等物品有严格的限制。

3. 各国出入境手续

各个国家（地区）对入出境旅客均实行严格的检查手续。办理这些手续的部门一般设在口岸和旅客入出境地点，如机场、车站、码头等。入出境手续包括以下几个方面。

1）边防检查

这项检查很多国家由移民局（外侨警察局）负责。入出境者要填写入出境登记卡片（有时航空公司代发卡片，可提前填写），交验护照和签证。卡片的内容有姓名、性别、出生年月、国籍、民族、婚否、护照种类和号码、签证种类和号码、有效期限、入境口岸、日期、逗留期限等。护照、签证验毕加盖入出境验讫章。

2）海关检查

海关检查人员一般仅询问是否有需申报的物品，但有的国家要入出境者填写携带物品申报单。海关有权检查入出境者所携行李物品，有的海关对个人日用品、衣物等的检查不十分严格，对持外交护照者可以免验。各国对入出境物品管理规定不一，烟、酒、香水等物品常常按限额放行。文物、武器、当地货币、毒品、动植物等为违禁品，非经允许，不得入出国境。有些国家还要求填写外币申报单，处境时还要核查。

3）安全检查

近年来，由于劫持飞机事件不断发生，因此对登机的旅客采取安全检查措施越来越普遍，手续也日趋严格，主要是禁止携带武器、凶器、爆炸物、剧毒物等。检查方式包括安全门检查、用磁性探测器近身检查、检查手提包、搜身等。我国也实行国际上通用的安全检查方法。安全检查往往根据当时的局势、国际的状况及其他方面的各种因素而定，所以有时较严，有时较松。

4）卫生检疫

入关时一般需要进行卫生检疫，交验黄皮书。目前，很多国家对来往某些国家、地区的旅客，免验黄皮书。但对发生疫情地区，则检查特别严格，对未进行必要接种的旅客，则会采取隔离、强制接种等措施。

4.1.3 其他知识

1. 各国汇率和货币知识

1）汇率

汇率就是人民币与美元或其他国家（或地区）主要流通货币之间不断变化而产生的比率。出境组团计调要学会利用汇率来扩大自己的利润。例如，某团在出发前已经核算好了价格和确认了汇率，一旦团队结束后，汇率升高或者降低，就会造成结算价格的变动，很可能为己方造成损失。利用汇率换算出对方的接待价格，对比解析实际接待成本及对方利润点、可能产生的边际效益是计调员对团队成本控制的一种重要手段。例如，出境组团计调组一个团到境外去旅游，在组团时，与对方确定的接待费用为10 000元/人，而出行当天，接待国币种升值了3%，则组团成本明显加大，接待费用变为10 300元/人，此时，应采取延缓支出以求平衡。当接待国的币种汇率下降了，或人民币升值了，此时应该赶快汇款，这样可以控制支出费用，起到节约成本、扩大利润的作用。

目前，全世界有150多个国家，其中大约有30种货币属于交易活跃的货币。单以这30种货币来说，每一种货币对其他货币一共有29种汇率，就会有435种不同汇率。汇率的确定方法随国际货币制度的变化而不断变化。

相关链接4-3

中国银行外汇牌价表

中国银行外汇牌价表会随时更新，现以2013年2月13日15：06：55发布的为准，见表4-1。

表4-1　中国银行外汇牌价表　　单位：人民币/100外币

货币名称	现汇买入价	现钞买入价	现汇卖出价	现钞卖出价	中行折算价	发布日期	发布时间
英镑	972.85	942.82	980.67	980.67	986.79	2013-02-13	15：06：55
港币	80.21	79.57	80.52	80.52	80.96	2013-02-13	15：06：55
美元	622.1	617.12	624.6	624.6	627.93	2013-02-13	15：06：55
瑞士法郎	676.57	655.68	682.01	682.01	677.81	2013-02-13	15：06：55
新加坡元	501.46	485.98	55.49	505.49	501.82	2013-02-13	15：06：55
日元	6.6785	6.4724	6.7254	6.7254	6.7024	2013-02-13	15：06：55
加拿大元	619.59	600.46	624.56	624.56	628.81	2013-02-13	15：06：55
澳大利亚元	642.49	622.66	647.65	647.65	644.79	2013-02-13	15：06：55
欧元	834.68	808.91	841.38	841.38	84.08	2013-02-13	15：06：55
澳门元	77.97	75.35	78.27	80.78	78.04	2013-02-13	15：06：55
泰国铢	20.81	20.17	20.98	21.62	20.89	2013-02-13	15：06：55

2）货币符号

货币符号是一种常被用来作为货币名称的图像速记符号。发行货币是一个国家主权的一部分，一般每个主权国家都有自己的货币。例如，人民币的表示符号是“￥”、但为了区别于货币符号同样是“￥”的日元，人民币的符号可写为“RMB￥”，部分国家和地区的货币符号表见表4-2。

表4-2　部分国家和地区的货币符号

国家（地区）	货币名称（中文）	货币符号（英文）	标准符号
中国香港	港元	HongKong Dollars	HKD
中国澳门	澳门元	Macao Pataca	MOP
中国台湾	新台币	New Taiwan Dollar	TWD
中国	人民币元	Renminbi Yuan	CNY

（续表）

国家（地区）	货币名称（中文）	货币符号（英文）	标准符号
韩国	韩元	South Korean Won	KPW
日本	日元	Japanese Yen	JPY
马来西亚	马元	Malaysian Dollar	MYR
新加坡	新加坡元	Ssingapore Dollar	SGD
泰国	泰铢	Thai Baht（Thai Tical）	THP
欧洲货币联盟	欧元	Euro	EUR
俄罗斯	卢布	Russian Ruble（or Rouble）	SUR
瑞士	瑞士法郎	Swiss Franc	CHF
英国	英镑	Pound，Sterling	GBP
加拿大	加元	Canadian Dollar	CAD
美国	美元	U. S. Dollar	USD
澳大利亚	澳大利亚元	Australian Dollar	AUD
新西兰	新西兰元	New Zealand Dollar	NZD

2. 地图知识

出境组团计调要掌握目的地国家的地图知识，掌握本社经营线路所覆盖地区行政区划图（荷兰政区图见图 4.5）、交通图、旅游景点导游图。在给客人制作旅游行程时要学会使用政区图和交通类地图，便于了解各个景点之间的空间位置和方位，使制定的行程更加合理；在给客人介绍游览线路时，要学会使用线路图，使客人对整个旅游活动的走向有一个清楚的认识；在给游客介绍旅游景点时，使用景区导游图，便于客人知道该景区景点的分布情况。在行程表中最好附上地图，这样客人会感到很高兴，也能非常清楚整个旅游活动要经过的地方。

3. 时区知识

时区是地球上的区域使用同一个时间定义。地球总是自西向东自转，东边总比西边先看到太阳，东边的时间也总比西边的早。东边时刻与西边时刻的差值不仅要以时计，而且还要以分和秒来计算，这给人们的日常生活和工作都带来了许多不便。为了克服时间上的混乱，1884 年在华盛顿召开的一次国际经度会议上，规定将全球划分为 24 个时区，它们是中时区（零时区）、东 1～12 区，西 1～12 区。每个时区横跨经度 15 度，时间正好是 1 小时。最后的东、西第 12 区各跨经度 7.5 度，以东、西经 180 度为界。每个时区的中央经线上的时间就是这个时区内统一采用的时间，称为区时，

图 4.5　荷兰政区图

并且规定相邻区域的时间相差 1 小时。当人们跨过一个区域，就将自己的时钟校正 1 小时（向西减 1 小时，向东加 1 小时），跨过几个区域就加或减几小时。

例如，中国东 8 区的时间总比泰国东 7 区的时间早 1 小时，而比日本东 9 区的时间晚 1 小时。美国东部与中国有 13 小时时差；美国中部与中国有 14 小时时差；美国落基山时区与中国有 15 小时时差；美国西部太平洋时区与中国有 16 小时时差；美国夏威夷与中国有 18 小时时差。世界主要城市与北京时间的时差见表 4 - 3。因此，出国旅行的人，必须随时调整自己的手表，才能和当地时间相一致。凡向西走，每过一个时区，就要把表拨慢 1 小时；凡向东走，每过一个时区，就要把表拨快 1 小时，并且规定英国格林尼治天文台为本初子午线，即零时（24 时）经线。

表 4 - 3　世界主要城市与北京时间的时差

国　名	城　市	与北京时差/小时	国　名	城　市	与北京时差/小时
美国	旧金山	-16	德国	柏林	-7
墨西哥	墨西哥城	-15	埃及	开罗	-6
美国	纽约	-13	俄罗斯	莫斯科	-5
法国	巴黎	-8	朝鲜	平壤	+1
英国	伦敦	-8	日本	东京	+1
意大利	罗马	-7	澳大利亚	悉尼	+2

4. 旅游资源和景区知识

出境组团计调应该十分熟悉目的地国家主要的旅游资源的基本情况，如该国有哪些自然旅游资源，有哪些人文旅游资源，它们的分布情况怎样，各个旅游景区之间的距离有多远，主要旅游景区的特色是什么，我们的游客喜欢国外的哪些景区，每个景区游览时间大约是多长，门票是多少，有哪些优惠政策。出境组团计调只有熟悉了这些旅游资源的基本情况，才能设计出令游客满意的旅游线路。

5. 宗教与风俗习惯

出境组团计调一定要熟悉目的地国家的一些宗教和风俗习惯。世界上很多著名国家及旅游城市之所以吸引游人前往，主要是因为其民族风格、风俗习惯及宗教信仰的独特魅力、留在历史长河中的谜团和名胜古迹充满神秘的诱惑，如泰国的人妖、印度的佛教、埃及的金字塔、南非的好望角、中东的耶路撒冷、欧洲的古堡与风情等。作为出境组团计调，熟悉旅游目的地国家的习惯与风俗，对于制定线路、策划产品、介绍线路都会带来意想不到的效果。还需要掌握一些国家的禁忌，如泰国小孩的头摸不得，印度的小孩抱不得。又如到泰国，去之前一定要弄清楚这些习俗：进入寺庙要脱鞋，女士见到僧侣要避让，游览大皇宫女士不能穿短裙和凉鞋。有不良卫生习惯的人千万要当心，在新加坡街头随地吐痰、乱扔废物，高额的罚款会让你脑袋大一圈。在制定“出团通知书”时，一定要把这些风俗习惯写在上面，提前告知游客，让他们能记住这些禁忌。

6. 酒店和餐厅知识

出境组团计调应尽量选择价格优惠、服务质量较高、安全有保障的酒店或餐厅；同时，应该熟悉入住酒店、餐厅的服务设施，并在“出团通知书”中将客人需要注意的事项注明，防止由于地域设施不同，给游客带来麻烦。例如，日本及欧美的电压为110伏而我国的电压为220伏，且欧美的插头型式与我国不同，因此出境组团计调应当在“出团通知书”中注明建议自行购买电压转换器。

【任务实训】

绘制目的地国家政区图

▶实训目的

了解境外目的地国家城市分布情况及旅游景点的分布情况。

▶实训内容

任选国外一个目的地国家，绘出该国家的政区示意图，并在政区图上标出改过的著名城市和主要旅游景点。

▶**实训步骤**

第一步：把班上的学生分成5个小组，分别代表亚洲组、美洲组、欧洲组、非洲组和大洋洲组。

第二步：在网上收集各个国家的政区图，每个小组选择1个或2个国家作为实训目标。

第三步：小组实行分工合作，分别负责绘制示意图、找著名城市、著名旅游景点。

▶**实训成果**

教师和学生一起归纳总结，每小组提交目的地国家政区示意图一份。

【任务完成】

通过对该任务的学习，学生掌握了出境旅游需要办理的各种证件和通关手续，明确了出境组团计调应该储备汇率、货币、时差、地图、酒店、景点、交通等各种知识，为设计出境旅游线路与报价、旅游服务的采购、团队操作打下了良好的基础。

任务4.2　出境旅游线路的开发与报价

【任务导入】

▶**案情介绍**

2012年3月5日，成都某国际旅行社出境组团计调李明接到成都某公司刘强的电话。刘强称自己是该公司负责人，该公司有17人准备去美国旅游10天，请该旅行社为他们设计一条美国10日游的旅游线路，要求独立成团，并给一个报价。计调员李明经过多次与刘强协商，为他们设计好了“美国西海岸+夏威夷10日游”行程，在双方确认行程之后，出境组团计调李明就开始向美国地接社询价、向国际航空公司询问机票折扣，在确认境外地接价和机票折扣后，李明马上向刘强报价2.38万元/人，费用包含签证费、机票费、境外接待费等，至于小费问题双方都没有提出。刘强认同此价格，约定3月15日到旅行社签订出境旅游合同并交付全部团款。当3月15日刘强来签合同时，李明才告诉刘强报价中没有含小费，要求每位游客要多交10天的小费（小费11美元/人/天×10天＝110美元/人），这时刘强等人拒绝再缴纳小费，他们认为报价2.38万元就包含了小费，不管李明怎样解释刘强始终认为成都某国际旅行社和计调员李明没有信誉，报价有欺诈行为，于是决定放弃在这家旅行社报团。

▶**问题：**

出境组团计调李明在给游客刘强等人报价中存在哪些问题？今后应该吸取哪些教训？

▶案例解析

李明在给刘强等人报价时没有详细说明报价包含的主要项目和不含的主要项目，特别是对是否包含小费双方都没有提及，李明认为不含小费是行规，刘强等人认为报价中包含了10天的小费。于是大家就此产生了分歧，导致该游客放弃了这家旅行社。

出境游报价包含的项目比较多，出境组团计调在给游客报价时一定要仔细，要详细说明报价包含的项目有哪些，不含的项目是哪些，有哪些自费项目，自费项目的价格是多少。一定要给游客一个详细的说明，否则就会因为费用问题产生不必要的纠纷，导致游客的流失。

【任务分析】

该任务主要内容涉及境外旅游线路的开发与报价两个方面的知识。出境组团计调需要掌握境外旅游线路的要求、内容及开发类型，需要掌握出境旅游线路的价格构成及报价方法。

4.2.1 出境旅游线路的开发

具有经营出境旅游资质的旅行社在境外不同的地区开发了很多条旅游线路。按出游方式来分，有散客旅游线路、包团旅游线路、自由行旅游线路、自驾游旅游线路等类型；按交通来分，有飞机团旅游线路、火车团旅游线路、邮轮团旅游线路等；按地区来分，有欧洲旅游线路、美洲旅游线路、亚洲旅游线路、大洋洲旅游线路、中东旅游线路和非洲旅游线路等类型。欧洲旅游最经典的是“法国、瑞士、意大利三国12日游”，还有“荷兰、德国、法国、瑞士、意大利5国15天游”等；东欧国家一般是“捷克、奥地利、斯洛伐克、匈牙利4国10天游”。北欧四国一般连着峡湾。美洲国家，美国主要分东海岸和西海岸旅游，主要有美一地14日游，东西海岸夏威夷旅游，美国、加拿大旅游。南美洲一般“是巴西、阿根廷、秘鲁、智利21天游”。澳洲线路一般是“澳大利亚一地9天游”，“澳新12天游”，”澳新凯13天游”。塞舌尔、毛里求斯一般是自由行，但是也会和迪拜、南非等做成连线。南半球以海岛游为主，因此海岛游成为秋冬季节的火热线路。

1. 出境旅游线路开发的要求

出境旅游线路的开发，主要是根据客源地旅游者对出境旅游线路和地区的需求，并针对他们的要求与欲望，结合旅游目的地国家或地区的旅游资源的分布，以及当地接待社的旅游线路，综合制定出符合旅游市场的旅游线路，具体有以下几个方面的要求。

（1）具有安全保障，能保证游客在境外的人身和财产安全。

（2）符合国家法律法规、部门规章、国家或行业标准的要求。

（3）正常情况下能确保全面履约，发生意外情况时有应急对策。

（4）满足不同消费档次、不同品位的市场需求，可供不同的旅游者选择。

（5）选择的地区对旅游者有吸引力。

2. 出境旅游线路的构成

1）线路名称

出境线路的名称，是线路的性质、大致内容和设计思路等方面的高度概括。因此，确定线路名称应考虑各方面的因素，并力求体现简约、突出主题、时代感强、富有吸引力等原则。出境旅游线路的名称一般由游览目的地国家或地区的主要城市、大交通、线路性质及游览天数构成。例如，“深圳直飞巴厘岛（见图4.6）梦之旅钻石五星蜜月5日半自助游”，这一线路名称表示了游览的主要目的地是巴厘岛，交通工具是深圳直飞巴厘岛，时间是5天，性质是半自助游。又如，“韩国首尔济州全景冬季滑雪四飞六日品质游”表明主要游览景点是韩国首尔、济州，时间是6天，交通工具是四飞，性质是品质游。

图4.6 巴厘岛风光

2）行程特色

行程特色是旅游线路的亮点和卖点，一定要突出你所设计的旅游线路的特色，即与其他旅游线路相比你的优势是什么，在哪些方面有特色。目前旅游业竞争十分激烈，很多旅行社在设计线路时都很注重突出行程特色。例如，台湾宝岛八日游的行程特色是：①全程四花酒店住宿（赠送两晚五花住宿），并安排各式台湾美食风味。②全程豪华空调旅游巴士。③适当安排具台湾特色购物点，皆为通过台湾质量保障协会认证的商店，绝不强迫旅客购买，尊重游客的消费意愿。④日月潭，故宫，阿里山，太鲁阁，国父纪念馆，101等所有台湾特色的景点，我们一一为您呈现！又如，成都直飞马尔代夫双鱼岛（见图4.7）4晚6天的行程特色是：①精选岛屿。岛比较大，岛上的风景很好，岛上设施比较完善，房型、餐厅选择比较多。②精选自由行。本产品为自由行，休闲舒适，行程根据个人意愿随意安排。

图 4.7　马尔代夫双鱼岛

3）行程安排

行程安排就是把从出发地到返回出发地之间的每天的交通、住宿、用餐、游览景点、娱乐项目、购物活动等做好详细安排，保证每天的旅游活动能够正常进行，其格式见范本 4－5。

范本 4－5　皇家加勒比邮轮“海洋航行者号”釜山+济州岛 5 日游行程安排表

第 1 天：上海—皇家加勒比邮轮。晚餐：邮轮上。住宿：邮轮。

晚上自行前往上海码头，在领队的协助下办理手续登上皇家加勒比邮轮公司旗下航行者系列豪华邮轮——海洋航行者号（预计开始办理登船手续时间为 12：00）。18：00 邮轮启航。

第 2 天：皇家加勒比邮轮（海上巡游）。早中晚餐：邮轮上。住宿：邮轮。

今天迎来全天的海上巡游，让轻松舒适来开启您的邮轮之旅。早餐后，您可以根据船上娱乐指南《CRUISE COMPASS》的安排，选择您感兴趣的游戏或课程参加。当然您也可以悠闲地躺在到泳池畔的躺椅上，什么都不做，什么都不想，只静静地享受此刻的碧海蓝天。

稍事休息后，建议您充分享受船上的休闲娱乐设施来度过愉快的下午。您可以选择去图书馆静静地读一本好书，或者参加双人 Cha Cha Cha 舞蹈课程，抑或到免税店去挑选自己喜欢的物品……总之，丰富多彩的娱乐项目会让您惊喜不断。玩累了，可以到自助餐厅吃个下午茶休息一下。

晚餐后剧院精彩绝伦的歌舞表演秀是一定不要错过的，如您受到感染意犹未尽的话，可以到船上的酒吧、舞厅来一展身手！

第 3 天：皇家加勒比邮轮（釜山/韩国）。早中晚餐：邮轮上。住宿：邮轮。

当地时间 7：00，邮轮抵达釜山。您可以在导游的带领下，参加“釜山岸上观光路线”。当地时间 18：00，邮轮离港，继续海上航行。请您至少提前 1 个小时返回邮轮，以免误船。

第 4 天：皇家加勒比邮轮（济州岛/韩国）。早中晚餐：邮轮上。住宿：邮轮。

当地时间 6：00，邮轮抵达济州岛。您可以在导游的带领下，参加“济州岛岸上观光路线”。当地时间 13：00，邮轮离港，继续海上航行。请您至少提前 1 个小时返回邮轮，以免误船。

第 5 天：皇家加勒比邮轮—上海。早餐：邮轮上。

当地时间 7：00，邮轮抵达上海。清晨，迎着微微海风，在甲板上享受一顿丰富的早餐。今天是告别美丽旅程的日子，您可以凭海临风，看着邮轮缓缓驶入上海港，熟悉的风景一一重现。

4）报价

报价是很重要的一部分内容，一定要注明报价包含了哪些项目，不含哪些项目，自费项目有哪些，自费项目的价格是多少，成人多少，小孩多少，小孩的费用包含哪些项目，是否有其他优惠政策等。这些都需要做详细的说明。

5）注意事项

出境旅游，出境组团计调一定要在旅游线路的最后附上在境外游览时的注意事项，把主要目的地国家或地区游览过程的安全、保险、出入关规定、法律法规、气候、购物、游览、住宿、用餐、风俗习惯、宗教信仰、禁忌等给游客交代清楚。这部分内容非常重要，一定要详细交代，并且以纸质形式发到每位游客手中。台湾地区旅途注意事项见范本4－6。

范本4－6 台湾地区旅途注意事项

一、为确保您的旅途安全，随团旅游途中不得脱团及从事规定行程之外的单独活动；不得前往当地政治、军事敏感地区；不得与当地人谈论统一、独立等敏感政治话题及涉及宗教、收入等个人隐私话题。

二、旅途中请听从导游员和领队的安排，如发现问题请及时向随团领队提出并协商解决。在旅游期间，团队集体活动要绝对遵守时间，团员不能擅自离团，不能滞留境外，须听从领队及导游员的安排。

三、如身体不适请及时告知随团领队。旅途中请随身携带个人必需药品及常备用药。

四、赴台旅游海关出入关有以下规定。

1. 所有国际性的违禁品皆列为严禁品，新鲜蔬果、腌制鱼、肉类品一律禁止带入。

2. 免税品包括洋酒一瓶（一公升）、香烟一条或200支（或雪茄25支或烟丝一磅；且20岁之后成年旅客才能携带）、香水少量、礼品适量。

3. 上述之外的行李物品价值在新台币2万以下者免税。

4. 台湾当局规定入境旅客每人只准带人民币2万或美元5千或同等价值外币，如外币超过规则必须在入境单上详实属名申报，以便在出境时可携带离境。

5. 打火机和液体物品严禁携带登机，摄像机等高档物品请办理海关手续。若违反以上规定，会有3000~15 000元的罚款。

五、注意事项。

1. 请勿单人外出随意活动，最好结伴同行，确保安全。外出时请携带饭店房卡或饭店指南，以备迷途时问路。在自由活动时间如发生意外，旅行社有义务陪同报警，但不负任何责任。

2. 旅行中请携带坚固、耐用、轻便的旅行箱，并做好辨明标志。个人证件、钱币、首饰等贵重物品请随身携带或存入饭店房间内的保险箱，切勿存放在饭店房间、行李箱、车内或交他人保管。

3. 台湾饭店房间内一般备有电热水壶和少量茶叶。部分饭店房间内设有付费频道，收视费用由本人自付。冰箱内的饮料、食品取用后在退房时请自己向前台结账。一般饭店内毛巾、牙膏、牙刷、香皂、吹风机等用品齐全。

4. 大件行李如委托饭店服务生代送至房间，请依照国际惯例每间房每次支付约50元新台币小费。

5. 台湾交通规则要求绿灯时车辆快速通过路口，因此行人过马路时应遵守交通信号。

六、旅行期间气候。

由于台湾地形特殊，南部较热，高山较凉，应常备雨伞；南北温差较大，敬请游客备好衣物；山区、海边有零星小雨，可携带雨具。台湾属海洋性气候，大体而言全年温暖，四季中以春冬的变化较大，夏秋变化较小，年平均温度约为22℃，平均最低温不过12℃，所以台湾的冬天看不到雪，只有在少数的高山地区，可以一瞥雪花的影子。夏季炎热，需注重防晒，注意打伞以避免紫外线过度侵袭。秋天的台湾，天气晴朗凉爽。

七、台湾饮食比较清淡，如不符合您的口味，请入乡随俗或自备榨菜、香辣酱等调节。用自助餐时，请吃多少拿多少，切勿浪费。飞机上用餐算正餐（部分航班无餐需自费），转机期间餐费自理。

八、在台湾部分商店购物时不能直接用人民币支付，所以抵台后在当地银行将人民币换成新台币（每人每次可兑换2万元人民币）。目前汇率为1元人民币约等于4.5元新台币。银联卡暂时只能在台湾观光局指定购物站使用。选购台湾电器要注意电压。（台湾地区电压110伏、大陆地区电压220伏）。

九、拨打电话：大陆>台北（00886-2-××××-××××）、台湾>大陆［00286+区号（28）+座机号码或00286+手机号码］。办理国际漫游的大陆手机可以直接在台湾使用。

十、旅费说明。

1. 旅费包含台湾签发的入台许可证、团队经济舱机票（不得退票、改期、签转）、行程中所列台湾饭店标准双人间含早餐、行程中所列餐食、导游、景点大门票及旅行社责任保险、个人旅游意外保险等所花费用。

2. 旅费不含台湾通行证费用、照相费、台湾个人消费。

十一、特别申明。

我社保留因入台证件、航班及其他不可抗力因素（如台风、自然灾害或遇政策性关闭等）调整行程的权利，费用一概不退游客。所持行程、行车路线及时间安排由当地导游员根据实际情况全权处理。

团队确认后因人力不可抗拒因素或遇政策性调整车费、船票、门票等价格，所超出费用由游客自理并按规定补交差额，我社不承担此费用。

团体旅游是集体活动，团体客人按惯例安排同性二人一房，12岁以下儿童不单独占床，夫妻团员可以在不影响总房数的前提下尽量安排同一房间，若出现单男单女房，导游员有权调配，若客人坚持须客人支付所增费用。

十二、温馨提示

贵宾们在旅游期间，贵重物品必须随身携带，如有遗失，旅行社可陪同报警，但不负任何责任。因台湾地区电压为110伏，为了方便您电器的使用，敬请自备转换插头。

3. 出境线路开发

1）直接采用境外接待社提供的旅游线路

散拼团游旅游线路开发，目前一般都是直接采用境外接待社提供的线路。由于境外旅游目的地接待社对本地的旅游资源、旅游设施更加熟悉，设计的旅游线路具有较强的操作性和实用性。因此，很多组团社就直接采用境外接待社设计好的旅游线路，只是根据游客的要求选择出发地城市到境外目的地之间的往返大交通工具，把来回的交通工具确定了，旅游线路就基本上确定了。例如，四川省青年旅行社出境部提供的美一地 14 天行程，就是在美国接待社提供行程的基础上，加上成都—洛杉矶的往返大交通就可以了。又如，梦之旅出境游网站提供的上海—圣彼得堡—莫斯科超值 7 日游，就是典型的散客旅游线路。该线路一般就是境外地接社提供的，组团社计调员在该线路的基础上加上出发地城市与境外目的地城市之间的往返大交通就可以了。

2）适当修改接待社提供的旅游线路

组团社对接待社提供的线路基本认可，然后根据游客的要求做一些小的改动，比如增加一些旅游景点，或者减少一些购物项目，提高餐标或住宿标准等。例如，北京某旅行社在欧洲接待社提供的德、法、瑞、意 4 国 13 日游行程的基础上，把原来的住宿标准提高了，用餐标准提高了，增加了半天的购物时间。又如，马尔代夫岛屿众多，接待社提供的行程一般是 6 天 4 晚的行程，但是由于岛上房型类型很多，因此，组团社会根据游客的要求修改一些行程内容，如住不同的岛屿，会重新选择房型［沙屋，水屋，日落（出）沙屋，日落（出）水屋］。

3）重新设计旅游线路

目前要求独立成团的游客比较多。独立成团一般都不会采用现成的旅游线路，旅行社将根据游客的要求重新设计个性化的旅游线路。出境组团计调就要认真研究游客的需求，与接待社一起共同开发能满足游客需求的旅游线路，即重新为游客设计旅游线路。重新设计旅游线路的流程与接待社开发旅游线路是一样的。四川省中国青年旅行社出境部为 17 位成都游客重新设计的“美国西海岸+夏威夷独立成团 10 日游”旅游线路见范本 4－7。

范本 4－7　美国西海岸+夏威夷独立成团 10 日游

一、行程安排

美国交通图见图 4. 8。

第 1 天：成都—东京，参考航班 NH948 CTUNRT（0930/1520）；东京—夏威夷，参考航班 NH1052 NRTHNL（2130/0930）。含：中晚餐。住：夏威夷。

今日集合于成都双流机场，乘机经东京转机，飞往世界著名的度假胜地——檀香山。夏威夷（Hawaii）在 1959 年 8 月 21 日成为美国第 50 个州，由夏威夷群岛组成，位于北太平洋中，距离美国本土 3700 公里，总面积 16 633 平方公里，属于太平洋沿岸地区，首府为火奴鲁鲁（檀香山）。抵达后进行“市区观光+珍珠港”游览（约 2 小时）。首先前往建筑外观相当典雅、也是美国领土上唯一的皇宫遗址【依兰尼皇宫】（外观）；披着金黄色外袍的【卡美哈美哈国王铜像】、夏威夷近代政治权力的象征【州议会】（外观）、被浓密树荫包围的白色建筑物【夏威夷州长官邸】（外观），【市政厅】（外观）参观举世闻名的【珍珠港】，美国太平洋舰队总部所在地，前往港中央亚利桑那号战舰纪念馆凭吊被日军炸沉的“亚利桑那号”战舰遗骸及 1000 多名阵亡将士纪念碑。晚餐后送往酒店休息。

图 4.8　美国交通图

第 2 天：夏威夷。含：早中晚餐。住：夏威夷。

早餐后进行“小环岛精华游”（行程约 2.5 小时）：游览【钻石头山】（途经），【高级住宅区】（途经）、欧胡岛有名的海滩之一——【恐龙湾】、【喷泉洞】、夏威夷族保护区大风口风景区【巴里大风口】，海浪、岩岸及沙滩，把岛屿的轮廓雕琢得千变万化，天空的蓝与光影，映照出海面的透明色彩，让海底礁石忽隐忽现，像瞬息万变的万花筒。随后，前往当地珠宝店和土特产店，自由选购您心仪的商品，随后入住酒店休息。

第 3 天：夏威夷—拉斯维加斯。含：早晚餐。住：拉斯维加斯。

早餐后乘机飞往充满着魔幻、夜夜笙歌、越夜越美丽的世界最大娱乐中心及最大的赌城——拉斯维加斯。这里是一座从沙漠里建起来的神奇城市，经过 100 多年的发展，如今这里已经成为了世界娱乐之都，每年吸引将近 4000 万的游客造访。在这个沙漠环绕的地方，所有的注意力都集中到热闹非凡的拉斯维加斯大道，大道两边充塞着自由女神像、埃菲尔铁塔、沙漠绿洲、摩天大楼、众神雕塑等雄伟模型，模型后矗立着美丽豪华的赌场酒店，每一个建筑物都精雕细刻，彰显着拉斯维加斯非同一般的繁华。世界上十家最大的度假旅馆就有九家在这里，其中最大的就是拥有 5034 个客房的米高梅（MGM）大酒店了。在拉斯维加斯游览就好像到了巴黎、纽约、埃及、中东，可以感受到在世界各地旅行的气氛。入夜后赌城的夜景、五彩霓虹、尖端科技的特效噱头令人赞叹神奇，有世界上最豪华和别致的酒店及享誉全球的精彩表演秀。抵达后，可自费“拉斯维加斯夜游”，无论是金殿的人造火山爆发、西泽宫的雕像秀，还是赌城中最神秘的百乐宫的壮观迷人的芭蕾水舞，都能令人达到无限的愉悦与欢畅。如有时间，您也可在威尼斯酒店外看威尼斯钟楼及水上游船，也可在幻象酒店观赏火山爆发及神奇丛林，或者前往西泽酒店经过奇幻欧洲购物大道去观赏会变幻天空色彩的神奇景观、巨大的欧式喷泉及木马屠城计的景观等。

第4天：拉斯维加斯。含：早中晚餐。住：拉斯维加斯。

早餐后，前往【科罗拉多大峡谷】。科罗拉多大峡谷是一处举世闻名的自然奇观，位于美国西部亚利桑那州西北部的凯巴布高原上，大峡谷全长446公里，平均宽度16公里，最大深度1740米，平均谷深1600米，总面积2724平方公里。由于科罗拉多河穿流其中，故又名科罗拉多大峡谷，它是联合国教科文组织选为受保护的天然遗产之一。大峡谷之令人向往，系于大自然的沧海桑田提供了完整的证据，其侵蚀的力量令人不得不赞叹大自然的无穷魅力。您可以从不同的角度欣赏阳光和岩壁折射的奇景，其壮观与艳丽无与伦比。科罗拉多大峡谷由几十个国家公园相连，其中尤以塞昂国家公园、布赖斯国家公园、拱门国家公园和纪念谷等最为著名。您还可以选择自费前往科罗拉多大峡谷国家公园耗资3000万美元建造的悬空透明玻璃观景廊桥【大峡谷天空步道 Skywalk】体验，天空步道直接建在科罗拉多河上空1200米的大峡谷的边缘，玻璃步道底部以454吨钢梁支撑，能够承受住72架波音飞机的重量，能够抵御80公里外发生的里氏8级地震和最高时速为160公里的大风。晚上可自费观看独特的【拉斯维加斯表演秀】。

第5天：拉斯维加斯—洛杉矶。含：早中晚餐。住：洛杉矶。

早餐后，自由活动，下午指定时间集合，之后乘车返回洛杉矶。

第6天：洛杉矶。含：早中晚餐。住：洛杉矶。

早餐后前往市内观光（约1小时），首先游览【星光大道】，人行道上镶嵌着一块块星形青铜图案，这里是著名的【日落大道】，记载了2000多名曾经在电影、电视等领域有所成就的名人。接着参观【文氏中国戏院】（外观），戏院门前守候着两只巨型石狮，这里是许多传奇影片的首映片场，戏院门前有许多著名影星的手印、脚印，引来无数影迷，接下来参观举办奥斯卡颁奖典礼的【柯达戏院】（外观），这里造价9000万美金，拥有1300多个座位，是奥斯卡金像奖颁奖典礼的永久会场。好莱坞的电影几乎离不开教堂的身影，您可参观《修女也疯狂》中的拍摄教堂（外观）。参观【好莱坞音乐中心】（外观），是20世纪20年代所建的露天音乐剧场，与天然景致结合为一，是洛杉矶交响乐团夏季演出的固定场所。之后前往▲【好莱坞环球影城】［含门票］游览（约6小时）。这里是世界上最大的电影、电视制片及电影题材为主的主题公园。影城占地420英亩（1英亩≈4046.86平方米），1912年成立。乘坐电动游览车参观各个好莱坞拍片工厂：旧金山地震区、洪水区、侏罗纪公园的恐龙区、大白鲨拍摄区、芝加哥大火拍摄区等。参观电影幕后制作及特殊摄影技巧，原本晴朗天空，忽然电闪雷鸣，倾盆大雨瓢泼而下，如电影中那样逼真。游览车还会经过一些如西部小镇、纽约、英国伦敦、德国柏林、罗马古城等电影拍摄场地。以表演为主的娱乐中心可观赏其中的水世界、魔鬼终结者。以著名电影为主题的游乐区，有以火灾为主题的电影《浴火赤子情》现场连火成海的景象，总计运用了40种以上的特殊效果，让您在这熊熊烈火中体验炙热的临场感。进入侏罗纪公园，带领您进入古代热带雨林之中，亲眼目睹恐龙生态的乘船之旅，并登上侏罗纪公园的顶部，感受由八层的高度向下俯冲的刺激。

第7天：洛杉矶。含：早中晚餐。住：洛杉矶。

早餐后，前往参观加利福尼亚州第二大城市圣地亚哥，这里是美国太平洋舰队最大的军港，美国海军第三舰队司令部及所属许多部队的司令部都驻扎于此，这里是太平洋海滨城市，是爱美人不爱江山的温莎公爵和辛普森夫人的定情地，以及美国共和党全国代表会所在地，也是美国西海岸最大造船商——美国通用动力国家钢铁造船公司的总部所在地。抵达后游览圣地亚哥军港，眺望第一艘钢构飞行甲板航空母舰——中途岛号航空母舰、战列舰、巡洋舰等，以及美国海军现役最先进动力航空母舰"里根号"等。从圣地亚哥海港码头上船，您可以欣赏到圣地亚哥海港风景，以及停泊在圣地亚哥海港的美国海军第三舰队。接下来登美丽的【科罗纳多岛】，参观享誉盛名的五星级全木质结构百年酒店——科罗纳多酒店，是加利福尼亚州古老的酒店之一，也是美国最大的维多利亚风格木质结构建筑，被确定为美国国家历史地标，玛丽莲·梦露曾经在此拍摄外景，大发明家爱迪生曾亲自为它装电灯。最后参观【圣地亚哥老城】。坐落在圣地亚哥市中心的圣地亚哥老城是一个美丽而充满乐趣的历史古城，它是加利福尼亚州的诞生地，是西班牙早期殖民地，同时也是第一批欧洲人定居所。这里有 150 多个商店，屡获殊荣的餐厅，17 个博物馆和历史遗迹。另外，还有免费现场表演、专业剧场、工匠，画廊和商店都在步行距离之内。之后返回洛杉矶，晚餐后返回酒店休息。

第 8 天：洛杉矶—旧金山。含：早中晚餐。住：旧金山。

早餐后，乘车前往旧金山。抵达后，可以自由游览旧金山夜景。

第 9 天：旧金山—圣何塞—东京。参考航班：NH1075 SJCNRT（1145/1610+1）。含：早餐。

早餐后，乘机飞往东京转机，飞越国际日期变更线，日期自动增加一天。

第 10 天：东京—成都。参考航班：NH947 NRTCTU（1715/2300）。

从东京转机飞往成都，结束此次美国之旅。

二、报价：人民币 23 786 元/人。

（一）费用包含

1. 国际间往返机票及美国境内段机票（经济舱、含机场税）。

2. 行程中所标明的餐食：早餐为酒店内用餐或外送早餐（拉斯维加斯段），餐标为 5 美元/人；午餐为中餐或自助餐（五菜一汤），餐标为 7 美元/人；晚餐为中餐或自助餐（六菜一汤），餐标为 8 美元/人。

3. 行程中所标明的美国酒店（双人标准间），全程为当地三星酒店。

4. 行程中标注为▲符号的景点首道门票（特别声明的除外）：好莱坞环球影城。

5. 全程提供巴士，专业司机。

6. 旅行社为客人购买的旅游意外保险。

（二）费用不含

1. 护照费、申请签证中准备相关材料所需的制作费和手续费。

2. 小费 11 美元/人/天×10 天＝110 美元/人（美国有付小费的规定，请在机场交给领队）。

3. 单房差（140 美元/人/晚）。

4. 交通工具上非免费餐饮费、洗衣、理发、电话、饮料、烟酒、付费电视、行李搬运、自由活动期间等私人费用。

5. 出入境的行李海关课税，超重行李的托运费、管理费等。

6. 美国境内段航班行李托运费用。

7. 费用包含中没有列明的部分。

8. 如因航空公司原因，西南城市联运段提前一天出发，出境口岸的一晚住宿自理。

三、购物说明

（一）指定购物店

1. 美国 DB Vitamin Outlet，地址：1021 S. Glendora Ave，West Covina，CA91790，主要商品有保健品、首饰品、名牌化妆品等，购物时间不少于 60 分钟。

2. 夏威夷 AMW 土特产店，主要商品有 NONI 系列、螺旋藻、蝦红素，夏果巧克力，购物时间不少于 60 分钟。

3. 夏威夷珠宝店，主要商品有海洋产品、深水黑珍珠、红珊瑚、绿宝石等，购物时间不少于 60 分钟。

4. 购物说明　以上购物场所及数量仅供参考，根据境外行程游览及时间安排会有适当调整，但全程进店总数不超过 3 家，百货商场、超市、加油站商店等不作为购物店范围。

（二）自费项目特别说明

1. 自费项目是推荐性活动，每位团员都在“自愿自费”的前提下参加，导游员组织自费项目不会带有任何强迫的因素。

2. 自费项目价格仅供参考，实际价格以美国当地为准。

3. 有些推荐项目价格为一定人数以上参加的团队价格，如果人数未达一定数额，具体价格将视参加的人数而做相应调整或无法成行。

4. 以上所列各项自费项目的价格包含了司导服务费、门票费、附加车费及相关预订费、讲解费用。

5. 团员自愿自费参加以上项目，并接受以上价格，请客人参加前慎重考虑，一旦付费后，恕不退还（依实际自费人数而定）。

6. 如遇天气、突发状况及不可抗力等因素造成自费项目无法成行，我公司将退还相关费用，敬请谅解！

四、境外法律法规

1. 美国法律规定，司机每行驶两小时后必须休息 20 分钟，每天开车时间不得超过 9 小时，且休息时间在 12 小时以上。

2. 美国政府规定：公共场合及房间内禁止吸烟！如被查到将会受到当地相关执法部门的重罚，根据各州法律规定的不同，对于罚款金额各有限定，罚款金额 500~10 000 美元不等，请游客一定要严格遵守美国的重要规定，以免造成不必要的经济损失！

3. 美国有付小费的习惯，是国际礼仪之一，是对服务人员工作的肯定与感谢，小费将会由领队在境外统一收取。

4. 行李箱请勿上锁，否则会被划开检查。

五、安全提示

1. 境外游览时游客应注意人身安全和财产安全。尤其景区、酒店大堂、百货公司、餐厅等游客聚集的地方更是偷窃行为多发地，游客务必随同导游员并注意结伴而行，在游玩过程中，时刻注意自己随身携带的物品的安全。

2. 乘坐交通工具时，现金、证件或贵重物品请务必随身携带，不应放进托运行李内；外出旅游离开酒店及旅游车时，也请务必将现金、证件或贵重物品随身携带。因为酒店不负责游客在客房中贵重物品安全，司机也不负责巴士上旅客贵重物品的安全，保险公司对现金是不投保的。

六、保险

1. 游客应在出行前请确保自身身体条件能够完成旅游活动。旅行社建议游客在出行前根据自身实际情况自行选择和购买旅行意外伤害保险或旅行境外救援保险。

2. 旅游意外伤害险或救援险承保范围不包括以下情况，游客在购买前应咨询相关保险公司！

（1）游客自身带有的慢性疾病。

（2）参加保险公司认定的高风险项目如跳伞、滑雪、潜水等。

（3）妊娠、流产等保险公司规定的责任免除项目。

七、风险提示

1. 境外的中餐厅在规模和口味上与国内相比有很大的差距，中餐厅规模都比较小，环境不如国内，饭菜口味为了适应当地的饮食习惯都已经比较西化，而且由于当地原材料和调料不够齐全，口味不纯正，故希望游客能够理解。

2. 行程中赠送项目若遇不可抗拒的客观因素和非旅行社原因，旅行社有权取消或变更行程。

3. 关于美国详细注意事项请仔细阅读出团前《出团通知》及《美国旅游须知》。

八、特别说明

1. 是否给予签证、是否准予出入境，为有关机关的行政权力。如因游客自身原因或因提供材料存在问题不能及时办理签证而影响行程的，以及被有关机关拒发签证或不准出入境的，相关责任和费用由游客自行承担。

2. 因不可抗拒的客观原因和非旅行社原因（如天灾、战争、罢工、政府行为等）或航空公司航班延误或取消、领馆签证延误、报名人数不足等特殊情况，旅行社有权取消或变更行程，一切超出费用（如在外延期签证费、住、食及交通费、国家航空运价调整等）旅行社有权追加差价。

3. 美国独特的人文风俗和历史环境，造就了各地风格各异的教堂、广场及喷泉等景点，这些景点一部分是免费对外开放的，领队会根据实际情况酌情安排部分景点入内参观；另外，部分景点如市政厅、议会大厦等，作为城市典型标志的同时，也是政府实际的办公地点，建筑风格极具当地特色，这部分景点是不能够入内参观的，游客可以外观并留影纪念。

4. 由于团队行程中所有住宿、用车、景点门票、餐食等均为旅行社打包整体销售，因此若游客因自身原因未能游览参观的则视为自动放弃，旅行社将无法退费用，请游客谅解。

5. 美洲不同的国家有不同的酒店星级评判标准，大部分酒店没有星级的挂牌，但是这类酒店都具备等同于行程中指定同星级酒店的设施标准和接待能力。

6. 分房以同性客人住一房为原则，如需住单人间，报名时应提出申请，并补交单间差；如报名时为夫妻、母子/父女（子、女需占床）、兄弟姐妹需住一间房请提前告知，在不影响整团出现单人间的情况下予以安排同住，否则以我社安排分房为准。根据地接社规定，12 岁以上小孩必须占床，12 岁以下小孩可选择是否占床，如不占床，请游客提前说明，具体费用根据所报团队情况而定；若一个大人带一个 12 岁以下儿童参团，建议住在一个标间，以免给其他游客休息造成不便。

7. 以上为参考行程，最终航班信息、行程顺序安排及餐食安排请以最终《出团通知》为准！由于团队票价已经是折扣价格，所以 12 岁以下儿童票价和成人票价一致。

8. 美国内陆航班：因机票资源紧张或者是到了美国线的旺季，有时要经另一个城市转飞目的地城市，有时还要将整团拆分为几个小团飞往目的地城市，同时机上不提供用餐，饮料费为 2 美元/份，请自备糕点。

9. 美国内陆段航班托运行李是要额外收费的，请您提前准备好费用，收费参考标准：第一件为25美元/件，第二件为35美元/件，超重部分另行收费；美国国际段航班容许携带两件托运行李，重量不超过23千克/件，超重部分另行收费。

10. 旅途中客人的购物纯属个人行为，对因商品质量问题而造成的经济损失和纠纷，与本公司无关，本公司不予承担任何责任。

11. 美国境内段脱团需要额外支付200美元/人的脱团费。

12. 因报名人数不足无法成团，旅行社在7天前（含7天）通知游客延期出团，或建议拼团，或旅客取消本次旅行计划，旅行社不承担违约责任。

九、预定特别条款

1. 定金为5000元/人，作为向航空公司支付机票定金保留机位和酒店的定金，游客因任何原因退团，旅行社将不予退还定金。

2. 以下几种情况，请注意将产生损失费用。

（1）被美领馆拒签：我社需要收取的损失费用（机票定金1500元/人+签证费1500元/人=3000元/人）。

（2）资料递交领馆后，由于客人的原因取消出行的，我社需要收取的损失费用（定金5000元/人+签证费1500元/人=6500元/人）。

（3）签证出签后，已向航空公司支付定金但尚未出票的，由于客人的原因取消出行的，我社需要收取的损失费用（定金5000元/人+签证费1500元/人=6500元/人）。

（4）若客人被美领馆拒签，而同行的其他客人签证出签后要求取消出行的，此时已向航空公司支付定金但尚未出票的，我社需要收取的损失费用（定金5000元/人+签证费1500元/人=6500元/人）。

（5）若客人签证出签，同时航空公司已经出完机票，此时客人取消出行的，因航空公司规定团队机票不允许改期、签转、退票，因此我社将收取包含但不限于机票、酒店、用车等实际产生的损失费用。

十、货币兑换、时差及使馆信息

1. 目前美元为美国主要流通货币，其他货币在使用或在美国兑换美元时都会有汇率上的损失，因此建议游客在出国之前换好所需美元。持中国银联卡可在美国境内部分商店刷卡消费，并可使用ATM取款。

2. 行程中所涉及地区目前与中国时差分别为，美国东部与中国有13小时时差；美国中部与中国有14小时时差；美国落基山时区与中国有15小时时差；美国西部太平洋时区与中国有16小时时差；美国夏威夷与中国有18小时时差。(夏令时则比标准时间早1个小时)

3. 中国驻美国大使馆联系方式：

地址：3505，International Place，N. W.，Washington D. C. 20008，USA。

电话：1-202-495 2266。

传真：1-202-495 2138。

注：该资料由四川省中国青年旅行社出境部提供。

相关链接 4-4

自由行旅游线路和邮轮旅游线路的开发

自由行旅游线路的开发：出境自由行产品是以度假和休闲为主要目的的一种自助旅游形式，产品以“机票+酒店+签证”为核心，精心为游客打造系列套餐产品。2003 年 7 月，国家开放了公民个人去香港旅游，2011 年 6 月 28 日正式实施大陆居民赴台湾地区个人旅游。中国香港、澳门、台湾地区以及东南亚地区也已成为“自由行”的热点。目前自由行的服务已大大超越“机票+酒店”的简单组合，而增加了丰富的附加服务。例如，可以使游客组合各种交通、酒店、一日游、门票等，“动态打包”出自己的特色行程。一些在线预订旅游服务商提供的地面服务非常丰富，有几十种接送、包车、观光游、票券等附加产品可以在出行前预订，仅仅接送和交通产品就包括了机场快线、机场至酒店的专车、穿梭巴士、包车专属游、全日通地铁票等，甚至还提供豪华车接送机服务。客人到了机场还有专门的柜台接待。自由行的时间自由度也在增强，以往的很多自由行只有周末才出团，被称为“周末购物团”。而现在许多产品拓展到除了周一和周日外天天都发团。旅游服务商对于合作酒店的储备也有所增加，游客可根据不同需要自由选择酒店入住。此外签证更方便等，也成为好消息。

邮轮旅游线路的开发：经过几年的发展，邮轮旅行已经成为了当今世上兼休闲、奢华、流行于一体的度假方式之一。这个巨大的移动城堡，带着旅游者探索广阔海洋的秘密，领略神奇的海洋生物，使旅游者真正感受到地球的“水之魅力”。目前主要的邮轮公司有歌诗达、皇家加勒比国际、丽星、何美、NCL、MSC 地中海等。主要航线有东南亚航线、日韩航线、港澳台航线、地中海航线、加勒比海航线、夏威夷航线、美墨航线、中东航线、澳新航线、极地航线等。

皇家加勒比邮轮海洋航行者号介绍：2012 年 6 月，皇家加勒比国际游轮将把旗下的“海洋航行者号”引入中国（皇家加勒比邮轮海洋航行者号见图 4.9），并将于 2012 年以上海为母港开设国际游轮航线。作为全球十大游轮之一，“海洋航行者号”进入中国后将成为中国乃至整个亚太地区最大的豪华游轮。整艘游轮犹如一座海上城邦，除舒适齐全的住宿选择外，各式餐厅、酒吧、精品店、图书馆、海上历奇青少年活动中心、皇家娱乐场、电影放映厅、夜总会、健身房、室内外游泳池、运动场等设施一应俱全。精彩之处不止于此，游轮上还拥有诸多突破传统的创意游轮设施，包括挑空四层的室内繁华商业大街——皇家大道，拥有弓形窗台、可俯瞰室内景观的皇家大道景观房，华丽壮观的三层主餐厅和烧烤、意大利、美式等多个特色餐厅，室内真冰溜冰场和直排轮滑道，高于海平面 200 英尺（1 英尺≈0.3 米）的攀岩墙，以及小型高尔夫球场等。各种激动人心的娱乐活动将最大程度地满足不同类型消费者的度假需求，并为广大游客的海上之旅增添无穷乐趣。

图 4.9　皇家加勒比邮轮海洋航行者号

4.2.2　出境旅游线路的报价

1. 出境旅游线路价格的构成

1）出发城市与境外目的地城市间往返交通费

在国际旅游活动中，选用最多的交通工具就是民用航空器。东南亚都是以包机为主，欧美旅游主要是控位置，平时散客量多，团队要位置的时候就方便。该费用包括机票费、机场建设费、燃油税附加费。机场建设费乘坐国际航线的班机为人民币90 元。

从国内出发到国外的航班很多，不同的航空公司通常会有不同的价格，即使是同一家航空公司的同一班次，在不同的售票点的价格也不同。而不同航空公司选择的机型和座位设置也有所不同，服务质量和机上餐食也不一样，这直接影响长途旅行的舒适程度和质量。国际航班的往返机票一般有短期特价和长期特价之分。短期价格一般分 30 天、45 天、3 个月之内往返有效。长期价格分半年和一年。

2）境外地接费

境外地接费包括境外目的地交通费、住宿费、餐费、景点门票费、导游服务费、保险等费用。境外接待社根据接待的标准和人数，给组团社一个总的报价。如果是独立成团，一般要求境外接待社提供分项报价。

3）签证费

办理签证需要缴纳签证费，每个国家的签证费不一样。目前欧美的签证多数都是1000 元以上，中东、南美等不开放的国家甚至要收 3000 元左右的签证费，而最便宜的当属我们近邻的东南亚国家。签证费有时包含在团费中，有时单独交。

相关链接 4-5

各国签证费用见表 4-4。

表 4-4 各国签证费用

洲际	国家	签证类别	工作日	直客/元	国家	签证类别	工作日	直客/元
亚洲	泰国	旅游		600	斯里兰卡	旅游	2~3	1300
	马来西亚	旅游	3	350	阿联酋	旅游	10	2300
		旅游加急	5	450	印度	商务/旅游	5~7	1650
	越南	旅游	4	800	韩国	商务/旅游	10	800
	缅甸	旅游	5~7	900	菲律宾	旅游	5	700
	老挝	商务/旅游	3	700	土库曼斯坦	商务/探亲	7	1800
	文莱	旅游	4	1000	吉尔吉斯斯坦	商务/旅游	5	2100
	柬埔寨	旅游	1	550	塔吉克斯坦	商务	5	1800
	蒙古	旅游	12~15	1700	伊朗	商务/旅游	8	2100
	尼泊尔	旅游	5	700	以色列	商务	10	1500
	孟加拉国	商务/旅游	3	900	沙特阿拉伯	商务	5	1500
	阿曼	商务	5	1700	巴基斯坦	旅游	5	1500
大洋洲	澳大利亚	旅游探亲（676）	7	2150	汤加	旅游	10	2500
	新西兰	旅游探亲	30	2180	斐济	旅游	10	2100
欧洲	法国	商务/探亲/旅游	10	2100	俄罗斯	旅游	5	2100
	比利时	商务/探亲	10	2000	摩尔多瓦	商务/旅游	5	1700
	意大利	商务/探亲/旅游	10	2100	土耳其	旅游	7	1000
	申根 24 国	商务/探亲/旅游	10	3000	阿塞拜疆	商务/探亲	3~10	1800
	英国	商务/探亲	5	2100	格鲁吉亚	商务/探亲	15	1800
	瑞士	商务/探亲	5	2100	乌克兰	短期	15	2100
	爱尔兰	商务/探亲	10	2100	希腊	旅游	30	3000

（续表）

洲际	国家	签证类别	工作日	直客/元	国家	签证类别	工作日	直客/元
中北美洲	美国	商务/探亲/旅游	2~3	2500	牙买加	旅游	10	1100
	加拿大	商务/探亲/旅游<, /SPAN>	7	2100	格林纳达	旅游	7	2700
	古巴	旅游	5	1200	墨西哥	旅游	10	2700
	巴哈马	商务/旅游	8	2100	哥斯达黎加	商务/旅游	10	2300
南美洲	秘鲁	商务/旅游	7	1000	智利	商务/旅游	1~2个月	1300
	乌拉圭	商务	2~3周	2100	哥伦比亚	旅游	7	1800
	厄瓜多尔	旅游	10	2800	巴西	商务	10	1200
	阿根廷	商务	10	2200	委内瑞拉	商务/旅游	10	2300
非洲	南非	商务	10	1100	坦桑尼亚	商务/旅游	5	1500
	肯尼亚	商务/旅游	5	1300	安哥拉	商务	7	2100
	博茨瓦纳	商务	10	3100	苏丹（南）	短期	3	2700
	科特迪瓦	商务/旅游	10	5100	埃及	旅游	5	700
	纳米比亚	商务/探亲	7	2000	突尼斯	商务/旅游	10	2000
	贝宁	短期	5	1800	摩洛哥	商务	7	2200
	毛里求斯	商务/探亲	7	2500	马达加斯加	旅游	5	1800
	乌干达	商务/旅游	5	2000	尼日利亚	商务	7	2100
	阿尔及利亚	商务	10	1500	刚果（金）	商务	7	2100
	赞比亚	商务	10	1500	埃塞俄比亚	商务/旅游	10	1600
	加纳	旅游	10	2300	科摩罗	旅游	20	2100

（资料来源：http：//www. 17u. net/wd/detail/4_ 449293. ）

4）领队分摊费用

具有出境资质的组团社必须派出领队全程陪同游客在境外游览，即负责办理登机手续、进出关手续、酒店入住手续及全程食住行游的质量监督。领队往返机票及税金、领队司机保险费用、领队司机导游酒店住宿等费用都要分摊在每个游客所付费用上。出境旅游领队一般都能申请到免费的机票，到达另一国后，领队、司机、导游员的住宿及景点门票一般都由另一国的地接旅行社解决，基本上都是免费的。如果团队人数不够或者申请不到免费的机票，或者境外接待社不解决领队、司机、导游员的各种费用时，就要分摊到团队里所有游客所付的费用上。

5）市内接送费用

市内接送费是组团社接送游客到机场（车站、码头等）的费用。目前在旅行社的实际操作中，组团社基本上都不包含这笔费用了，都是游客自己到机场（车站、码头等）去，回程时自己返回家中。如果是团队，需要安排接送时，在计价时就要加上这笔费用。

6）保险费

出境旅游一定要购买保险，保险分旅行社责任险和人身意外伤害险，旅行社责任险由组团旅行社购买，人身意外伤害险由游客自己购买，出境30元/人。

7）操作费用

获取操作费用（利润）利润是旅行社的根本目的，组团社应根据旅游市场的情况确定适当的利润，一般为5%~10%。

以上是出境旅游的散客和团队操作的一些基本费用，但是不同的线路包括的项目是不一样的，如自由行、自驾游等包括的项目就比较少一些，如自由行费用一般只包括机票、住宿及签证3项。在旅行社操作的常规团队中报价主要包含以下项目，详见表4－5。

表4－5　出境旅常规团队报价

报价包含的项目	报价不含的项目
1. 国际往返机票（含机场税）； 2. 团队旅游签证费； 3. 境外住宿费； 4. 境外用餐费； 5. 境外全程豪华游览大巴及专业司机； 6. 全程中文领队服务； 7. 行程中游览景点的首道门票； 8. 旅游人身意外险； 9. 旅行社责任险	1. 护照费； 2. 境外洗衣、理发、电话、饮料、烟酒、付费电视、行李搬运等私人费用； 3. 境外司机、导游员的小费； 4. 行李海关课税，超重行李托运费、管理费； 5. 行程中未提及的景点游览及其他费用，如特殊门票、游船（轮）、缆车、地铁票等费用； 6. 因交通延阻、罢工、大风、大雾、航班取消或更改时间等人力不可抗拒原因所引致的额外费用； 7. 签证相关的如未成年人公证，认证等相关费用

2. 出境组团社对游客报价流程

目前我们国家出境游的具体操作是由专线负责，收客主要是各服务网点负责，组团社对客人的报价应该分为几个步骤：首先是专线进行内部计价，然后是专线对服务网点报价，最后是服务网点对游客报价。即境外接待社向出境组团社专线报价—出境组团社专线进行内部计价　出境组团社专线在内部计价的基础上加上利润向服务网点报价—服务网点在专线报价的基础上加上利润之后向直客报价。出境组团社报价流程图见图 4.10。

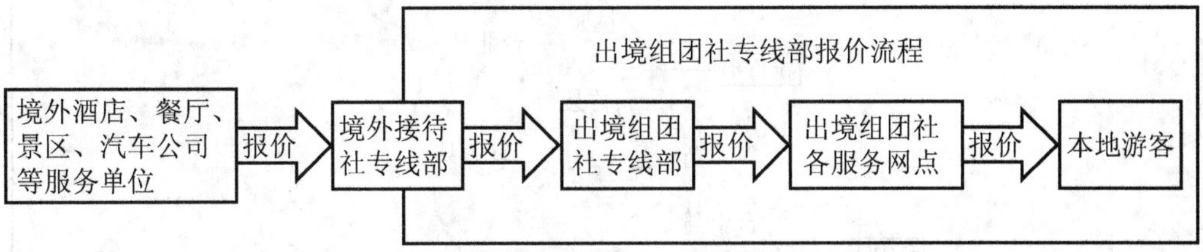

图 4.10　出境组团社报价流程图

注：方框部分属于出境组团社报价。

1）出境组团社专线部进行内部计价

出境组团社专线部根据境外接待社的报价、大交通费用、签证费、领队分摊费、保险费等进行内部计价，计算出接待本团的成本价，即出境组团社专线部计价=境外接待社的报价+往返大交通费用+签证费+领队分摊费+保险费等。

【例 4－1】 以四川康辉国际旅行社有限公司台湾操作中心提供的成都—台湾宝岛 8 日游（行程见范本 4－8）为例来说明组团社内部计价方法。

范本 4－8　成都—台湾宝岛 8 日游行程安排

台湾地图见图 4.11。

第一天：成都—台北机场（川航/国航/长荣）。用餐：晚（以具体航班为准，若为飞机餐算为正餐）。

集合于成都双流机场，搭乘班机自成都飞往台湾，抵达后由当地导游员接待，晚餐后返回酒店休息。或自行前往台北著名的士林夜市，品尝台湾小吃。

第二天：台北—南投。用餐：早中晚。

早餐后，专车前往台北【故宫博物院】，院内收藏有全世界最多的无价中华艺术宝藏，与美、英、法（罗浮宫）公认并列为世界四大博物馆。续往台湾最著名的【日月潭国家风景区】（含游船费用）这里是全台最大的淡水湖泊，因潭景雾薄如纱，水波涟涟而得名为“水纱连”。四周群峦叠翠，海拔高 748 公尺，面积 7.7 平方公里。后因湖为光华岛所隔，南形如月弧，北形如日轮，乃改名日月潭，参观日月潭农特产品中心【御芝园】。

第三天：南投—嘉义。用餐：早中晚。

早餐后，前往【中台禅寺】。这是一处相当知名的宗教寺庙，由惟觉和尚住持，最高点达 150 公尺，是一座划时代挑高崭新建筑造型。整个新建筑乍看下仿佛金字塔形态，另外架构包括讲堂、禅堂、关房、公园等设备俨然是一个清净佛国，人间净土世界。随后参观台湾特有的【茶叶展示中心】品尝台湾特有的高山茶，【阿里山森林游乐区】园区中的著名景点【阿里山神木】，接着前往【姐妹潭】相传有两姐妹同时爱上一名男子，因不忍相争，便在此双双殉情，故后人附会而称姐妹潭。（根据台湾当地的天气等因素决定，如遇无法上山，将根据实际情况进行安排，景点会另行调整，以最终出团确认行程为准!）

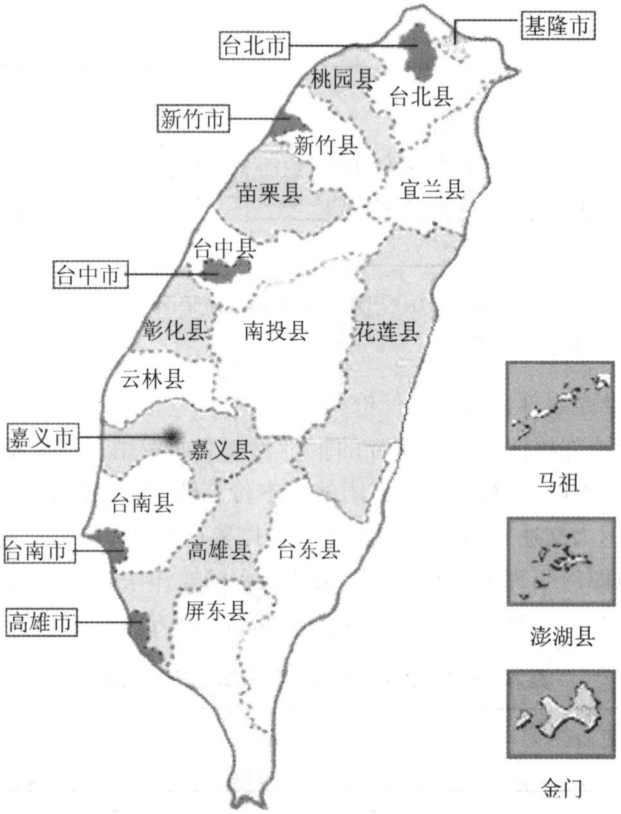

图 4.11　台湾地图

第四天：南投—高雄。用餐：早中晚。

早餐后，前往【高雄西子湾风景区】：西子湾在清朝初年期间，名为“洋路湾”、“洋子湾”，原本是一处以海水浴场及天然珊瑚礁闻名的湾澳，而位于半山腰的【打狗英国领事馆旧址】，是国内二级古迹，陈列有人文及地理历史背景及其他台湾文物史料，晚餐后前往酒店休息。晚间可自行前往高雄最著名的夜市“六合夜市”品尝著名的台湾小吃。

第五天：高雄—垦丁—台东。用餐：早中晚。

早餐后，参观【钻石展示中心】后出发前往【垦丁国家公园】。此公园位于台湾本岛最南端的恒春半岛，三面环海，东面太平洋，西邻台湾海峡，南濒巴士海峡。垦丁国家公园地理上属于热带性气候区，终年气温和暖，热带植物衍生，四周海域，海水清澈且无污染，因而珊瑚生长繁盛，自然景致保存优良。景区内有著名的猫鼻头和鹅銮鼻。后经南回公路前往台东。

第六天：台东—花莲—宜兰。用餐：早中晚。

酒店早餐后前往【珊瑚展示中心】，后沿花东海岸公路前往花莲，途中能够看到“水往上流”奇观、在“北回归线纪念塔”稍事停留观赏并摄影留念。游览花莲最著名的【太鲁阁国家公园】。首先前往【燕子口】。燕子口是指中横公路距靳珩公园约 500 公尺的大理石峡谷峭壁上无数小岩洞的奇景。续前往【九曲洞】，它为中横公路的一大奇观，著名的大理石峡谷，令中外游客叹为观止。前往花莲随后参观花莲的【大理石艺术中心】，随后专车前往宜兰。

第七天：宜兰—野柳—101—台北。用餐：早中晚。

早餐后，搭车经雪山隧道前往【野柳风景区】，参观奇岩妙石，可以与经典的女王头像、亲嘴的哈巴狗等岩石合影留念。后专车前往【台北国父纪念馆】，它是为纪念孙中山先生百年诞辰而兴建的。纪念馆占地35 000坪（1坪≈3.31平方米），为宫殿式建筑。馆外有中山公园环绕，还有九曲桥、池塘、假山、柳树等景色点缀。继往【台北精品店】及前往【土特产名店】品尝台湾特产凤梨酥，继续参观有"台北曼哈顿"之称的信义百货商圈、华纳威秀影城商圈、新光三越百货商圈及台北101大楼（登至89层，费用已含），这里可将台北盆地的全景一览无遗，白天的景观与夜晚的景色各有千秋。

第八天：台北—成都（川航/国航/长荣）。用餐：早中。

早餐后，前往免税商店购买免税品，之后出发前往机场搭机返回成都。

报价：6000元/人（同行价报价）。

费用包含：

1. 全程机票（经济舱），含机场税、燃油附加费；台湾签发的入台许可证件费。
2. 全程4花+5花 空调双人标准间。
3. 行程中所列餐食（14正餐，飞机餐算正餐），含早餐（7早）。
4. 全程豪华观光巴士。
5. 行程内所列景点门票。
6. 全程持证领队服务一名，台湾当地持证导游员一名。
7. 12岁及以下小孩不占床位（不含12岁）收总费用的90%，12岁以上收全额团费。
8. 旅行社责任保险及旅游意外保险。
9. 全程含司机和导游员小费50元/天，共计400元。

费用未含：

1. 客人在户口所在地公安局办理台湾通行证。
2. 行李物品的保管费及超重费，私人消费（如酒店洗衣费、电话费等），自由活动期间的费用。
3. 因交通延阻、天气、战争、罢工或其他不可抗力所引致的额外费用。
4. 行程中未提到的其他费用，如特殊门、游船（轮）、缆车、地铁票等费用。
5. 一切超出费用（如在外延期签证费，住、食及交通费，国家航空运价调整等）我公司有权追加差价。
6. 台湾没有自然单间，若出现单男或单女由我公司安排，领队将有权调配房间，客人如不接受此种方式，须在出发前补房价差。

注：此行程由四川康辉国际旅行社有限公司台湾操作中心提供。

具体计价如下。

（1）台湾某接待社向成都某旅行社台湾专线报的基本地接费用：2850元/人，包含以下费用。

车费：500元/人。

餐费：30元/人/次×12次=360元/人。

入台证：300元/人。

门票：阿里山45元+日月潭65元+垦丁鹅銮鼻5元+101大厦90元+台北故宫35元=240元/人。

导游员和司机的小费：50元/人/天×8天=400元/人。

住宿：7晚×150元=1050元。

（2）往返机票（含机建燃油税费）：2000+600元/人税金，

机票为暂定价格，最终价格以航空公司通知为准。

（3）领队摊销费用：120元/人。

领队往返机票及税金、领队司机保险费用、领队司机导游酒店住宿费用分摊。

（4）出境旅游意外保险：30元/人。

该台湾专线的内部计价=境外报价+往返机票费用+领队分摊费+出境意外保险费

=2850+2600+120+30=5600（元/人）

即该专线接待每位赴台旅游游客的成本价为5600元/人。

2）出境组团社专线部对各服务网点报价

出境组团社专线部在所经营地区开发了很多条不同的旅游线路，在对每一条旅游线路进行内部计价的基础上，加上每条线路的操作费用（操作费包含整个旅游行程的制定与落实费、航空机票出票操作费、境外旅游服务预定协调工作费、签证资料整理及证件办理费用等）就是专线部对服务网点的报价了。操作费用的多少根据具体的线路来确定，一般跟团游的利润低一些，一般是计价的5%左右，包团游的利润高一些，一般是计价的10%左右，即

出境组团社专线部报价=内部计价+操作费用（利润）

仍以上面的成都—台湾宝岛8日游行程为例，专线的内部计价为5600元，假定利润为400元（利润的多少由专线部自行确定，我们假定为400元/人来计算），那么，

该出境组团社专线部对服务网点的报价=内部计价+操作费用（利润）

=5600+400=6000（元/人）

一般每个出境组团社专线部在黄金周、每月都要向该旅行社所覆盖的服务网点下发接待计划，接待计划上就提供了每条线路的报价。下面表4-6~表4-8就是四川康辉国际旅行社有限公司出境操作中心提供给各个服务网点的2012年8~9月散客、团队、自由行、包机等各条旅游线路的报价。

表4-6　2012年8~9月中国港澳、新加坡、马来西亚散客、团队计划

出团线路时间		产品	大人价（元/人）	小童价不占销售价（元/人）	备　注
中国香港、澳门	8月20日	奇妙之旅	2380	3180	特色：香港往返，游览迪斯尼乐园、香港海洋公园；夜游维多利亚港、威尼斯人度假村。费用不含证件签证费用及一切个人消费
	9月2、6、10、17、22、25日电询	奇妙之旅	1880	2680	
新加坡、马来西亚	9月12、15、19、24日	新马品质游	3380	3780	国航往返直飞（含托运费）；游览世界名胜；已含马来西亚250元/人自费（含全程小费）。不含护照费和个人消费

注：该资料由四川康辉国际旅行社有限公司出境操作中心提供。

表4-7　2012年8~9月中国港澳、新加坡自由行计划

出团线路时间		产品	大人价（元/人）	销售价（元/人）	标　准
中国香港	9月2、6、10、17、22、25日	三星	2980	3280	朗逸（油麻地）、丽东轩（北角）、圣地亚哥（佐敦）、新乐（弥敦道）
		四星	3580	3880	九龙富豪（尖沙咀）、新圣地亚哥（佐敦）、丽景（尖沙咀）、铜锣湾维景、香港丽东（北角）
中国澳门	每周1、3、5、7日	三星	电讯	电讯	日航（尖沙咀）、富豪香港（铜锣湾）、海逸君绰（北角）、马可波罗（尖沙咀）
新加坡	9月12、15、19、24日	市区经济型	4580	4980	费用包含新加坡往返机票，税金，新段接、送机服务，酒店内早餐；新加坡4晚市区三星级住宿（小孩无床位）。费用不含证件签证费用及一切个人消费
		圣淘沙名胜世界亲子乐型	5980	6280	费用包含新加坡往返机票，税金，新段接、送机，酒店内早餐，环球影城门票及海事博物馆门票，名胜世界五星级酒店住宿2晚+市区住宿2晚（小孩无床位）；费用不含证件签证费用及一切个人消费
		我中心另提供其他东南亚国家机票、订房、代办证件、签证等业务			

注：该资料由四川康辉国际旅行社出境操作中心提供。

表 4-8 2012 年 8~9 月直航普吉岛包机计划

出团时间	标准	结算价（元/人）	直客价（元/人）	备 注
8 月 27、29 日 9 月 1 日	奢华普及深度游	特价		独家安排国际连锁五星海景房 2 晚，独家安排超五星考廊布里扎 2 晚，PP 岛酒店 1 晚。 特别升级顶级国际人妖歌舞表演，特别安排与众不同的 SPA，曾经获得金娜丽奖！ 独家安排攀牙湾泛舟、007 登岛、独家赠送梦幻王国幻多奇，美食大餐等着您！无自费！
9 月 6、8、11、13、16、18、21 日		4580	4780	
9 月 23、26 日	玩转普吉纯玩游	4780	4980	两晚国际五星中央格兰德+两晚海边五星+一晚 PP 岛，还可参观帝王岛、情人沙滩、蓝钻岛！
8 月 27、29 日 9 月 1 日	尊贵普吉体验游	特价		1 晚五星酒店+3 晚海边酒店+1 晚 PP 岛住宿。 独家奢华体验：国际五星 The Hotspring Beach Resort &SPA。 行程内赠送价值 3000 元的自费项目
9 月 6、8、11、13、16、18、21 日		3980	4180	
9 月 23、26 日		4180	4380	
温馨提示：包机操作，见定金为准留位！定金 2000 元/位				

注：该资料由四川康辉国际旅行社有限公司出境操作中心提供。

3）出境组团社服务网点对游客报价

出境组团社所属的服务网点对游客报价一般是采用成本加成法进行的。服务网点的成本就是专线提供的旅游计划上的同行报价，利润就是各个服务网点自行确定，一般是 300 元左右，当然要根据不同的时间、不同的线路来确定具体的利润。出境组团社服务网点对游客的报价＝出境组团社专线报价+服务网点利润。

仍以上面成都—台湾宝岛 8 日游行程为例，该专线对服务网点的报价为 6000 元/人，服务网点利润为 300 元/人（利润的多少由服务网点自行确定，我们假定为 300 元/人来计算），那么，

该出境组团社服务网点对游客的报价＝专线部报价+服务网点利润

＝6000+300＝6300（元/人）

通过以上的计算可以看出，成都—台湾宝岛 8 日游，地接价是 2850 元/人，往返机票（含机建燃油税费）2600 元/人，领队摊销费 120 元/人，出境旅游意外保险 30 元/人，专线内部计价为 5600 元/人，专线给服务网点报价为 6000 元/人，毛利为 400

元/人，服务网点给游客报价为6300元/人，服务网点毛利为300元/人。详见表4-9成都—台湾8日游计价报价分解表。

表4-9　成都—台湾8日游计价报价分解表　　单位：元/人

部门	成本		内部计价	对外报价	毛利
出境组团社出境专线	地接价	2850	5600	6000（对服务网点报价）	400.00
	往返机票（含机建燃油税费）	2600			
	领队分摊费	120			
	出境旅游意外保险	30			
出境组团社服务网点	专线报价	6000	6000	6300（对游客报价）	300.00

3. 出境旅游组团社整团（散拼团）成本结算

出境旅游组团社在经营一条线路时应该进行成本结算，结算应该包括5个方面的内容。详见范本4-9出境旅游组团社整团（散拼团）成本结算表。

1）团队（散拼团）和线路的基本信息

团队和线路的基本信息包括出团日期、线路名称、航班号、领队、参团人数、游客姓名等基本信息，要求把这些信息反映在结算表中。

2）总报价及实收费用

该团总报价是多少，具体的分项报价是多少，实收费用多少，未收回的余额是多少，余款什么时间收回。

3）成本明细

接待该团所支付的总成本是多少，分别由有哪些部分构成，在成本明细中注明机票（含税费）、票务提成费、领地分摊费、境外地接费用、签证费、小费等费用的具体数目。

4）费用开支情况

在接待该团过程中具体开支了哪些项目，每一笔都需要详细说明。

5）结算

接待该团总收款是多少，总成本是多少，本团的毛利有多少，还没有收回的余款有多少。

通过成本结算对该团的经营情况、获利情况有了一个详细的了解，可以为下一步的经营提供参考。

范本 4-9 出境旅游组团社整团（散拼团）成本结算

<table>
<tr><td>出团日期</td><td></td><td>线路</td><td></td><td>航班</td><td></td><td>领队</td><td></td><td>人数</td><td></td></tr>
</table>

<table>
<tr><td>团数</td><td>客源</td><td>人数</td><td>客人姓名</td><td>总报价
（明细）</td><td>实收款</td><td>余款</td><td>成本</td><td>毛利</td></tr>
<tr><td>1</td><td></td><td></td><td></td><td></td><td></td><td></td><td></td><td></td></tr>
<tr><td>2</td><td></td><td></td><td></td><td></td><td></td><td></td><td></td><td></td></tr>
<tr><td>3</td><td></td><td></td><td></td><td></td><td></td><td></td><td></td><td></td></tr>
<tr><td>4</td><td></td><td></td><td></td><td></td><td></td><td></td><td></td><td></td></tr>
<tr><td>5</td><td></td><td></td><td></td><td></td><td></td><td></td><td></td><td></td></tr>
<tr><td rowspan="5">成本明细</td><td>机票</td><td></td><td rowspan="2">地接 A</td><td rowspan="2"></td><td>签证 A</td><td></td><td>小费</td><td></td></tr>
<tr><td>税费</td><td></td><td>签证 B</td><td></td><td>自费</td><td></td></tr>
<tr><td>中段</td><td></td><td rowspan="3">地接 B</td><td rowspan="3"></td><td>保险</td><td></td><td rowspan="3">其他</td><td rowspan="3"></td></tr>
<tr><td>票务提成</td><td></td><td rowspan="2">名单</td><td rowspan="2"></td></tr>
<tr><td>领队分摊</td><td></td></tr>
<tr><td rowspan="4">费用开支</td><td colspan="6" rowspan="4"></td><td>总收款</td><td></td></tr>
<tr><td>总成本</td><td></td></tr>
<tr><td>本团毛利</td><td></td></tr>
<tr><td>欠款</td><td></td></tr>
<tr><td>备注</td><td colspan="8"></td></tr>
<tr><td>特别注意操作流程</td><td colspan="8">1. 预订机位，书面告知地接（准确时间及人数），预备领队。
2. 与同行签订转并团协议，回执盖章。
3. 收全款（团款若没收全，向账务详细说明原因）。
4. 收有效证件（护照为 6 个月以上有效期；通行证注意签注时效），或安排客人面试。
5. 送签证（算准送签时间，注意领馆假期）。
6. 仔细核对名单（拼音名、证件号、签证/注有效期）。
7. 行程及名单传给地接确认。
8. 与同行再次确认操作内容，发出团通知书，买保险。
9. 再次仔细核对名单！出机票，仔细检查机票（名字/航班）。
10. 上名单，送边防。
11. 与领队/送团人交接（机票、护照、领队现付款、代收款、行程、名单、胸牌、导游旗、出入境卡、领队计划表、意见表）。</td></tr>
</table>

注：该表格由四川省中国青年旅行社有限公司出境部提供。

【任务实训】

港澳旅游线路设计

▶实训目的

掌握境外旅游线路的设计方法和流程。

▶实训内容

以大学生为目标市场，设计一条港澳五日游旅游线路。

▶实训步骤

第一步：分析大学生旅游需求特点。

第二步：在网上收集香港、澳门的主要旅游资源。

第三步：在网上查询北京—香港的航班情况。

第四步：根据大学生旅游需求特点、港澳的旅游资源及航班情况，设计出一条你所在城市至香港的五日游旅游线路。

▶实训成果

提交设计好的电子版旅游线路（含线路名称、行程特色、行程安排、报价、服务标准、注意事项，香港交通图、香港旅游景点分布图）。

【任务完成】

通过对该任务的学习，学生掌握了出境旅游的开发要求、内容及开发的主要类型，能够独立地为旅游者设计旅游行程；明确了出境旅游线路价格构成、计价和报价方法，能够独立地为旅游者报价。

任务4.3 出境旅游组团计调采购业务

【任务导入】

▶案情介绍

2012年12月，西安某国际旅行社出境计调员小张组织西安某高校的26名教师参加新马泰10日游，安排了一名非常有经验的领队刘翔带领该团。可是在接团的前几天，小张的表弟马林找到小张，说他自己一直想带团到新马泰去，希望表哥能给他这个机会。小张开始不同意，因为他表弟虽然有领队证，但是平时都是在国内当地陪和全陪。他犹豫再三，最后还是换下了有经验的领队刘翔，让表弟马林带团到新马泰。

结果马林是第一次当领队，对领队带团流程不熟悉，在境外用餐、住宿、用车等方面都没有与地陪协调好，而且对当地旅游景点、旅游线路不熟悉，基本上不能很好地讲解每个景区的知识。26 名教师对这次旅游非常不满意，马林遭到了 26 名教师的集体投诉，该旅行社也遭受了经济损失。

▶请问

1. 出境计调员小张在安排领队时存在哪些问题？给 26 名教师和旅行社造成了哪些损失？

2. 出境计调员应该根据哪些标准来选择海外领队？

▶案例解析

1. 西安出境计调员小张在安排领队时，显然是用人不当，没有根据游客的实际情况来安排合适的领队，而是任人唯亲，让表弟马林带新马泰 10 日游团队。由于其表弟是第一次带出境团，不熟悉领队带团流程，使游客在吃、住、游等方面都受到影响，旅行社在经济上也受到了损失。

2. 安排领队上团是出境计调员的一项重要职责。在接待量较大的国际旅行社一名出境计调员要掌握十几名甚至几十名领队的基本情况。出境计调员应该根据接待团队的特点，合理安排合适的领队上团。在该案例中，由于出国旅游的是 26 名教师，出境计调员就应该根据教师的特点安排讲解能力强、组织能力强、经验丰富的领队来带团，不能因为个人感情视旅行社的利益于不顾。选择领队时，应该根据领队的能力、经验、业绩、讲解水平等，而不是与自己关系的远近，要想成为一名优秀的出境计调员就必须做到这点。

【任务分析】

出境旅游组团社计调员的采购业务主要有出发地城市与境外目的地城市之间大交通采购、异地接待社采购、领队服务采购、市内接送采购及旅游保险采购等内容。

4.3.1 国际往返交通服务采购

1. 国际航班知识

1）航班公司缩写代码及航班号

常用的航班公司缩写有日本航空公司（JL）、法国航空公司（AF）、英国航空公司（BA）、泛美航空公司（PA）。航班号用航空公司的两个英文字母和 3 个阿拉伯数字来表示，如 CA981，“CA”代表中国国际航空公司，“981”的 9 表示国际航班，8 表示中美航线，1 表示飞往美国的第一个航班。

2）航班起止点

依照国际惯例，在国际航空中，通常采用世界各大城市或机场英文缩写的前3个字母为该城市的代号，表示航班或航线的起止点。例如，北京—巴黎，即PEK—PAR。世界各大中城市和机场都有自己的三字代号，如果抵达的城市有两个以上的机场，在表示航班或航段起止点时就不用城市代号而用机场代号。比如，从北京到阿联酋沙迦即用PEK—sHJ表示。国外部分城市和机场代号见表4－10。

表4－10　国外部分城市和机场代号

国外部分城市3个字母代号				国外机场3个字母代号	
城市	代码	城市	代码	机场	代码
新加坡	sIN	伦敦	LON	东京成田机场	NRT
巴格达	BGw	洛杉矶	LAx	东京羽田机场	HND
曼谷	BKK	莫斯科	Mow	纽约肯尼迪机场	JFK
悉尼	sYD	纽约	NYc	纽约拉瓜地机场	LGA
东京	TYO	大阪	OsA	纽约涅瓦克机场	EwR
法兰克福	FRA	巴黎	PAR	巴黎戴高乐机场	cDG
香港	HKG	罗马	ROM	巴黎奥利机场	ORY
华盛顿	wAs	旧金山	sFO	伦敦希思罗机场	LHR

3）航班基本信息

出境组团计调员一定要掌握国际航班的起飞城市、经停城市、到达城市、航空公司、成人票价、儿童价格、婴儿价格、退票条件、税金及燃油附加费等基本信息。成都—纽约的航班信息见表4－11。

表4－11　成都—纽约（30天往返）航班信息

票价	RMB5300	航空公司	中国国际航空公司（CA）	往返，返回时间	30天
起飞城市	（出发地）成都	经停	北京	到达城市	（目的地）纽约
有效日期	2011年01月01日　至　2011年06月30日				
儿童价格	儿童票价为成人票价	婴儿价格		婴儿票价为儿童票价	
退票条件	退票以航空公司政策为准	税金及燃油附加费		以实际出票时间为准	
注	7~9月，美国旺季，价格以舱位为准				
其他说明	1. 以上机票为电子客票方式出票，不能开电子客票的城市除外。 2. 全程需确定旅行日期。 3. 机票未按顺序使用，不得退票。 4. 不提供免费食宿。 5. 以上票价为人民币报价，不包含任何税项。票价如有更改，恕不另行通知。				

4）订票的有关规定

出境旅游的国际机票一般为回程票或是联程票，正常的机票有效期为一年，但是值得特别注意的是旅游团的机票是团体票、优惠票、折扣票，因此，它没有一年的有效期，而且团队机票一概不能退、不能改、不能换；在行李托运方面，航空公司会免费托运两件行李（一件行李的三边之和在158厘米以内，两件行李的三边之和不超过273厘米，每件行李的重量不超过23千克）；手提行李，每人限一件，规格不得超过22英寸×14英寸×9英寸（1英寸≈0.025米）；乘机需凭登记卡和护照登机，登机口一般于飞机起飞前30分钟开启，于起飞前15分钟关闭；在飞行全程中应关闭所携带的手机；在飞机起飞前半小时和着陆前半小时，应确保手提电脑、CD机等电子产品处于关闭状态。

5）国际机票的税金

购买国际机票要交税金，在各网站上所查询的只是机票钱，不包括税金及燃油附加费。税金及燃油附加费需在出票时一起支付。购买国际机票时出现的税，是航空公司代当地国家政府收的税。国际机票的税大致分为3种：离境税、过境税、入境税。个别国家还有其他名目的税。例如美国，除了有上述税以外，还有海关使用税、机场税、动植物免疫检查费等。当然有些国家是不收税的，像中国、菲律宾等国家是不收税的。所以，如果你从中国去日本，单程没有税，但是往返则有税；或者你从日本出发回中国的单程机票是有税的，那是因为中国没有出境税，日本没有入境税，但日本有离境税。

税一般根据购买机票时的汇率发生变化，这就是上次购买机票和这次购买机票航程一样、税却不同的原因。当然相差的比率并不大。在一些国家，有的城市有税，有的城市没有税，如日本的东京、大阪有离境税，而札幌则没有税。

2. 国际机票的采购

1）确定采购对象

出境计调员应该通过各种渠道和方法收集国际航空公司、机票销售单位信息资料及负责人的联系方式，然后根据旅行社的线路需求，了解航空公司的规定及航空公司的经济实力，主要包括国际航空公司的机票折扣、机位数量、服务态度、航班密度、改/退票的手续及费用，机票销售单位信誉度、网络是否方便、付款方式、工作配合度、竞争优势、机票返利额度等信息。最后，确定多家本旅行社的采购对象。

2）签订合作协议

出境计调员与国际航空公司或机票销售单位经过多次协商之后，确定相关事项，然后双方签订正式的《经济合同书》，明确双方的合作关系及相互约定并备案。

3）整理相关资料

出境计调部要印制国际航空公司的航班、票价信息及相关规定、机票销售单位信息，然后分发给社内相关部门并备案，并根据航空交通部门的相关要求，设计并印制订购票所需的表单，如《订票身份证信息确认单》、《机票变更/取消单》等。

4）实施订购票业务

出境计调员根据接待计划和《经济合同书》的相关要求选择机票销售单位，向机票销售单位提出订票、购票需求，航空交通部门在约定的时间内出票，计调员在约定的时间内接票。也可以在网上预订机票，梦之旅机票预订单见图 4.12。

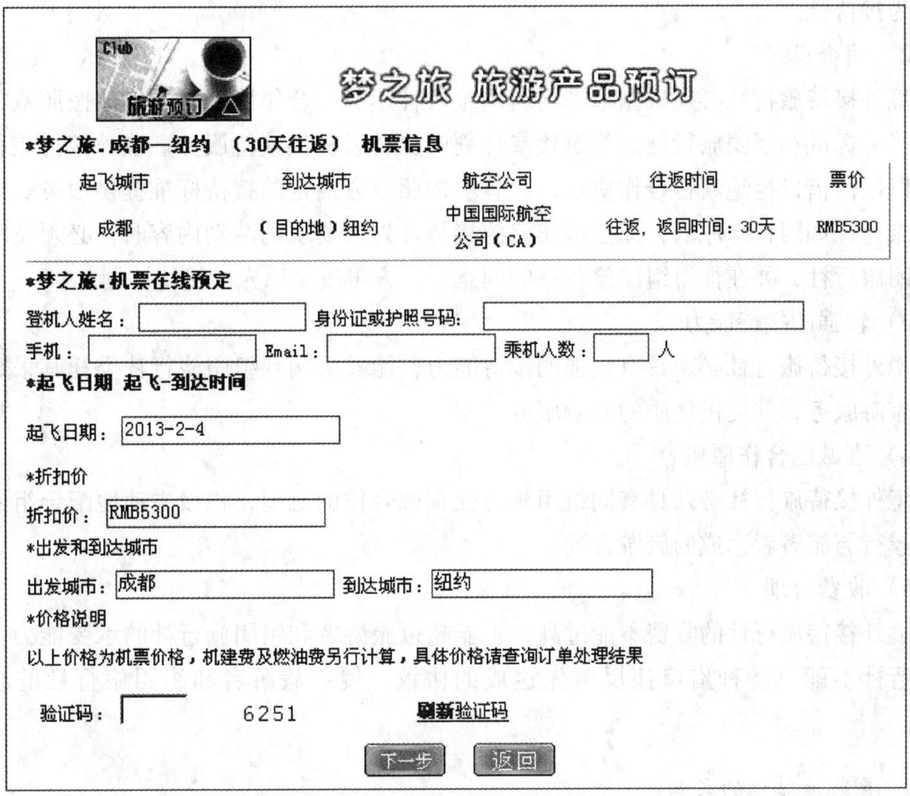

图 4.12　梦之旅机票预订单

5）报账结算

出境计调员根据本社的规定及《经济合同书》的要求，将订、购票的明细账及返利情况上报财务部门，财务部门审核无误后，根据约定付款时间及方式为航空交通部门办理结算事宜，并支付相应的票款。

4.3.2　境外接待社采购

1. 境外接待社选择标准

1）资质要求

各出境旅游组团社要选择国家旅游局推荐的有合法资质的旅行社为境外地接社。

要与境外地接社签订合作协议，建立直接业务关系，并将境外地接社的相关信息报本省旅游局行业管理处和质监所备案。出境旅游团队应直接交给签订合作协议的境外地接社接待。出境游散客原则上应通过省内组团社互为代理的关系拼团出境。如需通过第三地转手拼团，必须以书面形式征得游客的同意。台湾地区接待大陆居民赴台旅游的旅行社，大陆有关部门会同国家旅游局确认后，海峡两岸旅游交流协会公布之后才能作为接待社。

2）信誉良好

境外接待旅行社必须根据事先同组团旅行社达成的合作协议，严格地按照双方商定的接待标准和组团旅行社的旅游接待计划向旅游者提供接待服务。境外接待旅行社不得以任何借口拒绝履行合作协议，或者不按照双方商定的接待标准提供服务。境外接待旅行社如因特殊原因，无法落实旅游接待计划所要求的活动内容时，必须及时通知组团旅行社，并在征得组团旅行社的同意后，方可改变原先的接待计划。

3）较强的接待能力

境外接待旅行社必须具有较强的接待能力，能够采购到组团旅行社委托其采购的各项旅游服务，并提供优质的旅游服务。

4）真诚的合作愿望

境外接待旅行社必须具有同组团旅行社真诚合作的愿望，积极主动地配合组团旅行社履行与旅游者达成的旅游合同。

5）收费合理

境外接待旅行社的收费不能过高，不能超过旅游者和组团旅行社的承受能力。接待旅行社不能以各种借口违反事先达成的协议，侵害旅游者和组团旅行社的合法利益。

2. 异地地接社的采购

1）确定采购对象

出境组团计调根据本社经营计划，调查、收集境外地接社的相关信息资料，经过初步筛选后，对基本符合本社要求的境外地接社进行考察，重点考察接待质量和信誉等，通过考察后，进行综合比较和评价，与符合本社要求的境外地接社联系，初步协商合作事宜。

2）签订合作协议

出境组团计调根据协商的结果，利用本社的标准采购合同文本，拟定《合作协议书》；通过与境外地接社负责人谈判，协商具体的合作事宜，并签订双方认可的《合作协议书》。

3）整理相关资料

出境组团计调将签署的《合作协议书》进行编号、存档，并报送相关部门备案，将相关资料及规定列表分发给本社相关部门。

4）落实游览工作

出境组团计调根据游客的游览要求，制订境外异地接待服务采购计划，并落实具体的游览工作，将发团的人数、时间等具体要求，用传真发给境外地接社索要报价，根据境外地接社的回传传真确认情况，按照接待计划中的发团日期顺序排列存档，并将境外地接社联系人姓名、联系方式转告给接待部门。

5）报账结算

根据本社的财务规定和《合作协议书》的相关规定，及时将该团费用明细报财务部门，财务部门根据《合作协议书》审核无误后与地接社办理结算。

4.3.3 领队服务的采购

1. 领队服务采购知识

海外领队是指经国家旅游行政主管部门批准可以经营出境旅游业务的组团社的委派，全权代表该旅行社带领旅游团从事旅游活动的工作人员。海外领队必须具备 3 个条件：一是依法取得领队资格，获取领队证（领队证的核发程序见图 4. 13，邻队证见图 4. 14）；二是接受组团社委派；三是工作任务是带队出入境，监督旅游接待计划的落实，为客人提供相应的服务。领队作为国内组团旅行社的代表和团队利益的代言人，对组团社圆满履行旅游合同、提高游客舒适度和满意度、维护游客生命财产安全起着极其重要的作用。

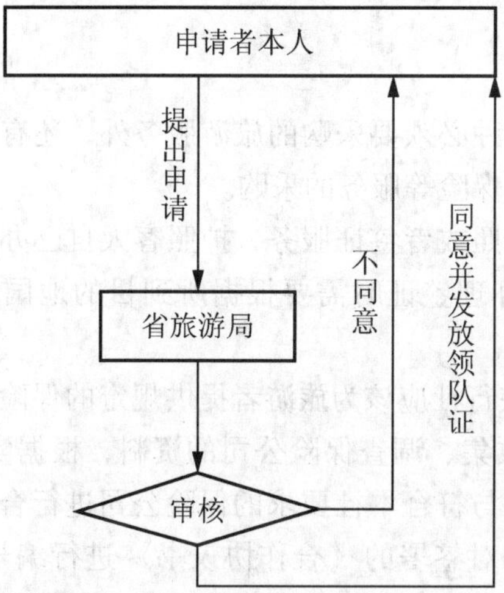

图 4. 13　领队证的核发程序

图 4. 14　领队证

2. 领队服务的采购流程

1）确定采购对象

出境组团计调应根据本社经营计划，调查、收集海外领队的相关信息资料，经过初步筛选后，对基本符合本社要求的海外领队进行考察，重点对声誉好、经验丰富的海外领队进行考察，通过考察后，进行综合比较和评价，与符合本社要求的海外领队联系。

2）签订协议书

出境组团计调通过与海外领队谈判，协商具体的合作事宜，根据协商的结果，利用本社的标准采购合同文本，拟定《海外领队聘用协议书》，签订双方认可的《海外领队聘用协议书》。

3）整理相关资料

出境组团计调将签署的《海外领队聘用协议书》进行整理、编号、存档，并报送相关部门备案，将《海外领队聘用协议书》分发给本社相关部门。

4）落实带团工作

出境组团计调根据游客的要求，通过对已签协议海外领队进行筛选，选择合适的海外领队，将发团的旅游行程、人数、时间、注意事项等具体要求，以出团计划单的形式发给海外领队，并提醒海外领队携带各项证件资料，协助海外领队处理带团过程中的各项事宜。

5）报账结算

根据本社的财务规定和《海外领队聘用协议书》的相关规定，及时将该团领队服务费费用明细报财务部门，财务部门根据财务规定和《海外领队聘用协议书》审核无误后与海外领队办理结算。

4.3.4 其他服务的采购

出境组团计调采购业务除了上述的各种必须要采购的旅游服务外，还有其他服务的采购，如代办护照签证服务、代办旅游保险等服务的采购。

出境组团计调有时需要为客人办理护照或者签证服务，护照客人自己办理的情况比较多，签证一般都需要旅行社办理，办理签证时需要根据所到目的地国的签证要求，让客人提供相关资料，然后进行办理。

根据《旅行社条例》及相关法律，旅行社应该为旅游者提供规定的保险服务。出境组团计调要认真理解旅游保险规定，收集、调查保险公司的资料，根据实际情况，与实力强、信誉好的保险公司协商洽谈，与符合本社要求的保险公司进行合作，代表旅行社与对方代表签订《合作协议书》。对签署的《合作协议书》进行编号、存档，并报送相关部门备案、整理与保险公司签订的《合作协议书》、相关资料及规定并列表，将列表分发给本社相关部门，通知收取保险费。将每一名投保游客的资料送发给保险公司，并请保险公司及时回复传真确认，注意接收《承保确认书》以此作为投保依据。在旅游途中发生意外事故时，及时通知保险公司并向导游员了解真实情况，必要时可进行现场考察，在保险协议规定的期限内向保险公司呈报书面材料，索赔时，真实地向保险公司提供相关方面的证明。

【任务实训】

国际航空服务的采购

▶实训目的

了解国际航空服务的查询及网上采购方法。

▶实训内容

北京—普吉、北京—巴厘岛、北京—沙巴、北京—塞班岛国际航班的查询与机票采购。

▶实训步骤

第一步：选择普吉、巴厘岛、沙巴、塞班岛作为机票采购对象。

第二步：在携程网及相关旅游网站上查询北京至普吉、巴厘岛、沙巴、塞班岛的往返航班号、出发时间、飞行时间、抵达时间，机票价格，并学会在网上采购国际机票。

第三步：记录这些返航班号的出发时间、飞行时间、抵离时间及机票价格。

▶实训成果

提交北京至该4个目的地的往返航班情况（列表说明）。

【任务完成】

通过对该任务的学习，学生掌握了国际航空服务的查询和采购方法，能够独立地为游客采购国际航空服务，明确了境外接待社和其他服务的选择标准和方法，能够独立地进行境外服务的采购。

任务4.4 出境组团计调操作流程

【任务导入】

▶案情介绍

2009年10月，李某夫妇二人报名参加了某国际旅行社组织新马泰三国16日游，与该国际旅行社签订了旅游合同，交纳了旅游费用，领取了旅游行程表。按照约定日期，李某夫妇二人到机场集合出境旅游。不料，到了机场后才发觉，这个出境旅游团共26人，是由三家旅行社组织招徕的，且这三家旅行社均未派领队，而是由这26名旅游者自行持票登机出境。到了境外后，当地接待社随意更改旅游日程，缩短景点游览时间，减少旅游项目，降低住宿标准等，严重损害了这26名旅游者的合法权益。为此，李某夫妇回国后，向旅游行政管理部门投诉，要求赔偿经济损失。该国际旅行社对此辩称：由于组团人数不足，所以将李某夫妇二人转让给其他旅行社，本社并未从中赢利；在境外旅游期间的遭遇，则是境外旅行社的问题，应由境外旅行社予以赔偿。

▶问题

计调员在组团过程中因出境旅游人数不够时是否可以拼团？应该如何处理拼团问题？旅行社的说法是否正确？

▶案例解析

旅行社因人数不足不能成团，可以将已与其签约的客人委托给其他旅行社。《旅行社条例》第36条规定：旅行社需要对旅游业务做出委托的，应当委托给具有相应资质的旅行社，征得旅游者的同意，并与接受委托的旅行社就接待旅游者的事宜签订委托合同，确定接待旅游者的各项服务安排及其标准，约定双方的权利、义务。

根据《旅行社条例》的规定，因境外旅行社违约，使旅游者权益受到损害的，由组织出境旅游的旅行社先承担赔偿责任，然后再向违约的境外旅行社追偿。该旅行社应退还旅游者合同金额与实际花费的差额，并赔偿同额违约金。

【任务分析】

出境团队有散拼团团队和单独成团团队两种情况，两种团队的操作方式大致相同，也有一些不同的地方。出境计调员的操作流程比较复杂，分为20个步骤，见图4.15。

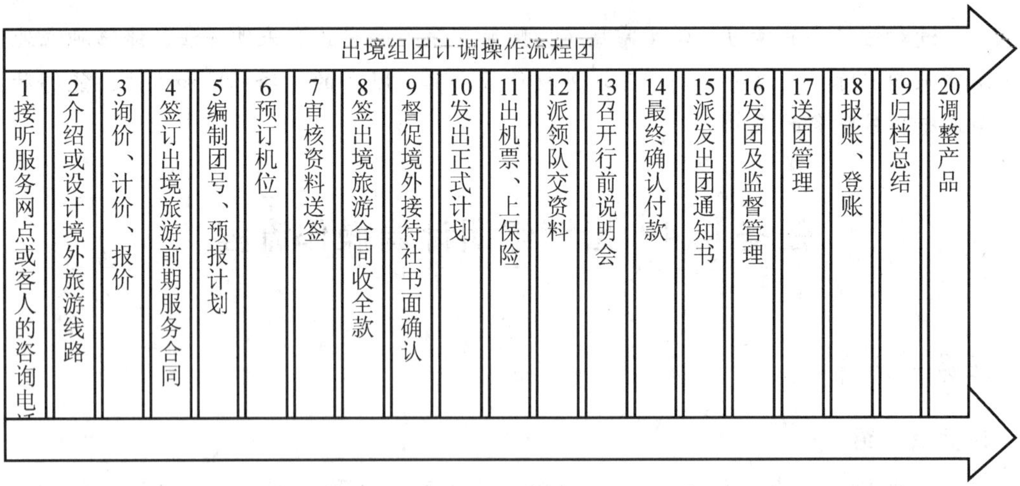

图4.15 出境计调员的操作流程

4.4.1 接听服务网点或客人的咨询电话

出境计调员在接听服务网点或客人电话时，首先要问清楚客人将去的目的地是哪里，也就是他们要去哪几个地区或国家。在接咨询电话时一定要做好电话记录，问清客人的基本情况和要求，如是散客还是团队，出团时间、往返大交通、住宿标准、人数、主要旅游景点、特殊要求。认真记录与客户谈话的要点，留下来电客户的联系方式。为了减少和避免工作中的失误，出境计调员应该重复确认客户提出的要求。

4.4.2　介绍或设计境外旅游线路

1. 推荐旅行社已有的经典出境线路

每个旅行社都有很多已经向市场公开推出的已经成型的出境旅游线路，在接受服务网点、团体、散客的咨询时，出境计调员就可以向客人详细地介绍产品的情况、产品的亮点、产品的报价及产品的价格构成等。让客人在众多旅游线路中选择自己满意的旅游线路。

2. 根据游客的需求重新设计旅游线路

如果是独立成团，出境计调员就必须根据客人的要求来重新设计旅游线路。出境计调员在设计旅游线路时，一定要根据客人的要求进行，经常与客人沟通，设计出客人满意的旅游线路。经过双方多次修改，最后设计出客人满意的旅游线路。经过双方多次洽谈，形成最终行程，最终行程作为询价和报价的依据。

4.4.3　询价、计价、报价

1. 向各地接社和国际航空公司询价

在团队送签之前，出团计调员将最终行程传真至境外各家地接社和国际航空公司询价。注意询价时选择合适的境外地接社报价是关键。询价时务必写明人数、出发日期、详细行程，包含内容为什么标准，如报价包含三星或四星酒店、中式午晚餐（五菜一汤，饭后水果）、中文导游员（中文导游员兼司机）、豪华旅游大巴车、常规景点门票、国际航班、保险、签证、特殊服务项目等各项要求。询价时必须认真填写询价单（见范本4－10），询价为最终依据，只有在询价的基础上才能报价。每个团队需要2家以上的地接社报价，保证最合理的价位。询价时要考虑签证邀请的问题，所有地接社都是接到确认后才发出邀请。

2. 出境组团社内部计价

出境组团社内部计价就是在向境外各地接社和航空公司询价之后，把地接社的报价、国际往返机票、机场建设税费、领队分摊费等加起来，之和就是出境组团社的总成本。

范本 4－10　旅行社计调部询价单

<table>
<tr><td>TO</td><td colspan="2">旅行社</td><td colspan="2">FROM</td><td>旅行社</td></tr>
<tr><td>电话</td><td colspan="2"></td><td colspan="2">电话</td><td></td></tr>
<tr><td>传真</td><td colspan="2"></td><td colspan="2">传真</td><td></td></tr>
<tr><td>手机</td><td colspan="2"></td><td colspan="2">手机</td><td></td></tr>
<tr><td>QQ</td><td colspan="2"></td><td colspan="2">QQ</td><td></td></tr>
<tr><td colspan="6">今有我社 21 人团队于 2013 年 2 月 12～25 日参加美一地 14 日行程，12 日从上海飞往纽约，24 日从洛杉矶返回，25 日到达上海。游览城市有纽约、华盛顿、夏威夷、拉斯维加斯、洛杉矶，美国境内全程要求入住五星级酒店，用车要求安排 25 座大巴 1 辆，司机和导游员分开，配备一名优秀导游员及一名经验丰富的司机，全程含餐，请尽快根据已经做好的行程做出报价。谢谢！（附上行程）</td></tr>
<tr><td>询价方式</td><td></td><td>开始询价时间</td><td></td><td>接到报价时间</td><td></td></tr>
</table>

3. 向各服务网点和游客报价

出境组团社在总成本的基础上加上一定的利润向各服务网点报价，各服务网点加上服务网点的利润再向游客报价。认真填写报价单（见范本 4－21），报价单要附上行程安排，以下以成都—台湾宝岛 8 日游行程报价为例。

范本 4－11　成都—台湾宝岛 8 日游团体报价单

<table>
<tr><td>客户</td><td></td></tr>
<tr><td>团号</td><td></td></tr>
<tr><td>询价</td><td></td></tr>
<tr><td>行程</td><td></td></tr>
<tr><td>人数</td><td></td></tr>
<tr><td>出团</td><td></td></tr>
<tr><td>报价</td><td></td></tr>
<tr><td rowspan="8">行程安排</td><td>D1</td></tr>
<tr><td>D2</td></tr>
<tr><td>D3</td></tr>
<tr><td>D4</td></tr>
<tr><td>D5</td></tr>
<tr><td>D6</td></tr>
<tr><td>D7</td></tr>
<tr><td>D8</td></tr>
</table>

（续）

报价包含
1. 全程机票（经济舱），含机场税、燃油附加费；台湾签发的入台许可证件费。
2. 全程4花+5花　空调双人标准间。
3. 行程中所列餐食（14正餐，飞机餐算正餐），含早餐（7早）。
4. 全程豪华观光巴士。
5. 行程内所列景点门票。
6. 全程持证领队一名，台湾当地持证导游员一名。
7. 12岁及以下小孩（不含12岁）不占床位收总费用的90%，12岁以上收全额团费。
8. 旅行社责任保险及旅游意外保险。
9. 全程含司机和导游员小费50元/天，共计400元。
报价未含
1. 客人在户口所在地公安局办理台湾通行证。
2. 行李物品的保管费及超重费，私人消费（如酒店洗衣费等），自由活动期间的费用。
3. 因交通延阻、天气、战争、罢工或其他不可抗力所引致的额外费用。
4. 行程中未提到的其他费用，如特殊门票、游船（轮）票、缆车票、地铁票等费用。
5. 一切超出费用（如在外延期签证费、住、食及交通费、国家航空运价调整等）我公司有权追加差价。
6. 台湾没有自然单间，若出现单男或单女由我公司安排，领队将有权调配房间，客人如不接受此种方式，须在出发前补房差。

4.4.4　签订出境旅游前期服务合同

针对那些签证不一定有保证的目的地，如欧洲国家，签证有时不能成功，游客出了签证费，而不能出去旅游。为了规避签了正式合同而又不能出行的一些风险，在办理签证前就应与游客先签订一份出境旅游前期服务合同。

4.4.5　编制团号、预报计划

游客签订了前期出境旅游服务合同之后，就开始编制团号。编制团号之后开始同时向境外接待社预报计划。预报计划的目的是使接待社将此团列入该社的接待计划，要求接待社尽早预订酒店、车辆等。预报计划的内容应该包括团号、旅游团的准确人数、团队抵离时间及交通工具、行程、食宿标准及其他要求等。

4.4.6　预订机位

预报计划之后就向国际航空公司预订机位，务必清楚航班时间和行程，并且提前预定、交名单。预订机票确认团队出发日期，计算好所做签证的工作日期，准备送签。

4.4.7 审核资料送签

1. 审核资料

收到客户资料后，出境计调员对出境客户资料进行详细审核。由于各个国家和地区所需资料有所不同，所以需要根据客人所选目的地的不同进行一一核对，主要是审核资料的完整性和有效性。一是确认正确详细的团队行程和名单。二是审核证件。由于每个国家办理签证的要求不一样，所以在检查护照时，主要是关注护照是否在有效期内，除个别国家外，大部分国家要求从出发之日要有6个月以上的有效期。港澳通行证要求游客返回之日在有效期内即可。三是审核签证。如果是客人自备签证参团旅游的话，确认签证是否有效，如无签证则需要填写“申请签证个人资料表”。审核完资料后，如果发现问题应立即与游客取得联系。及时将团队资料进行分类，建立团队文件包，贴上标签，注明线路和出团日期，在团队文件包中还要备有准确的行程表、收客名单等。

2. 送签

报名结束后，按照目的地国家签证要求，收集客人的签证资料（申请签证个人资料表见范本4－12），并严格预审，帮助客人按要求做好资料，尽量降低和避免拒签。去不同的国家和地区，对证件的要求是不一样的。例如，去香港、澳门，要提前办理港澳通行证，出发前再办签注；去台湾，要提前填写大陆地区人民出入台湾地区申请书，然后用提供的资料办理入台证；如果去韩国及东南亚国家，签证资料要求相对简单，要提供护照和照片办理；如果去亚洲其他国家（如日本）及欧洲、大洋洲、美洲的一些国家，也需要护照和其他相应的资料办理签证，但是资料要求就相对多些，审查时也比较严格，并且要保证所需的证件没有过期，是有效的。再比如，同是落地签，巴厘岛、马尔代夫等地，需要客人在报名时就把护照有照片那页传真过去，用于出机票，以及给地接社传过去做签证；而新加坡是落地团签，并不是客人到了地方才签，是需要客人在到达之前就由当地的地接社提前办完的，但要先发占位单过来。

最后，还要根据客人要去的国家和地区，知道准备资料、做签证需要多长时间，以此决定客人什么时间段的团能走。比如，东南亚签证需要3个工作日，日本签证需要5个工作日，欧洲申请签证需要10个工作日等。

签证签出以后，签证部要核对正确名单、签证有效期和签证生效期。

范本4－12　申请签证个人资料表

姓　　名		曾用名	
出生日期		身份证号	
出生地		国　　籍	
性　　别		婚姻状况	
护照号码		护照签发日	
月收入		护照有效期	
任职部门		职　　务	
办公电话		手机号码	
在职时间		邮政编码	
家庭住址			
邮政编码		家庭电话	
工作单位			
单位地址			
单位负责人		负责人职务	
邀请公司名称			
邀请地址			
邀请公司联系人		邀请公司电话	
负责人电话			
是否有同行人员，如有请注明并说明关系：			
是否有过该国签证记录： 是否有过该国拒签记录： 最近一次申请该国签证的签证类型： 最近一次去该国时间及离境日期：　　年　　月　　日—　　年　　月　　日 此次出国目的城市： 去和回的大概时间：			

家庭情况：

配偶姓名		出生日期		出生地	
单位名称					
职　　务		单位电话			
子女姓名1		出生日期			
子女姓名2		出生日期			

父母情况（父母姓名必须填写，包括已故）

父亲姓名		出生日期	
母亲姓名		出生日期	
备注 以上资料用于协助您申请签证，请如实填写（电话号码前请标注区号）。填写工整、清晰，并请注意签证申请表中的内容与签证资料的一致性，如职务、出行日期、停留日期等。 本人声明：以上所填内容完全属实，否则本人接受被取消申请资格并由本人承担造成的所有风险和损失！ 申请日期：　年　月　日　　申请人签名：			

4.4.8 签出境旅游合同收全款

签证成功之后，必须签订出境旅游合同。根据出境旅游合同的要求，填写相关项目，并且要将合同的内容告知旅游者，然后收齐全款，上交财务部门。

4.4.9 督促境外接待社书面确认

出境组团计调一定要督促境外接待社在最短的时间（8~24 小时）内书面确认。确认重点为境外机（车、船）票、用房、用车、结算等事宜。

4.4.10 发出正式计划

前期预报计划经过变更、确认后，出境计调员应该在团队到达境外第 1 站前 10~15 天内，将正式计划邮寄或传真至境外接待社。正式计划内容包括发团确认书，团队行程和各项服务的标准及特殊要求，团队游客资料（姓名、性别、年龄、身份证号或护照及签证号码等），各接团社名称、联系人及联系电话，旅行团委托协议书。正式计划用正式文件的格式打印，并加盖旅行社公章，每地寄出两份以上。它既是接团计划，也是对方的结算收款依据，应力求正确。一般在正式计划发出以后，不应再有大的变更，发计划应附上回执，以便对方寄回，确认收到无误。

4.4.11 出机票、上保险

团队出发前再次核对团队名单，出机票，仔细检查机票，看机票是否与行程吻合，游客姓名是否准确。如有错误马上更改。团队出发前，需要将团队名单、行程盖章之后传真至保险公司，为游客上保险。

4.4.12　派领队交资料

出境旅游必须要委派领队，领队作为国内组团旅行社的代表和团队利益的代言人，对组团社圆满履行旅游合同、提高旅游者舒适度和满意度、维护游客生命财产安全起着极其重要的作用。出境组团计调要根据游客的情况选派一名领队全程陪同。派遣海外领队，需要提前10天安排，并第一时间通知领队，以便领队做好相应的准备工作。将发团的旅游行程、人数、时间、注意事项等具体要求，以出团计划单的形式发给海外领队并提醒领队携带各项证件资料，协助海外领队处理带团过程中的各项事宜。领队资料表见范本4－13。

范本4－13　××旅行社出境领队资料表

<table>
<tr><td colspan="3">团号：CCT20080622TSM</td><td>团名：泰新马</td><td>领队：刘明</td><td>人数：16</td></tr>
<tr><td rowspan="6">资料</td><td>1</td><td>机票</td><td>16</td><td colspan="2"></td></tr>
<tr><td>2</td><td>护照</td><td>16</td><td colspan="2">16本</td></tr>
<tr><td>3</td><td rowspan="3">签证</td><td rowspan="3">16</td><td colspan="2">泰签全部做落地签证</td></tr>
<tr><td>4</td><td colspan="2">新签原件在泰国导游员处取</td></tr>
<tr><td>5</td><td colspan="2">15本马签已做好；1本马签办落地</td></tr>
<tr><td colspan="5">名单、行程、胸牌、旗子、意见表、出入境卡（示例）、申报表</td></tr>
<tr><td rowspan="10">现金</td><td>1</td><td>新加坡小费：</td><td>20</td><td colspan="2" rowspan="2">60×15＝900（元）</td></tr>
<tr><td>2</td><td>马来西亚小费：</td><td>40</td></tr>
<tr><td>3</td><td>泰国小费：</td><td>60</td><td colspan="2">60×15＝900（元）</td></tr>
<tr><td>4</td><td>马来西亚自费：</td><td>225</td><td colspan="2">225×15＝3375（元）</td></tr>
<tr><td>5</td><td>香港小费：</td><td></td><td colspan="2"></td></tr>
<tr><td>6</td><td>澳门小费：</td><td></td><td colspan="2"></td></tr>
<tr><td>7</td><td>泰国落地签证：</td><td>1000铢</td><td colspan="2">1000×16＝16 000（铢）</td></tr>
<tr><td>8</td><td>马来西亚落地签证：</td><td>240</td><td colspan="2">240×1＝240（元）</td></tr>
<tr><td></td><td></td><td></td><td colspan="2"></td></tr>
<tr><td colspan="4">小计：　元+　美金</td><td>领队签名：</td></tr>
<tr><td rowspan="3">地接社</td><td colspan="2">泰国：嘉泰旅运</td><td colspan="3">张扬：00661（01）－6242×××</td></tr>
<tr><td colspan="2">新马：伟年旅行社</td><td colspan="3">黎明：0065－97480×××</td></tr>
<tr><td colspan="2">成都：</td><td colspan="3"></td></tr>
<tr><td colspan="6">备注：请将机票带回公司。</td></tr>
</table>

注：该表由四川省中国青年旅行社出境部提供。

4.4.13 召开行前说明会

在办理好出国护照、签证和机票后，旅行社为了通报出国旅游的有关情况并了解客人的特殊要求，会适时召开出国说明会。时间通常安排在出国前 1～2 天，需 2～4 小时。出国说明会一般在旅行社召开，有时也在客人较集中的单位召开。为了表示旅行社对这次会议的重视，通常都会有旅行社经理以上人员出席，领队是出国说明会的主角。领队应代表组团社向客人介绍行程，回答提问。出国说明会主要做好下列工作。

1. 经理介绍整体安排

经理介绍领队及团队总的行程安排及重大注意事项，感谢客人对本旅行社的信任，表明旅行社热忱服务的态度。

2. 领队致欢迎词

欢迎词的主要内容是对游客表示欢迎和感谢；自我介绍；表达自己真诚服务的愿望；预祝游客旅游顺利。

3. 行程说明

向旅游团发放行程表，按行程表内容逐一介绍目的地国家（地区）的基本情况，特殊的法律制度和礼节礼貌、风俗习惯，并可穿插播放介绍旅游目的国（地区）概况的风光片。同时说明哪些属于自费项目，告知所经城市及集合时间和地点。

4. 落实有关事项

在说明会上应落实的事项包括分房、国内段返程机票是否已定或是否交款、是否包含机场税、是否有单项服务等特殊要求，是否有各种特殊要求，并登记好客人的特殊要求。

5. 说明有关注意事项

要求客人注意统一活动，强化时间观念及相互之间的团结友爱。提醒客人带好相关物品。相关物品包括有效证件（身份证、护照、通行证等），适合当地气候特点的衣物、太阳镜、雨具，洗漱用品，常用药品，照相机，摄像机，电池和充电器等。提醒客人每人可带的现金数量：港澳游者每人最多只准携带人民币 20 000 元和 2000 美元（或相当于 2000 美元的等值外币），出国游者每人最多只准携带人民币 40 000 元和 5000 美元（或相当于 5000 美元的等值外币）。

为了让游客切实做好出国准备工作，避免在境外出现旅游事故，建议旅行社领队将出国说明事项的主要内容印成书面文件分发给每一位游客，尤其要将海外自费项目价格、外汇兑换方式及兑换率、游客饮食及穿着提醒、游客安全注意事项等内容罗列其中，便于客人掌握。

4.4.14 最终确认付款

出发前24小时与对方核对计划，要求对方最终确认，向对方催要《结算单》。确认团队质量无异议，经财务部审核，总经理批准，（允许预付）将团款汇入地接社账户。确认团队质量无异议，经财务部审核，总经理批准，（允许预付）将团款汇入境外地接社账户。

4.4.15 派发出团通知书

根据最终落实的团队情况向海外领队派发出团通知书。给游客的出团通知书上包含团队的行程、出发时间、地点、紧急联系人姓名、电话、注意事项等信息。普吉包机出团通知书见范本4－14。

范本4－14 普吉包机出团通知书

亲爱的游客：您好！

欢迎您参加本公司20130212普吉5晚7天出境旅游团，我们将悉心为您安排优质的旅游服务。请您准时到达我们的集合地点以免发生误机事件。如因个人原因误机，后果将自行负责。

集合时间：2013年02月12日2130（21：30）集合。

集合地点：双流国际机场（T1航站楼）2楼国际出发大厅3号门。

送 团 人：小李 189××××0252 66222520。集合标志：泰好旅游。

领　　队：赵彪。

航　　班：去：成都—普吉 MU573 02月12日 航班时间2340-0245+1。

回：普吉—成都 MU574 02月18日 航班时间0245-0805。

在即将开始您的快乐旅程之前，我社提醒您注意以下事项。

1. 行李：托运行李以不超过20千克为准，托运行李请上锁，国际航班现在要求凡是液态状的物品均不能随身带上飞机，所以请务必将其放进行李箱办理托运，液态状物品超过100毫升必须托运。

2. 证件：旅游期间，您可不用带身份证、户口本等证件，只需要带上您的护照。护照及机票由领队统一保管，出入（中国及外国）国境时由领队发给您。

3. 海关：请注意看管好自己的行李，防止被别人调包，不要轻易为不相识的人带行李过关，也不要让陌生人为您照看行李。回国时请勿携带违禁物品。据泰国海关最新规定，凡进入泰国的外国游客须有足够的资金证明——等值于500美金（4000人民币）的外汇。泰国海关可能随机抽查，如客人因资金证明不足被泰国移民局遣返回国，所产生的费用和后果客人自负，故请贵宾准备好相应的现金以防抽查。

4. 天气：旅游国家地处热带，目前平均气温为36℃左右，请备好夏季服装、防晒物品、雨伞，但旅游车上较为凉爽，所以可适当准备长袖薄外套。
5. 饮食：东南亚饮食以酸甜或清淡为主，可能不合您的口味，敬请贵宾入乡随俗或自备榨菜、香辣酱等调节口味。
6. 货币：人民币在旅游目的地的一般商店不能直接使用，您可以以固定汇率在导游员处换取该国货币，未用完的当地货币可在离开该国时在导游员处以相同的汇率换回人民币。一些大型商场和行程内的参观中心接受人民币和银联信用卡，故如方便您可携带国际信用卡。
7. 住宿：旅游国酒店多为欧式酒店，为保护环境均不提供牙具、拖鞋、日常洗漱用品等“6小件”，请自行携带。个人财物请妥善保管，贵重物品可存放于酒店前台的保险箱。如团队人数出现单男单女，旅行社有权使夫妻分房或作加床处理。
8. 纪律：请配合导游员及领队的安排，务必遵守团体活动时间，互谅互让。在境外应尊重当地风俗习惯，在外旅游应注意安全，贵重物品请随身携带。旅游期间如要脱团，客人要自付脱团费60美金/人/天。自由活动时应三五成群，并在酒店总台领取一张酒店名片，以便走失时找回酒店。
9. 电话：在国外拨打中国电话请拨001-86-区号电话或者001-86-手机号码。例如，001+86+28+（85109926）或者001+86+18980023010。
10. 特别提醒：进入泰国的游客每人限带香烟1条（200支），超过1条，若被泰国机场税务局查到，没收所有香烟并罚款4400铢/条（相当人民币1000元/条左右）。
温馨提示：泰国为小费制国家，有付小费的习俗，请准备一些零钱付小费！在入境时，可能会向您收取10元/人的小费，为了您快速进入，建议您支付！

祝您旅途愉快！

4.4.16 发团及监督管理

出境组团社发团之后，团队在境外运行中，出境计调员应通过对接团社的监督，督促对方完成旅游合同。团队发出之后，出境组团计调要时时监控团队的异地运行，监控内容如下。

1. 监督境外地接社的接待情况

出境计调员在团队发出后应该履行监督职责。监督境外地接社的接待质量，具体监督方法可以通过组团社派出的领队或客人的信息反馈，发现问题及时纠正，消除各种隐患。

2. 监督领队的工作情况

出境计调员在团队发出后应该要求领队定期向组团社汇报团队的情况，同时还要向接待社了解领队在工作中是否认真履行了自己的职责。

3. 监督游客的游览情况

出境计调员在团队发出后应该向领队、接待社了解客人游览的情况，在第一时间发现问题，并及时与接待社协商解决，保证团队顺利游览。对游客违规要搜集证据，为以后处理问题留下依据。

4.4.17　送团管理

在团队顺利结束境外行程返回本地后，出境计调员与领队一起搞好送团工作。主动征求客人的意见，让游客高高兴兴地结束整个旅游行程。

4.4.18　报账、登账

在团队回国后根据地接社账单，导游员报账单、机票订单存底，以及签证数量，开始核算实际成本。做完成本单后交由销售人员本人签字，再由计调员签字后报备财务核算成本。在核算成本的同时将地接社和导游余款的账单做好支出单，让部门领导审核并签字，再由财务、总经理签字后，财务部准备付款。报账之后计调员将涉及该团的协议单位的相关款项及时登录到《团队费用往来明细表》中，以便核对。

4.4.19　归档总结

团队结束后，要将所有操作传真及单据复印留档，作为操作完毕团队资料归档。对参团客人进行回访，建立客户档案。在团队回国后叮嘱接团人收取护照和登机牌，将所有资料装入专门的信封或口袋并写上团队名称，存放入档案库，并在电脑里备份团队档案。团队操作流程结束，需要跟踪团队反馈，记录下团队历史记录中的重要信息，以便今后取长补短。

4.4.20　调整产品

根据产品销售情况、出团量、团队质量对产品进行适当调整。销售好的产品继续销售也可适当增加出团计划，销售欠佳的产品要总结是线路本身不够吸引还是市场等情况造成，如团队质量出现问题要追溯原因，对于接待单位也要磨合、斟酌和选择。

【任务实训】

出境计调员的操作流程

▶实训目的

掌握出境计调员的工作内容和操作流程。

▶**实训内容**

到学校所在地附近的国际旅行社出境部实地参观实习。

▶**实训步骤**

第一步：任课老师联系学校附近的国际旅行社出境部。

第二步：学生到旅行社出境部参观，出境部计调员给学生进行示范讲解。

▶**实训成果**

归纳总结出境计调员的操作流程。

【任务完成】

通过对该任务的学习，学生掌握了出境计调员在成团前期的业务准备、发团管理阶段及散团收尾阶段的操作流程与具体的工作内容，使学生能够在旅行社出境部进行简单的业务操作。

同 步 练 习

一、填空题

1. __________就是通过各种途径，将游客送抵旅游目的地国家或地区的旅游业务的操作者。

2. 中国大陆居民赴台旅游需要办理的证件是__________和__________。

3. 出境旅游一般办理团体签证，__________人以上的旅游团可申请办理团体签证。

4. __________签证的中文解释是“被批准的旅游目的地国家”，持有这种签证的人必须团进团出。

5. 到位于两国的边境或者两国的交界地区旅游，需要办理__________。

6. 汇率就是人民币与美元或其他国家（或地区）主要流通货币之间不断变化而产生的比率。如果境外接待国币种升值了，组团社成本就会__________。

7. 询价时必须认真填写__________，询价为最终依据，只有在询价的基础上才能报价。

二、单项选择题

1. 中华人民共和国公民出国旅游一般都是办理（　　）。

A. 外交护照　　B. 公务护照　　C. 普通护照　　D. 官员护照

2. 内地居民赴港澳团体旅游签发（　　），必须由旅行社根据旅游线路来安排在香港或澳门停留的时间，要“随团进出”。

A. S 签注　　B. L 签注　　C. G 签注　　D. T 签注

3. 办理入台证的时间至少需要（　　）天。

A. 2　　B. 5　　C. 10　　D. 12

4. 往来港澳通行证是（　　）往返港澳地区的旅行证件。

A. 港澳居民　　B. 外国游客　　C. 台湾同胞　　D. 内地居民

5. 巴黎位于东一区，东京位于东九区，当北京时间为上午 10：00，巴黎和东京时间分别是（　）。

A. 0：00 和 9：00　　B. 3：00 和 9：00

C. 3：00 和 11：00　　D. 5：00 和 11：00

6. 在国际旅游活动中，选用最多的交通工具就是（　　）

A. 民用航空器　　B. 火车　　C. 轮船　　D. 汽车

7. 出境计调员应该在团队到达境外第 1 站前（　　）天内将正式计划邮寄或传真至境外接待社。

A. 1~5　　B. 5~10　　C. 10~15　　D. 15~20

8. 派遣海外领队需要提前（　　）天安排，第一时间通知领队，以便领队做好相应的准备工作。

A. 1　　B. 5　　C. 10　　D. 15

三、多项选择题

1. 在我国居民出境旅游需要在我国办理的证件有（　　）。

A. 护照　　B. 港澳通行证　　C. 边境通行证

D. 台湾通行证　　E. 中国台湾地区入出境许可证

2. 2012 年 5 月 15 日实施的电子护照在传统本式普通护照中嵌入电子芯片，并在芯片中存储了持照人的（　　）。

A. 个人基本资料　　B. 面部肖像　　C. 指纹信息

D. 签证信息　　E. 家庭信息

3. 各国入出境需要办理的手续有（　　）。

A. 机票检查　　B. 卫生检查　　C. 边防检查

D. 海关检查　　E. 安全检查

4. 签证根据停留次数可分为（　　）。

A. 一次签证　　B. 两次签证　　C. 多次签证

D. 长期签证　　E. 短期签证

5. 出境旅游线路包含的内容有（　　）

A. 线路名称　　B. 行程特色　　C. 行程安排

D. 报价　　E. 注意事项

6. 出境旅游线路报价主要包含的项目有（　　）。

A. 国际交通费　　B. 境外接待费　　C. 签证费

D. 小费　　E. 保险费

7. 国际机票的税有很多种，但是主要的 3 种是（　　）。

A. 离境税　　B. 过境税　　C. 入境税

D. 机场税　　E. 海关使用税

四、判断题

1. 大陆居民赴台旅游，团队旅游办理 G 签注、个人旅游办理 L 签注。（　　）

2. 中华人民共和国护照的有效期一般为 10 年，16 岁以下中国公民的护照有效期为 5 年。（　　）

3. 当人们跨过一个区域，就将自己的时钟校正 1 小时，向东减 1 小时，向西加 1 小时），跨过几个区域就加或减几小时。（　　）

4. 旅游团队要办理落地签证，应事先经有关国家接待旅行社报该国签证机关同意后才能发团。（　　）

5. 出境旅游团队购买的机票是一般都是团体票，有效期为一年。（　　）

五、简答题

1. 开发出境旅游线路有哪些具体要求？

2. 简述出境组团社的报价流程。

3. 简述出境计调员采购服务的主要内容。

4. 出境计调员应该如何选择境外接待社？

5. 出境组团计调要时时监控团队的异地运行，应该监控哪些内容？

六、案例分析题

2013 年春节内地游客 20 多人夜宿大巴

2013 年 1 月，内地游客邓国华及亲友 20 多人通过“东莞市讯通旅行社”以 5 万多元包团赴港旅游。2013 年 2 月 12 日上午，邓国华一行人挂上“世通旅游有限公司”的团章入境，当晚旅行社称因香港酒店房间爆满，只能让团友入住邮轮。13 日上午，由于接驳船爆满令团友“被困”邮轮，邓国华愤而跳海，后被制止。13 日当晚，该旅行社称邮轮房间也爆满，邓国华一行人被迫夜宿旅游大巴直至前日凌晨报警求助。他们表示在合约中列明到港入住的是“三星级酒店”而非邮轮，对于遭到不公待遇他们将追究到底。

▶请问

造成邓国华等 20 多人住宿由三星级酒店降为夜宿邮轮，再次降级为夜宿大巴的原因是什么？组团社今后应该从中吸取哪些教训？

5

入境接待计调实务

项目概述

本项目主要介绍入境接待计调应掌握的基本知识、主要业务及工作流程。首先，介绍了入境接待计调应该掌握的各种知识。然后，阐述了入境旅游线路的设计与开发、定价与报价及入境接待服务的采购方法。最后，详细地分析了入境接待计调的整个工作流程。该项目分为4个任务，每个任务都按照“任务导入—任务分析—任务实训—任务完成”来组织安排。

知识目标

1. 了解入境接待计调在国际法律、证件、海关、客源国习俗和禁忌等方面的基本知识。
2. 熟悉入境旅游线路设计、开发、定价、报价。
3. 明确入境接待服务的采购内容和方法。
4. 掌握入境接待计调的工作流程。

能力目标

1. 能独立地设计入境旅游线路，并对其设计的旅游线路进行定价和报价。
2. 能及时地采购各地接待服务。
3. 能够在国际旅行社进行入境计调操作。

任务5.1 入境接待计调知识储备

【任务导入】

▶案情介绍

某个旅行社有个日本团，计调部经理在派车时，只考虑到车况还可以，司机也常做外团，因此就派了这辆较新的黄色金龙车。而做旅游的人应该知道，日本人是忌讳黄色的。当年，可口可乐和百事可乐竞争日本市场，就是因为百事可乐的包装盒是黄色的，可口可乐的易拉罐包装盒是日本人喜欢的红色，从而导致了百事可乐进军日本市场的失败，可口可乐取胜。可是，当地陪问计调部经理时，该经理却怪地陪不早说。

▶请问

计调部经理应该知道客源国的概况吗?

▶案例解析

作为计调部经理，他应该知道我国主要客源国的概况及其忌讳。计调员在工作时应该全面细致，比如，在向用车单位下订单时，不仅要落实用车时间、接车地点、座位数，还要对车容、车貌、车况进行了解。在航空票务方面，不仅要对票务中心报计划，还要对机型、航空公司、航班时间等进行跟踪。因此，作为入境接待计调应该对我国出入境管理的相关法律法规、入境签证的签发、入境签证的签发、主要客源国特殊喜好和禁忌、国际时差、中国少数民族知识等知识都要有一个全面的了解。

【任务分析】

旅行社入境旅游业务，是指旅行社招徕、组织、接待外国旅游者来我国旅游，香港特别行政区、澳门特别行政区旅游者来内地旅游，台湾地区居民来大陆旅游，以及招徕、组织、接待在中国内地的外国人，在内地的香港特别行政区、澳门特别行政区居民和在大陆的台湾地区居民在境内旅游的业务。

旅行社入境旅游业务，是指旅行社招徕、组织、接待外国旅游者来我国旅游，香港特别行政区、澳门特别行政区旅游者来内地旅游，台湾地区居民来大陆旅游，以及招徕、组织、接待在中国内地的外国人，在内地的香港特别行政区、澳门特别行政区居民和在大陆的台湾地区居民在境内旅游的业务。

入境游客主要来自于境外直客（即“自联”）和国内客户（即“横向”或者地接）两种情况，其中境外直客又包括境外团队（境外旅行商和专业机构）和境外散客（游客或者直客联系），国内客户又包括国内旅行商和国内相关机构组织的团队和散客。见图5.1。

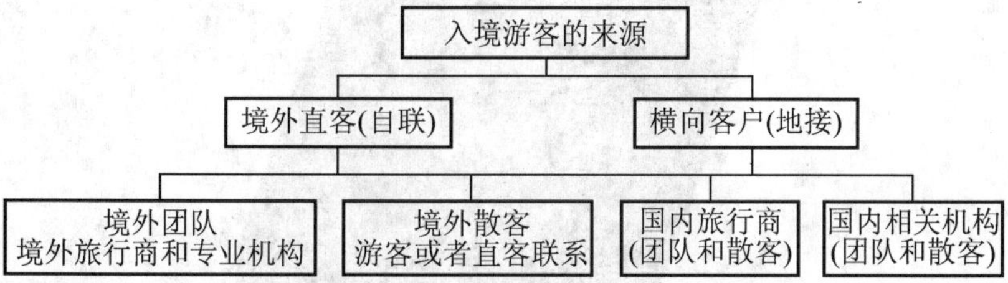

图5.1　入境游客的来源

入境接待计调是指接受中国以外的国家和地区组团社（含中国港澳台地区）委托，按照其要求在中国境内的旅游目的地完成其对游客承诺的旅游行程安排的过程。国际入境计调员就是在国际旅行社中操作这项业务的工作人员。入境接待是一个国家对外接待水平和形象的窗口，所以做为入境计调员更应该掌握相关知识。

5.1.1　我国出入境管理的相关法律法规

入境计调员一定要认真学习《中华人民共和国外国人入境出境管理法》、《中华人民共和国外国人入境出境管理法实施细则》、《中华人民共和国出境入境边防检查条例》、《中华人民共和国海关法》等相关法律法规，认真贯彻执行，依法办事。同时，要熟悉入境游客出境时的手续及所需注意的问题，并提前做好相关的准备工作。对于那些刚刚开拓中国旅游市场的国外旅行社，要做好前期的调研工作，一旦确立关系，则需要让对方熟悉我国的法律，并要求对方在入境之前对游客做好法规宣讲工作。

5.1.2　入境旅游所需证件

1. 护照

护照（见图5.2）是一国主管机关发给本国公民出国或在国外居留的证件，证明其国籍和身份。入境团体客人也最好办理个人单独护照，这样能对外出活动、住宿登记、发生意外更改旅游线路带来很多方便。

2. 签证

签证是一国主管机关在本国或外国公民所持的护照或其他旅行证件上签注、盖印，表示准其出入本国国境或者过境的手续。我国政府规定，外国人入境应当向中国的外交代表机关、领事机关或外交部授权的其他驻外机关申请办理签证（见图 5.3）。华侨回国探亲、旅游无须办理签证。

图 5.2　美国护照

图 5.3　中华人民共和国签证

旅游签证属于普通签证，在中国为 L 字签证，是专门发给来中国旅游、探亲或因其他私人事务入境的人员，签证上规定持证者在中国停留的起止日期。

希望进入中国境内的外国人须持有效护照（必要时提供有关证明，例如，来华旅游者申请签证须出示中国旅游部门的接待证明）向中国的外交代表机关、领事机关或者外交部授权的其他驻外机关申请办理签证。在特定情况下，可向公安部授权的口岸签证机关申请办理签证。

中国公安部授权的口岸签证机关设立在下列口岸：北京、上海、天津、大连、福州、厦门、西安、桂林、杭州、昆明、广州（白云机场）、深圳（罗湖、蛇口）、珠海（拱北）。

持联程客票搭乘国际航班直接过境，在中国停留不超过 24 小时不出机场的外国人，免办签证。要求临时离开机场的，需经边防检查机关批准。在特定情况下，依照国务院规定，外国人也可以向中国政府主管机关指定口岸的签证机关申请办理签证

（俗称“落地签证”）。例如，公安部在2001年年底推出的《出入境管理六项改革》中规定：外国人去深圳、珠海、厦门经济特区旅游，可直接向三方口岸签证机关申请“特区旅游签证”；到海南省洽谈商务、旅游、探亲，停留不超过15天，可以临时在海口或三亚口岸办理入境签证；在香港的外国人组团到深圳特区旅游72小时，无须办理入境签证。

3. 港澳同胞回乡证

港澳居民来往内地通行证（见图5.4)，有效期10年，俗称“回乡卡”或“回乡证”，通行证的前身是俗称“回乡证”的港澳同胞回乡证 。

图5.4　港澳居民来往内地通行证

4. 台湾同胞旅行证明

台湾同胞旅行证明是台湾同胞来祖国大陆探亲、旅游的证件，经口岸边防检查站查验并加盖验讫章后，即可作为进出祖国大陆和在内地旅行的身份证明。该证由我国公安部委托香港中国旅行社签发，证明为一次性有效，出境时由口岸边防检查站收回。

5. 旅行证

旅行证，是指外国人前往不对外国人开放的地区旅行，必须向当地公安机关申请的旅游证件。由旅游者向临时居留地或工作地的市、县公安局出境管理处申请。申请人应在启程前48小时前，交验护照或居留证件，提供旅行事由的有关证明，填写旅游申请表，获准后方可前往。旅行证有效期最长为一年，如需延长有效期、增加开放地点、增加人数，必须向公安局申请延期或变更。根据管理需要，我国将对外国人开放的地方分为4类：甲类地区，是指对外国人完全开放的地区；乙类地区，是指新增加的对外开放或控制开放的地区；丙类地区，是指只准许去考察、进行技术交流、现场施工等公务活动的一般性的对外开放的地区；丁类地区，是指不对外国人开放的地区，外国人前往乙、丙、丁类地区必须办理旅行证。

6. 外国人或台湾同胞赴西藏旅游证件

(1) 外国人或台湾同胞到西藏旅游只到拉萨、纳木错、日喀则、珠峰需办理“入藏函”。

入藏函，又名进藏签证，英文名为“Tibet Travel Permit”，简称“TTP”，是外国人或台湾同胞进入西藏所必须办理的一份进藏旅游签证（见图5.5和图5.6）。只有持外国护照及来自台湾的游客需要办理进藏签证，大陆公民及香港、澳门居民不需要办理。

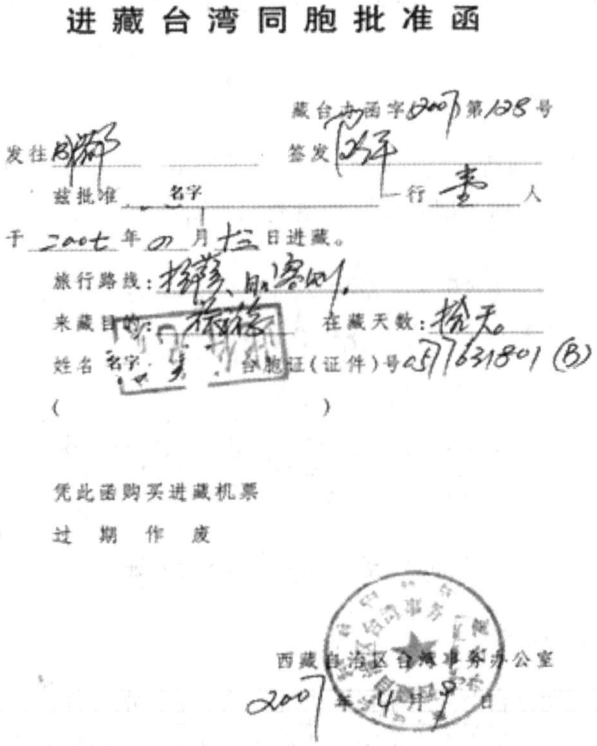
进藏台湾同胞批准函

藏台办函字2007第128号

发往　　　　签发

兹批准　名字　一行　人

于　年　月　日进藏。

旅行路线：

来藏目的：　　在藏天数：

姓名　名字　台胞证（证件）号

（　　　　）

凭此函购买进藏机票

过　期　作　废

西藏自治区台湾事务办公室

2007年4月　日

图5.5　台胞入藏函样本

西藏自治区旅游局

旅游确认函　NO0012459 号

兹确认

于贰零零　年　月　日在藏旅游。

旅行路线及地点：

民航　火车　汽车售票处

（公章）

贰零零　年　月　日

NO COMMISSION FEE

西藏自治区旅游局

贰零零　年　月　日

图5.6　入藏函

（2）外国人或台湾同胞到西藏旅游需要到山南、林芝（鲁郎除外）需增加办理外国人或台湾同胞旅行证（见图5.7）。

（3）外国人或台湾同胞到西藏旅游需要到昌都、阿里等非开放地方需增加办理军区通行证。

图 5.7　外国人旅行证

相关链接 5－1

外国人或台湾同胞进入西藏旅游办理证件需要的资料和流程

1. 办理证件需要的资料

（1）旅游者护照首页和签证页的扫描件（如你能绝对保证复印传真件的清楚也可以，建议使用扫描件）。

（2）旅游者的行程安排。

2. 办理证件的流程

（1）入藏函。将备齐的办理证件资料于星期一和星期二两天交到外事办，然后于星期五到外事办取旅游批准文件，之后到旅游局办理入藏函（需要办理军区通行证的除外）。

（2）旅行证。办理此证需要旅游者抵达拉萨后，由导游员将行程任务单和办证资料及入藏函到公安局办理，当时便可办理（如要到需军区通行证的地方还要带上军区通行证）。

（3）军区通行证。在取得了外事办的批准文件后通常当天将批准文件交到军区办证处，后于第二个星期一、星期二两天取证，最后将批准文件和通行证一并带到旅游局办理入藏函。

正常办完所有流程所需时间：入藏函 4 天，旅行证当时，需要军区通行证的入藏函 10 天，所以建议游客提前 15 天办理。如果需军区通行证应当提前 20 天办理。台湾同胞只办理入藏函当天可以办理完成，如果需军区通行证和外宾所走流程一样。

5.1.3 入境手续

1. 边检手续

外国旅游者必须在指定口岸向边防检查站（由公安、海关、卫生检疫三方组成）交验有效护照和中国的签证、证件及卫生检疫证明，填写入境登记卡（见图 5.8），经边防检查站查验核准加盖验讫章后入境。在乘坐长江游轮及进入大陆酒店时需提供入境口岸及入境日期，所以在入境口岸加盖的签章务必清晰。

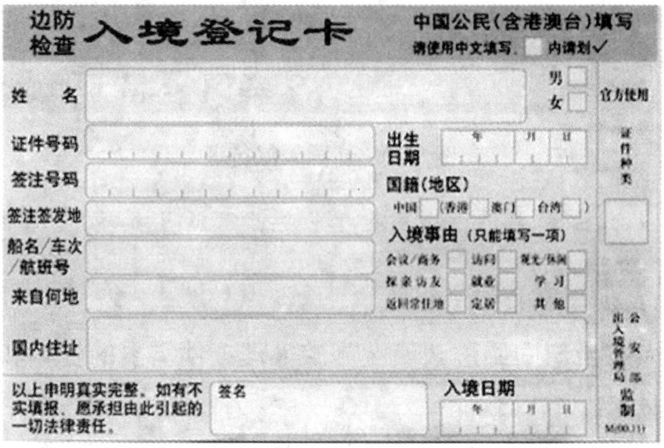
边防检查 入境登记卡
中国公民（含港澳台）填写
请使用中文填写，□内请划✓
姓　名
男 □ 女 □
官方使用
证件号码
出生日期 年 月 日
证件种类
签注号码
国籍（地区）
中国 □（香港 □ 澳门 □ 台湾 □）
签注签发地
入境事由（只能填写一项）
船名/车次/航班号
会议/商务 □ 访问 □ 观光/休闲 □
探亲访友 □ 就业 □ 学习 □
来自何地
返回常住地 □ 定居 □ 其他 □
国内住址
公安部出入境管理局监制
以上申明真实完整。如有不实填报，愿承担由此引起的一切法律责任。
签名
入境日期 年 月 日
M(00.11)

图 5.8　边防检查入境登记卡

2. 海关检查

外国人、华侨和台湾同胞可持有效证件在指定的对外开放的口岸出入中国或祖国大陆，香港同胞持证经深圳、澳门同胞经拱北通行。海关通道分为“应税通道”（亦称“红色通道”）和“免税通道”（亦称“绿色通道”）两种。海外旅游者进入中国境内，一般须经“红色通道”，事先要填写《旅客行李申报单》向海关申报，经海关登记后放行。申报单上所列物品，海关加上“△”记号的，必须复带出境。申报单不得涂改，不得遗失，出境时再交海关办理手续；申报单应据实填写，若申报不实或隐匿不报者，一经查出，海关将依法处理。海外旅游者来中国旅行，可携带旅程中需要的、数量合理的自用物品；年满 16 岁以上的旅客可免税携带香烟 400 支和酒 2 瓶（每瓶 750 克）。

持有中国主管部门给予外交、礼遇签证护照的外国籍人员，海关给予免验礼遇的人员可选择“绿色通道”通关，但需向海关出示本人证件和按规定填写的申报单据。

3. 卫生检疫

外国人进入中国，应根据国境检疫机关的要求如实填报健康申明卡，传染病患者隐瞒不报，按逃避检疫论处。一经发现，禁止入境；已经入境者，让其提前出境。

来自传染病疫区的人员须出示有效的有关疾病的国际预防接种证书（俗称“黄皮书”，见图5.9）；无证者，国境卫生检疫机关将从他离开感染环境时算起实施6日的留验。

来自疫区，被传染病污染或可能成为传染病传播媒介的物品，须接受卫生检疫检查和必要的卫生处理。

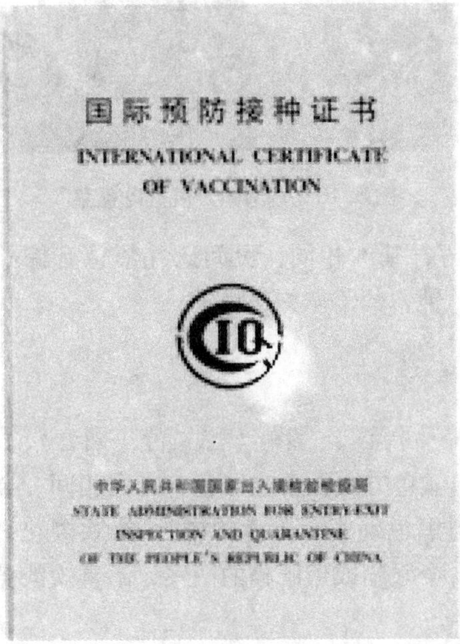

图5.9　黄皮书

5.1.4　主要客源国（地区）特殊喜好和禁忌

入境计调员在操作团队的时候应特别注意游客的偏好和禁忌，并根据不同地区、国家、民族游客的风俗习惯进行团队操作，这样可以避免因为习惯的不同而引起的各种误会，从而为客人提供更加优质的服务，为旅行社赢得良好的声誉。

1. 中国港澳台

港澳同胞一般对数字比较迷信，对3和8（谐音为分别“生”和“发”）感兴趣。他们比较喜欢粤式饮食，宴请时穿着要清洁整齐，客人要待主人说“起筷”才开始进食，喝酒进食时应先谢女主人；用餐时手不能横抬、枕桌，不能“飞象过河”、“美女照镜”，喝汤时不能出声，不能剩菜；上鱼时鱼头应对着客人，吃鱼时不能翻转鱼身；对中老年妇女忌称“伯母”（音同“百无”）；春节时，不能讲“新年快乐”（音同“快落”）；送花时忌送剑兰、扶桑、茉莉、梅花；送礼忌送钟、书籍、毯子。香港习俗“吃盆菜”见图5.10。

图 5.10　香港的习俗“吃盆菜”

台湾民俗与闽、粤两省基本相同，民间送礼禁忌有粽子、年糕糕点、扇子、手帕、雨伞、刀剪、镜子、钟，禁给产妇送鸭子。

2. 日本

忌讳“4”（与“死”同音），“9”（与“苦”同音），“6”（与“苦”同音），“13”（是 4 和 9 之和）。颜色方面，喜欢红色、红白相间、金银相间的颜色。忌讳绿色，不喜欢紫色、灰色与黑色（表示不幸的事）。喜欢樱花、乌龟、仙鹤、松竹梅图案。忌讳荷花、狐、獾、金眼猫或银眼猫的图案，不喜欢淡黄色或白色花卉图案。菊花图案为皇室专用。

饮食方面，口味偏爱酸甜和微辣。对中国绍兴酒、茅台酒极感兴趣；喜欢中国鲁、粤、闽、淮扬菜；一般不吃肥肉和猪内脏；忌讳客人只吃一碗饭就停下；忌在用餐时整理头发。礼仪方面，日本人注重礼节，见面礼是脱帽鞠躬，与日本人合影时不可三人一起合影。

3. 韩国

喜欢单数，不喜欢双数，忌讳数字“4”。饮食方面，口味喜爱辣、香、蒜味，不爱吃羊肉、肥猪肉和鸭子，厌恶香菜，厌油腻。礼仪方面，应邀时应带小礼品，最好挑选包装好的食品。接受礼物要用双手，不要当面打开。不用外国烟作为礼品，酒是送韩国男人最好的礼品，但不能送酒给妇女。若要拜访一定要事先预约。韩国人很重视交往中的接待，宴请一般在饭店或者酒吧中举行，在集体宴会中，男女分开进行社交活动。用餐时要请长辈先吃，主人敬菜要推让两次，第三次才能接受。吃饭时不能把菜全吃光。拒喝别人的酒是不礼貌的，饭后喜欢唱歌，被邀唱歌时不应拒绝。

4. 泰国、新加坡和马来西亚

1）泰国

泰国人重头轻脚，除僧人外任何人都不能触摸别人的头部，忌拿东西从别人头上掠过。切勿把鞋底翘起对准别人。切忌用左手服务或吃东西。泰国以佛教为国教，人们应主动为僧侣让路、让座，不能与僧侣握手、临座。女子不能以身体的任何部位接触僧侣。交谈时不要赞美别人的婴儿，不公开批评人，不与已婚妇人长时间谈话。忌用红色签名或刻字。黑色、紫色服装为葬礼服装。饮食方面：泰国人偏爱辛辣味；喜欢中国的粤菜、沪菜、京菜、川菜；不喝热茶，忌食牛肉、海参，不喜欢酱油，不爱吃红烧菜肴、甜味菜、香蕉等。

2）新加坡

新加坡和马来西亚大部分人信奉伊斯兰教，忌讳数字“7”，视4、6、7、13、37、69为消极数字。忌讳有猪的图案和猪制品，不喜欢乌龟。饮食方面：马来族不吃猪肉和贝类食品，不饮酒。礼仪方面：忌用左手吃东西、传递物品，不可触摸别人的头部。

5. 西欧国家

西欧国家因为都信仰基督教，因此很多禁忌都很相似。西欧国家的游客一般不喜欢数字“13”，认为“13日的星期五”是最不吉利的日子，因此在接待西欧客人时尽量不要安排“13楼”或者带有数字“13”的客房。

1）德国

德国人不喜欢红、红黑相间及褐色，最不喜欢墨绿色。讨厌菊花、蔷薇图案和蝙蝠图案，忌讳核桃。在送花时忌送菊花、玫瑰、蔷薇，支数和花朵数不能是“13”或双数。饮食方面，德国人比较喜欢中国的京菜、鲁菜、淮扬菜。不喜欢吃鱼虾及海味，不爱吃油腻和过辣的菜肴。

2）法国

法国人忌讳黄色、黑色、墨绿色。忌用孔雀、仙鹤、杜鹃花等图案。饮食方面，法国人喜喝葡萄酒，喜爱中国的鲁菜、粤菜、淮扬菜，不喜欢吃无鳞的鱼类，不爱过辣菜肴。法国人重视“女士优先”。

3）英国

英国人不喜欢红色和墨绿色，忌用山羊、大象、黑猫、百合花图案。饮食方面，爱喝红茶，不爱吃带黏汁或过辣菜肴，不喜欢用味精，不吃狗肉。喜爱中国的川菜、京菜、粤菜。宴会上女宾为首席。礼仪方面，用餐时忌碰撒盐瓶，忌刀叉碰响水杯。见面礼为握手，不喜欢通称“English”（英格兰人），可将他们称为“British”（不列颠人）。

6. 美国、加拿大

美国和加拿大居民大部分为欧洲国家移民，信奉基督教，忌讳数字“13”，不喜欢“星期五”，尤其是“13日的星期五”被视为不祥的日子。颜色比较偏爱白色、黄色、蓝色；忌黑色，不喜红色。

1）美国

美国人非常喜爱秃鹰和白猫的图案，忌蝙蝠、黑猫图案。饮食方面，口味清淡，不爱吃蒜、过辣食品、肥肉、清蒸菜肴和红烧菜肴。忌食动物内脏和动物的头部，不喜欢吃蛇一类的异型动物。礼仪方面，忌问对方年龄，忌问买东西的价钱，忌谈话时距离太近。

2）加拿大

加拿大人忌百合花图案。饮食方面：口味清淡，喜爱烤制肉食，不喜过咸、过辣食品，不喜蒜味、酸辣味调料。忌动物内脏和脚爪，忌虾酱、鱼露、腐乳等腥味食品。一般在私人空间不谈论悲伤、死亡等话题。

7. 澳大利亚

同样忌讳数字“13”，视“13 日的星期五”为不祥的日子，忌兔子及兔子图案，忌送菊花、杜鹃花、石竹花和黄颜色的花。饮食方面，不爱辣味，不吃海参，喜酸甜味。比较喜欢中国的淮扬菜、浙菜、沪菜、京菜。礼仪方面，乘出租车必须有一人与司机并排坐，以示尊重。不可竖大拇指表示赞扬，切忌对人眨眼。

【任务实训】

国际旅行社入境计调工作调研

▶实训目的

通过调研，了解国际社入境部机构设置、计调岗位工作职责。

▶实训内容

以小组为单位，对当地旅行社入境部进行调研，了解入境计调的工作情况。

▶实训步骤

第一步：以小组为单位进行。

第二步：做好调研的准备，包括相关信息、调查问卷、访谈提纲等。

第三步：调研时讲究礼仪和沟通技巧。

第四步：撰写调研报告。

▶实训成果

每组提交一份调研报告。

【任务完成】

国际社入境部的计调工作是旅行社的核心，通过对本任务的学习，学生掌握了入境计调员应该储备的知识范围，即应该掌握相关法律知识、入境证件知识、入境海关知识、客源国礼俗和禁忌等，能够自觉地收集和掌握相关知识。

任务5.2　入境旅游线路开发与报价

【任务导入】

▶案情介绍

国庆期间，某国际旅行社组织一个入境团游览神农架——三峡（长江三峡风光见图5.11），途经江城武汉，顺便游览市内景点。从某寺庙出来后，旅游团被一群算命先生围住。这群人能言善辩，且强拉游客算命。他们事先说算命不要钱，可是算完了非要收钱不可，甚至伸手去游客兜里掏钱，弄得游客纷纷指责导游员，说旅行社不应该安排类似景点，表示要投诉。

图5.11　长江三峡风光

▶问题

旅行社今后在设计旅游线路时应该注意哪些问题？

▶案例分析

今后应该注意3点：第一，在现代社会中旅行社经营的旅游线路也受社会环境的影响，本案中算命先生骚扰游客就属于此类。对此，旅行社在安排旅游时，一定要先调查研究，掌握现状，以备妥善安排。同时，旅行社也应将旅游中碰到的问题，及时反映给旅游行政管理部门，以便及时有效地对旅游市场环境进行整顿，让游客玩得高兴。第二，旅游线路途经旅游点的各种旅游服务设施必须得到保障。这一般是指向旅游者提供服务的物质保证，但是，游客的身心方面更不容忽视，要避免游客接触不健康的活动，加强精神文明建设。在强化物质保证的同时，创造一个使旅游者身心健康的环境。第三，旅游产品投放市场并非产品设计过程的终结，旅行社应该对产品进行定期的检查与评价，对产品进行必要的修订和改进，并广泛收集各种反馈信息，为进一步开发产品提供依据。

【任务分析】

入境旅游线路不同于一般的国内接待线路，是国际旅行社根据海外市场需求，结合国内旅游资源和接待服务的实际状况，为外国人、华侨、港澳台同胞专门设计的、体现中国文化特色和底蕴的，体现民族精神的旅游项目和服务内容的旅行游览计划，并为游客做出合理的报价。

5.2.1 入境旅游线路开发

1. 影响入境旅游线路开发的因素

入境旅游线路接待的旅游者是远道而来的海外游客、华侨、港澳台同胞，入境游线路大都是时间相对比较长的，包含着观光、休闲和专题探访等多种项目的竞争力很强的长线深度旅游线路，开发受很多因素的影响。从旅游供给角度来考虑，各旅游线路都是由旅游资源、旅游设施、旅游可进入性、旅游成本因子（价格、时间）等要素构成，它们就是旅游线路设计中最重要的影响因素。

1）旅游资源

旅游资源是进行旅游线路设计的核心和物质基础，是旅游者选择和购买旅游线路的决定性因素。旅游资源的吸引力决定了旅游线路的主体和特色。旅游线路的设计必须最大限度地体现出旅游资源的价值。它是一个地区旅游业存在和发展的基础，也是旅游者选择旅游地的决定因素。在旅游线路设计中它是起影响作用的基础因子，也是旅游线路上旅游内容的最主要构成，同时也是影响旅游线路竞争力的主导因素。入境旅游线路在旅游资源考量上主要凸显中国最具特色、东方文化神韵和民族精神等方面。

2）旅游设施

旅游设施是完成旅游活动所必备的各种设施、设备和相关的物质条件的总称，是旅游经营者向旅游者提供旅游服务所凭借的各种物质载体，是旅游者实现旅游目的的保证（见图 5.12）。旅游设施不是旅游者选择和购买旅游线路的决定因素，但它能影响旅游活动的开展及旅游服务高低质量。因此，旅游设施的完善与否，直接影响到旅游者的旅游效果。在旅游线路设计中必须充分考虑旅游者的客观条件与旅游过程中设施的方便性，使旅游者获得最佳旅游效果。

3）旅游可进入性

旅游可进入性是指旅游者进入旅游目的地的难易程度和时效性。旅游活动异地消费的特点，决定了旅游产品的提供只能存在于旅游目的地。旅游者按时顺利到达旅游目的地是旅游线路设计的重要因素。因此，旅游可进入性是连接旅游者需求与各种具体旅游产品的纽带，是旅游线路实现其价值的前提条件，旅游可进入性的具体内容包括以下几个方面。

图 5.12　黄山玉屏楼宾馆

(1) 交通状况。旅游者的异地空间转移，依靠的是交通工具。现代交通工具的不断发展，是现代旅游业发展的基本条件之一。可以说没有现代航空业的出现，就不会产生现代的国际旅游业。因此，良好的交通条件是旅游者进入旅游目的地的基本保证。交通条件的好坏不仅关系到旅游者能否到达旅游地，更重要的是能否安全、舒适和快速地抵达旅游地。顺畅而美丽的桥梁见图 5.13。

图 5.13　顺畅而美丽的大桥

(2) 通信条件。通信设施也是旅游者能否顺利进入旅游地的重要条件。没有便捷的通信条件，难以使旅游者、旅游经营者和旅游目的地之间及时准确地沟通，会给旅游者的旅游活动的顺利实现带来很大的盲目性和不确定性。因此，旅游线路产品中通信设备的规模、能力及配套状况等，也会对旅游地的可进入性产生影响。

(3) 手续的繁简程度。国际旅游中的入境手续的难易、繁简程度，以及办理效率的高低，不仅决定进入到旅游地的难易程度，而且对旅游产品的成本、质量、吸引力等都有重要影响。

（4）旅游地的社会环境。

旅游地的社会环境对旅游者进入的难易程度也有很大影响。比如，旅游地的民族文化中是否具有排外性因素，以及社会公众对旅游开发的态度、社会治安状况、管理水平等，都可能成为影响旅游可进入性的重要因素。

4）旅游成本因子

（1）旅游时间。旅游时间包括旅游线路总的旅游所需的时间及整个旅游过程中的时间安排。因旅游客源地、旅游目的地、出游季节、旅游者闲暇时间等不同，旅游线路中的时间安排也不一样。从旅游经营者角度考虑，旅游时间就是旅游者对各种旅游产品的消费时间，旅游时间长短直接影响旅游消费，二者成“正比”关系。旅游者逗留的时间长，旅游经营者获利也就多。

（2）旅游价格。旅游价格（费用）是旅游者为满足其旅游活动的需要所购买的旅游产品的价值的货币表现。它受到许多外在因素的影响，如旅游供求关系、市场竞争状况、汇率变动及通货膨胀等因素，都会对旅游价格产生一定的影响。我国的旅游市场价格体系主要由旅游景区景点门票价格、旅行社价格、旅游饭店价格、旅游交通价格、旅游商品价格等相关价格要素构成。

5）旅游服务

旅游服务是旅游经营者向旅游者提供劳务的过程，旅游服务质量直接影响旅游线路的质量，没有上乘的旅游服务水平，就没有优质的旅游线路。因而旅游服务是旅游线路设计的核心内容，它在旅游线路设计中是不容忽视的。

2. 入境旅游线路的开发原则

入境旅游线路开发的原则除了要遵循地接旅游线路开发的相关原则外，还有其一些具有独特性的原则。

1）推陈出新的原则

旅游市场在日新月异地发展，旅游者的需求与品位也在不断地变化、提高。为了满足旅游者追求新奇的心理，旅行社应及时把握旅游市场的动态，注重新产品、新线路的开发和研究，并根据市场情况及时推出。一条好的新线路的推出，有时往往能为旅行社带来惊人的收入与利益。即使一些原有的旅游线路，也可能因为与当时时尚结合而一炮走红。

例如，广东“国旅假期”借电影《卧虎藏龙》问鼎奥斯卡最佳外语片和最佳摄影等 4 个奖项的“东风”，在全国率先推出一条“卧虎藏龙”徽州古民居旅游线路，让更多的游客步入“中国画里的乡村”，观赏被称为“徽州三绝”的牌坊、古祠、民居。皖南徽州古村落的民居群，虽时有所闻，但与黄山的盛名相比，所知者却不多。但联合国专家大河直躬博士、建筑大师贝聿铭、台湾作家琼瑶、导演张艺谋和李安等有识之士不远千里到黄山脚下寻找“中国画里的乡村”。对他们而言，徽州古民居是世界文化遗产、建筑的立体史书、梦中的世外桃源、《菊豆》的拍摄基地、《卧虎藏龙》的梦工场。也正因此，这条旅游线路一经推出便成为旅游热线，为当地旅行社创下了不菲的经济效益。

2）大胆创新的原则

旅游产品——旅游线路是旅行社的生存之本。当今旅游者对旅游产品的需求千变万化、多元丰富，只有精心设计出合理巧妙、特色鲜明、有新意、有活力、注重历史与文化内涵和别具一格的路线，并在确保优质服务中创新，才能具有感染力与购买力，以利推销和招徕旅游者，最终赢得市场，为旅行社带来发展和效益，从而在激烈的竞争中取胜。地域切割，集中景区就是一个创新技巧。可以根据我国热点旅游城市相对集中的特点，采取地域切割手段，一次性地集中主要景区，编制长线深度旅游线路。例如，深圳某国际社创新设计的“丝绸之路十三日游”，将深圳、乌鲁木齐、吐鲁番、天池、敦煌莫高窟（见图 5.14）、兰州、黄河母亲雕像、黄河第一桥、青海湖、银川、西夏帝陵、西安、兵马俑、华清池和五间厅等组合设计，赢得了国内和海外市场。

图 5.14　敦煌莫高窟

3. 入境旅游线路开发流程

入境旅游线路开发流程与国内接待社开发旅游线路是一样的。要求学生设计入境旅游线路，设计旅游线路的考核标准见表 5－1。

4. 入境旅游线路开发的类型

关于入境旅游线路的开发类型，可以根据不同的标准来划分，如可根据旅游者旅游的距离、旅游的时间、旅游的目的等来划分。各个旅行社都开发了很多入境旅游线路。中国国际旅行社总社开发的入境旅游线路见表 5－2。

表5-1　旅游产品线路设计任务考核评价表

考核类型	评价项目	评价要点	赋分	满分
成果考核	线路设计流程	能够在设计过程中正确运用线路设计原则	7	30
		能够按照线路设计流程图，有步骤地实施	8	
		收集资料、实施调查的翔实程度	7	
		能够根据消费者需求，正确分析取舍旅游资源	8	
	线路设计方案	线路设计成果主题鲜明，富有特色	8	40
		根据消费者的需求，优化或调整已有线路	8	
		线路设计构成完备，“吃、住、行、游、购、娱”要素齐全	8	
		线路设计流程完整，逻辑关系清晰，分析合情理，结论有根据	8	
		线路设计内容完整，语言清晰、简洁	8	
过程考核	个人课堂活动表现	积极主动发言，学习态度端正	3	10
		无迟到、早退、旷课现象，课堂出勤良好	3	
		积极参与讨论、认真完成各项任务训练，课堂参与度高	4	
	小组任务活动表现	任务分工明确、团队合作能力强	5	20
		任务实施中能及时处理问题、协调沟通顺畅	5	
		团队积极乐观、勇于挑战，能主动完成任务	5	
		思路设计新颖、方法多样，团队创新能力强	5	

表5-2　中国国际旅行社总社入境游线路

产品系列	线　　路
经典中国游	北京　西安　桂林　上海　广州
长江三峡游船游	北京　宜昌　重庆　九江　庐山　景德镇　婺源　黄山
青藏铁路列车游	北京　西宁　格尔木　拉萨　成都　上海
丝绸之路	北京　西安　兰州　敦煌　吐鲁番　乌鲁木齐　北京
华东线京沪大车游	北京　天津　吴桥　济南　泰山　曲阜　徐州　南京　苏州　上海
云南香格里拉之旅	北京　昆明　大理　丽江　中甸　昆明
江南水乡游	上海　无锡　苏州　杭州　乌镇　西塘　同里　周庄　扬州　南京
中国古镇文化游	王家大院　乔家大院　宏村　唐模村　同里　周庄　乌镇西塘

（续表）

产品系列	线　路
中华世界遗产之旅	紫禁城　长城　兵马俑　泰山　莫高窟　周口店北京人遗址 黄山　黄龙风景区　武陵源　九寨沟　武当山　孔庙、孔府及孔林 承德避暑山庄及周围寺庙　布达拉宫　峨眉山—乐山　庐山　苏州古典园林　平遥古城　丽江古城 天坛　颐和园　武夷山　大足石刻　西递　宏村　明清皇家陵寝　龙门石窟　青城山和都江堰　云冈石窟　“三江并流”高句丽王城、王陵及贵族墓葬　澳门历史城区 四川大熊猫栖息地　中国安阳殷墟　中国南方喀斯特 碉楼与古村落　土楼　金沙江　怒江　澜沧江
休闲度假游	北京　三亚　海口
散客成团	北京　西安　上海　桂林　长江三峡　海南
修学游	北京　上海　西安
北京国际马拉松体育旅游	北京地区
华夏文明的摇篮——中国古都游	北京　安阳　郑州　登封　洛阳　西安　北京
中国东部鱼米之乡运河泛舟游	北京　南京　镇江　扬州　如皋　南通　苏州　上海
中国宗教起源探秘游	北京　济南　泰安　曲阜　淄博　青岛　北京
神奇西藏探秘之旅	北京　成都　拉萨　日喀则　江孜　泽当　拉萨　成都　上海

5. 入境旅游线路开发范例

入境旅游线路开发范例见范本5-1。

范本5-1　马来西亚/成都/拉萨/林芝/日喀则/青海湖/塔尔寺/七飞单卧16日之旅

一、行程特色

1. 最慷慨的阳光，最纯洁的天空，最虔诚的人们：西藏定会让您难以忘怀。

2. 华丽夺目的世界文化遗产——布达拉宫（见图5.15）；藏族虔诚叩拜的终点——大昭寺；湛蓝绝伦的天堂——纳木错；自然与人文景观的精妙结合。

3. 藏东林芝的风光，“醉美”一词是它的真实写照，森林、小溪、雪山、湖光与田园，诗画一般的景致，将会展现与您印象中绝对不一样的西藏的另一面。

4. 抵达拉萨当日，根据客人的要求安排经验丰富的专业高原保健医生免费提供医疗保健咨询服务。

5. 青藏铁路简介：青藏高原素有“世界屋脊”、“地球第三极”之称，是我国的“江河源”。在青藏高原这种原始、独特、脆弱、敏感的地理生态环境中修建的青藏铁路是世界上海拔最高、线路最长的高原铁路，翻越唐古拉山的铁路最高点海拔5072米，经过海拔4000米以上地段960公里，连续多年冻土区550公里以上。自青海省格尔木市起，铁路沿青藏公路南行，经纳赤台、沱沱河，翻越唐古拉山，再经西藏自治区安多、那曲、当雄、羊八井，至拉萨市，全长1142公里。青藏铁路格尔木至拉萨段全线设34个车站，其中有7个观景站。

图5.15 布达拉宫

二、详细行程安排

详细行程安排见表5-3。

表5-3 详细行程安排

日期	航班/参观地（flight）	参观内容（itinerary）	用餐（meal）	住宿（hotel）
D1（24/5）	亚庇—香港—成都	亚庇—香港 CX6800（11：55~14：50） 香港/成都 KA824（19：10~21：40）	不含餐	成都
D2（25/5）	成都—拉萨	沿途风光、适应性休息	早、中、晚	拉萨
D3（26/5）	拉萨市内	布达拉宫、大昭寺、八角街	早、中、晚	拉萨
D4（27/5）	拉萨市内	色拉寺、哲蚌寺、罗布林卡	早、中、晚	拉萨
D5（28/5）	拉萨	甘丹寺	早、中、晚	拉萨
D6（29/5）	拉萨—日喀则	扎什伦布寺	早、中、晚	日喀则
D7（30/5）	日喀则—江孜	江孜、白居寺	早、中、晚	江孜
D8（31/5）	江孜—泽当	羊卓雍湖	早、中、晚	泽当
D9（01/6）	泽当	桑耶寺、敏珠林寺	早、中、晚	泽当

（续表）

日期	航班/参观地（flight）	参观内容（itinerary）	用餐（meal）	住宿（hotel）
D10（02/6）	泽当—林芝	沿途风光	早、中、晚	林芝
D11（03/6）	林芝—拉萨	比日神山、巴松措、沿途风光	早、中、晚	拉萨
D12（04/6）	拉萨—西宁	火车上	早	火车上
D13（05/6）	西宁	中午抵达，塔尔寺	早、晚	西宁
D14（06/6）	西宁—青海湖	日月山、青海湖	早、中、晚	西宁
D15（07/6）	西宁—成都	飞机	早	成都
D16（08/6）	成都—香港—亚庇	成都—香港 KA825（08：20~11：00） 香港—亚庇 CX6897（15：45/18：50）	早	行程结束

D1：5月24日（星期四）。亚庇香港（CX6800　11：55~14：50）香港—成都（KA824　19：10~21：40）抵达后接机入住酒店，宿成都（不含餐）。

D2：（5月25日）（星期五）。成都—拉萨（3U8901　08：00~09：55），宿拉萨（含早、午晚餐）。

我公司将派专业导游员提前2.5小时将各位贵宾送到成都双流国际机场，乘川航08：00航班抵拉萨贡嘎机场（飞行时间约100分钟，海拔3658米）。在机场由导游员举旗迎接，敬献哈达欢迎客人到来。由海拔3570米的世界最高国际民用机场出发，沿世界最高河流——雅鲁藏布江逆流而上驱车行驶70公里（约1.5小时），至日光城拉萨，抵拉萨后作高原气候适应性休息。安排经验丰富的专业高原保健医生免费提供医疗保健咨询服务，产生治疗费用自理。

［专业说明］少运动，多喝水，不要喝酒，抽烟！注意保暖，不要感冒！第一餐可以吃得清淡一点，八分饱为好！多饮水及吃水果，勿暴食，多休息。请自备西洋参含片或红景天、高原安等保健药品，以缓解高原反应。听从我社工作人员及导游员的安排，尽量不要出外活动，保持平常心态和充分的休息是预防高原反应的最佳办法。今天能否休息好对后续行程的游览参观极为重要。

D3：5月26日（星期六）。拉萨市内（布达拉宫 大昭寺 八角街），宿拉萨（早、中、晚餐）。

上午游览世界上海拔最高的古代宫堡式建筑群——布达拉宫（游览时间约1小时，具体参观和游览时间以布达拉宫管委会规定的时间为准）。随着时代的变迁，布达拉宫成为历代达赖喇嘛的驻锡地和政教权力中心，以其极高的历史价值和旷世宝藏闻名于世。下午游览位于拉萨古城中心、藏传佛教信徒及全世界佛教徒心中的圣地——大昭寺（游览时间50分钟），近距离体验信徒们五体投地的虔诚，体验独特的藏族宗教风俗。随后跟随当地信徒一道步入八角街手工艺品市场自由购物（游览时间60分钟）。晚上若有兴趣可自费观看藏式歌舞表演晚会（费用198~280元/人自理；观看时间150分钟）。

[专业说明] 全天市内城市交通，拉萨城区面积不大，车辆不多，基本没有堵车现象。逛八角街时切记保管好自己的随身贵重物品，以免丢失。
购物点：工艺品、藏药。
自费项目：晚间有充足的时间，拉萨有很不错的大型藏文化歌舞剧表演，可全方位地展示西藏自然人文，震撼感人。为了不留遗憾，可以通过导游员订票前往观看（价格：198~280元/人）。
D4：5月27日（星期日）；拉萨市内（色拉寺、哲蚌寺、罗布林卡）；宿拉萨（早、中、晚餐）。

上午安排游览罗布林卡，藏语意为“宝贝公园”，是历代达赖喇嘛的夏宫。全园占地36万平方米，建筑以格桑颇章为主体，有房374间，是西藏人造园林中规模最大的。罗布林卡现在被辟为人民公园，环境优美，建筑也很漂亮，但是里面的文物没有布达拉宫和大昭寺那么丰富和吸引人。所以也有人戏称罗布林卡是由“一座水塔、两排工艺品商店及围绕着动物园的几座宫殿”组成的。午餐后安排游览著名寺庙 Drepung Monastery（哲蚌寺）和 Sera Monastery（色拉寺）。
D5：5月28（日星期一），拉萨（甘丹寺）；宿拉萨（含早、中、晚餐）。

早餐后乘车前往黄教六大寺中地位最特殊的一座寺庙——甘丹寺，其意为“兜率天”，这是未来佛弥勒所教化的世界。它是由藏传佛教格鲁派的创始人宗喀巴于1409年亲自筹建的，可以说是格鲁教派的祖寺，清世宗曾赐名为永寿寺。甘丹寺位于拉萨达孜县境内拉萨河南岸海拔3800米的旺波日山上，距拉萨57公里。旺波日山犹如一头卧伏的巨象，驮载着规模庞大的建筑群，充分体现出传统藏传佛教寺院建筑因地制宜，寺庙傍山而立，群楼重叠，巍峨壮观。整座建筑群由佛殿、喇章宫殿、僧院札仓和米村及其附属建筑单元组成。
D6：5月29日（星期二）；拉萨—日喀则（扎什伦布寺）；全程约300公里，行驶时间约5.5小时；宿日喀则（含早、中、晚餐）。

早餐后乘车，前往参观历辈班禅喇嘛的驻锡寺庙——扎什伦布寺（海拔3836米；游览时间约1.5小时），藏语意为“吉祥的须弥山”；主要建筑有错钦大殿、阿霸扎仓、四世至九世班禅合葬的扎什南捷，以及十世班禅大师灵塔殿、强巴佛殿和晒佛台等。强巴佛殿中，供奉着世界最大的镀金铜佛像——强巴坐佛。途中前往藏香厂，可参观藏香和唐卡的制作工艺和过程，更深入地了解藏民族文化。
购物点：藏草药，手工艺（牦牛骨制品）。
其他：日喀则地区也称后藏，有着厚重的历史和绝美的风景，值得好好体验。
D7：5月30日（星期三）；日喀则—江孜（江孜、白居寺）全程约90公里，行驶时间约3小时；宿江孜（含早、中、晚餐）。

早餐后离开西藏第二大城市——日喀则，来到西藏名城，电影《红河谷》的拍摄地江孜，远眺宗山古堡和集藏传佛教三大派为一寺的有“十万佛塔”之美誉的白居寺。
自费项目：帕拉庄园70元/人左右；藏獒基地：50元/人左右。
D8：5月31日（星期四）；江孜—泽当（羊卓雍湖），全程约350公里，行驶时间约6小时；宿泽当（含早、中、晚餐）。

早餐后离开江孜，途径浪卡子，前往西藏第三大圣湖—羊卓雍湖（参观时间约30分钟），在藏语中被称为“上面的珊瑚湖”，是喜马拉雅山北麓最大的内陆湖，湖水碧蓝清澈，绚丽多彩，过曲水大桥翻越海拔4900米的冈巴拉雪山，远眺冈巴拉雷达站，到达泽当后，入住酒店休息。

D9：6月1日（星期五）；泽当（桑耶寺、敏珠林寺）；宿泽当（含早、中、晚餐）。

早餐后乘车前往西藏著名的寺庙桑耶寺，桑耶寺位于山南扎囊县境内，始建于公元762年，建成于779年，是藏传佛教史上第一座佛法僧俱全的寺庙。桑耶寺的寺基由莲花生大师测定，是以古代印度婆罗王朝在摩羯陀所建的乌达波寺为蓝本而建造的。游览完毕后，前往宁玛派（红教）在前藏的一个主寺敏珠林寺，寺院坐西朝东，四面群山环抱，山清水秀，环境十分优美，面积约10万平方米，围墙为多边形；寺内主要建筑为祖拉康佛殿，坐西向东，高三层，底层为大经堂，面阔5间，进深6间，内有20根方柱，其中有两根高5.5米的林柱通向二层。经堂有一护法神殿，门框、门楣上绘有很多人头，殿内墙壁上也绘满了护法神像。这些神像全是多头多臂、面目狰狞，看后使人毛骨悚然。供奉这类佛像是宁玛派寺院和密宗扎仓的一大特点。按藏传佛教的解释，这些威赫愤怒的护法神灵，是寺院防御敌人和恶魔的守卫者，被称为“护法神”。从艺术角度说，这种造型粗放、夸张的神灵形象，是西藏密宗艺术的表现，与原始的苯教艺术有着密切关系。

D10：6月2日（星期六）；泽当—林芝，全程约500公里，行驶时间约9小时；宿林芝八一镇（含早、中、晚餐）。

早餐后，乘车前往林芝。今天的路途比较辛苦，还请各位贵宾调整心态适当休息，全程约300公里的柏油路，其中约200公里为土路。抵达林芝后，入住酒店。

D11：6月3日（星期日）；林芝—拉萨，全程约430公里，行驶时间约8小时；宿拉萨（含早、中、晚餐）。

早餐后乘车前往比日神山，藏语意为“猴子山”，是西藏本土教苯教的四大神山之首。比日神山上树木是歪曲不正的，传说缘于一场宗教保卫战。另外，比日神山上有中国第二大自然博物馆，值得一看。从山腰俯视，可观林芝全貌。游览完毕后到达拉萨市和林芝地区的分界线——米拉山口（海拔5013.25米，10分钟）过山口沿尼洋河一路下行，西藏的江南风光顿时呈现在你面前，舒缓富饶的邦杰塘草原、绿树成荫美丽的尼洋河美景会让你不禁感叹：古老苍凉的西藏居然会有如此一块风水宝地！下午到达著名的国家4A级景区——巴松措（游览时间约1.5小时）。巴松措是藏传佛教宁玛派的圣湖，纯净碧绿的湖水在蓝天白云的映衬之下显得格外迷人，走过浮桥登上湖心小岛来到观景台，凭栏临风登高览胜足以让你陶醉其间，后乘车回到拉萨。

温馨提示：全程430公里，需时8小时左右，柏油路面，路况好。沿途的美景早就留在您的相机里了。到拉萨后可跟着导游员到各个特色店去逛逛，感受独有的异域韵味。

D12：6月4日（星期一）；拉萨—西宁（T24/T21，12：45分出发，行驶时间22小时32分）；宿火车上（含早餐）。

各位贵宾可以在酒店睡个懒觉，早餐后前往火车站，登上返程的列车（T28列车，运行22小时左右），列车进入青藏高原，动态地观赏自然景观是今天主要的旅游方式，您可以坐在车厢中充分享受青藏高原特有的风光。它外形朴素、毫不张扬，展现在我们面前是苍凉、冷峻、阳刚的美。细细品尝，好像一股远古的气息扑面而来。青藏高原素有“世界屋脊”、“地球第三极”之称，是我国的“江河源”。在青藏高原这种原始、独特、脆弱、敏感的地理生态环境中修建的青藏铁路是世界上海拔最高、线路最长的高原铁路，翻越唐古拉山的铁路最高点海拔5072米，经过海拔4000米以上地段960公里，连续多年冻土区550公里以上。自青海省格尔木市起，铁路沿青藏公路南行，经纳赤台、沱沱河，翻越唐古拉山，再经西藏自治区安多、那曲、当雄、羊八井，至拉萨市，全长1142公里。青藏铁路格尔木至拉萨段全线设34个车站，其中有7个观景站。

D13：6月5日（星期二）；西宁（塔尔寺）；宿西宁（含晚餐）。

中午时分抵达西宁，我公司派工作人员提前到达火车站恭候各位贵宾的到来，接到各位贵宾前往酒店办理入住手续后，各位贵宾可在酒店稍作休息后，再前往参观中国六大喇嘛寺庙之一的塔尔寺（游览时间2小时），此地是喇嘛教黄教创始人——宗喀巴的诞生地，也是西北地区佛教活动的中心；塔尔寺藏语中叫“拱本”，就是“10万佛像”的意思。寺院殿宇相连，白塔林立，整座寺不仅造型独特，富于创造性，而且细部装饰也达到了高超的艺术水平。寺内的酥油花、壁画和堆绣，被称为“塔尔寺三绝”，具有独特的民族风格和艺术价值。推荐消费：中国唯一的土族之乡——互助土族风情园（自费50元，游览时间约2小时），体验民族风情，观看轮子秋、安昭舞，品尝青稞酒、民族风味餐，参观四季如春的彩虹宫。品尝别有风味的土族民俗餐：三道茶、三道酒、馄锅馍、背口袋、狗浇尿等特色地方小吃。西宁地矿昆仑玉展示厅（购物店，30~40分钟），游览完毕后返回西宁。

D14：6月6日（星期三）；西宁（青海湖）；宿西宁（含早、中、晚餐）。

早餐后乘车前往青海湖，途经青藏咽喉——湟源峡谷，后参观昆仑玉展销中心（约30分钟）。翻越黄土高原与青藏高原的分界线——日月山（山口海拔3520米）。经过“天下河水皆向东，唯有此溪向西流”的倒淌河，参观土特产店（约30分钟）。抵达中国最大最美的湖泊——青海湖（游览时间约4小时）。客人可自费（乘船游湖50元/人，费用客人自理），是中国第一大咸水湖，面积4500平方公里，湖畔芳草萋萋，每年七月至九月，湖畔大面积的油菜花盛开，金黄一片，十分壮观。游览完毕后返回西宁。

D15：6月7日（星期四）；西宁—成都（中午航班：飞行时间：1.5小时）；宿成都（含早餐）。

我公司将派导游员将各位贵宾送至机场换取登机牌，并派工作人员提前到达成都双流国际机场恭候各位贵宾的到来，然后驱车返回市区指定酒店休息。

D16：6月8日（星期五）；成都—香港（KA825　08：20~11：00）；香港—亚庇（CX6897　15：45~18：50）。

早餐后将各位贵宾送至机场，各位贵宾返回温馨之家，行程结束。西藏旅游图见图5.16。

图5.16　西藏旅游图

三、报价

16 人（独立成团）16 日游报价如下。

成都段：4480 元。西藏段：173 840 元。西宁段：35 500 元。

总计：4480+173 840+35 500=213 820（元）。

四、服务标准

1. 住宿标准：全程入住挂牌三星酒店。全程用房数：8 间；酒店设施与内地有较大差距，请勿以其他城市的标准来衡量。

2. 餐饮标准：15 早 23 正（接送当天不含正餐），早餐酒店用，正餐在旅游定点餐厅用，餐标 50 元/人次。若有忌口者，请提前告知旅行社。如因个人原因放弃用餐，餐费不予退还。

3. 交通标准：成都—拉萨飞机经济舱；拉萨—西宁为火车硬卧（拉萨—西宁火车隔日发班，定团时不限车厢、不限铺位，尽最大努力安排软卧火车票；西宁—成都飞机经济舱）；拉萨、西宁当地旅游车；鉴于西藏特殊的气候条件，西藏地区旅游车辆有时有可能不开空调，敬请谅解！

4. 景点标准：含行程中景点首道大门票；自费景点不强制，如游客不游览，请在旅游车上或者景点附近等候团队！客人自动离团或放弃游览景点，费用不予退还。我社在不减少景点的条件下，游览顺序可能随航班或车次的调整而调整，但不影响行程。

5. 导游标准：当地优秀中文导游服务。

6. 购物标准：合同约定当地特色民俗店；在每个购物店的停留时间为 45~100 分钟。

7. 保险说明：旅行社责任险，旅游意外险、航空保险（上保险的客人，如在当地发生费用，请把县级以上医院盖章的诊断证明书、用药请单、病例、医药费收据一并带回，以便理赔；单证不全者，保险公司不予理赔）。

8. 赠送：接机献哈达；抵达拉萨当日，医生在酒店免费巡诊（不包括治疗费用）。

五、注意事项

布达拉宫是限制人数和时间观看的，因此我们的景点参观顺序有可能根据情况做相应调整，敬请谅解！

1. 参观布达拉宫需要身份证件，护照。

2. 患有高血压、心脏病、哮喘病等不适宜高原旅游的客人请勿入藏，请遵医嘱！外交官和外国记者请不要参团。

3. 按国家有关规定：因客人原因旅游期间没有参加活动或没有用餐、或客人提前离藏，所有费用概不退还。产生一切后果由客人负责，旅行社不承担责任。

4. 团队机票已经出票，不得退票、签转、更改，且出票以游客提供名单为准，请客人认真核对姓名及身份证号，因名字出错造成的损失由客人承担。

5. 鉴于西藏旅游的特殊性，请一定不要从事与旅游无关的宗教活动。

5.2.2　入境旅游线路报价

组织入境游的旅行社相对于外国组团社来说，它是国内接待社，相对于国内各地方接待社来说，它又扮演着组团社的角色，所以经营入境接待业务的国际旅行社，线路的定价、报价是一门很深的学问，有很多技巧，见图 5. 17。

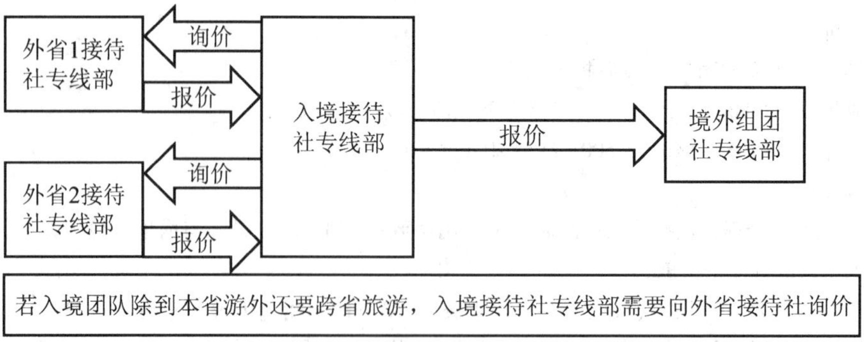

图 5.17　入境接待社报价流程

1. 入境接待社旅游线路的价格构成

1）本地入境、本地游时价格构成

如果游客从本地入境、只在本地游时，入境接待费用与国内接待是一样的，主要由餐费、住宿费、门票、车费、导游费、保险费和综合服务费构成，即

入境接待社价格=餐费+房费+交通费+门票+导游费+保险费+综合服务费

2）本地入境、异地游时价格构成

如果游客从本地进入，只在异地游时，入境接待社就充当了国内组团社的角色，入境接待价格就是大交通费用、全陪费、办证费用、各地国内接待社报价，即

入境接待社价格=城市间大交通费+各地国内接待社报价+全陪费+办证费

3）本地入境，既有本地游又有异地游时价格构成

如果游客从本地入境，既有本地游又有异地游时，入境接待社既充当了入境接待社的角色，又充当了国内组团社的角色，因此其价格构成就包含了上述两个部分，即

入境接待社价格=本地接待费+城市间大交通费+各国内接待社报价+全陪费+办证费

2. 入境接待报价步骤

1）询价

设计好旅游线路之后，入境计调员就开始向各接待单位询价，以询价单的方式向酒店、餐饮公司、汽车租赁公司等部门询价，要求对方尽快确认，没有询价是不能报价的。

2）计价

入境计调计价把通过询价的各服务单位的价格加起来，即计算入境接待社总成本的过程。计价一定要准确，不要遗漏相关服务项目。

3）报价

入境计调在计价的基础上，根据团队的实际情况和旅行社的经营情况加上一定比例的利润，就可以向境外组团社报价了。

3. 入境接待报价方法

纵观全国国际社入境游接待的实际情况，总结入境旅游接待报价形式主要有两种。

1）含“综费”式报价

“综费”指的是综合服务费，包括市内交通费、导游服务费、领队减免费、通信联络费、旅行社宣传费等，然后平均到每个游客身上，按照一定的标准收取费用。但目前很少使用这个方法了。

2）成本加利润报价法

成本加利润报价法就是把入境接待社的各项成本起来，然后加上一定比例的利润，作为向境外组团社的报价。成本包括入境接待社本地接待的住宿费、餐费、车费、门票、导游费等费用和到异地旅游的大交通费、异地接待社费用、全陪费用等。利润根据各个旅行社的实际情况而定，一般为15%~20%。目前各旅行社主要采用这种方法报价。

（1）本地入境本地游报价举例。泰国客人2012年9月到四川参加成都稻城亚丁10日游，四川康辉国际旅行社泰国入境部的接待总成本为4600元/人，单房差1500元，利润假定为15%，对境外组团社的报价为

入境接待社对组团社的报价=成本+利润=4600×（1+15%）≈5300（元/人）

（2）本地入境本地游异地游报价举例。仍以马来西亚—成都—拉萨—林芝—日喀则—青海湖—塔尔寺七飞单卧十六日之旅独立成团行程为例见范例5-2。

范例5-2 马来西亚—成都—拉萨—林芝—日喀则—青海湖—塔尔寺七飞单卧十六日之旅独立成团报价明细

2012年5月24日~6月8日，马来西亚16人成都—拉萨—林芝—日喀则—青海湖—塔尔寺—七飞单卧十六日游。独立成团16人总报价为213 820元，其中成都段报价为4480元；西藏段报价为173 840元；西宁段报价为35 500元。各段报价明细如下。

一、成都段住宿：4480元。

1. 5月24日住宿（成都嘉立商务酒店华兴店）：180元/间×8间=1440元（含双早）

2. 6月7日住宿挂牌4星酒店（成都岷山安逸饭店）380元/间×8间=3040元（含双早）

二、西藏段报价173 840元

1. 机票：24 620元（含税金及航空保险）。

成都—拉萨机票：成人为1500+180+20=1700（元/人）；12岁以下小孩为750+70+20=840（元/人）。

友情提示：成人报价暂按全价票核算，届时以准确名单申请折扣为准。

2. 住宿费：480元/间天×10天×8间=38 400（元）。

① 用房标准：全程入住挂牌三星酒店，8个双人标准间，共住10晚，酒店含双早。

② 各区域参考酒店名称如下。

拉萨市区参考酒店：刚坚酒店或同级。

日喀则参考酒店：神湖酒店或同级。

泽当参考酒店：雅砻酒店或同级。

江孜参考酒店：江孜饭店或同级。

林芝参考酒店：香巴拉酒店或同级。

3. 交通费：36 400 元。车型：30 座旅游车。（全程可以进购物店，推荐自费项目，但是绝无强制消费；全程约 2600 公里，（2600 公里×14 元/公里＝36 400 元）。

4. 餐费：16 000 元（全程安排在涉外定点餐厅用餐，全程 11 个早餐、20 个正餐，正餐餐标为 50 元/人次，安排 2 桌用餐，不含酒水）。

5. 门票：770 元/人×16 人＝12 320 元（景点首道大门票，自费项目除外）

布达拉宫 100 元、大昭寺 85 元、色拉寺 55 元、哲蚌寺 55 元、罗布林卡 60 元、甘丹寺 45 元、羊卓雍湖 40 元、扎什伦布寺 55 元、白居寺 50 元、桑耶寺 40 元、敏珠林寺 30 元、比日神山 15 元、巴松措 100 元、桑耶寺渡船费 40 元。

6. 外宾入藏批文及旅行证：300 元/人×15 人＝4500 元。

7. 拉萨—西宁软卧火车费：1600 元/人×16 人＝25 600 元。

① 拉萨—西宁软卧火车票：1600 元/人（含高价订票手续费）。

② 拉萨—西宁硬卧火车票：1023 元/人（含高价订票手续费）。

8. 旅行社服务费：1000 元/人×16 人＝16 000 元（其中含导游服务费用及住宿费）。

友情提示：如果导游员和司机服务得不错，您都很满意；参考导游员和司机参考小费：每人每天 100 元计算。

三、西宁段报价：35 500 元

1. 机票：17 240 元（含税金及航空保险）。

西宁—成都机票：成人为 990+180+20＝1190（元/人）；小孩为 500+70+20＝590（元/人）。

2. 车费：4500 元。车型：30 座旅游车（全程正规营运空调旅游用车，全程可以安排购物店，导游推荐自费项目，绝无强制消费）。

3. 住宿：380 元/间天×2 晚×8 间＝6080 元（挂牌三星酒店，含双早）。

4. 门票：210 元/人×16 人＝3360 元（景点首道大门票，自费项目除外）。

塔尔寺 80 元、日月山 30 元、青海湖 100 元。

5. 餐费：2400 元（全程安排在涉外定点餐厅用餐，全程 2 个早餐，3 个正餐，正餐餐标为 50 元/人次，安排 2 桌用餐，不含酒水）。

6. 旅行社服务费：1920 元（其中已含导游服务费用及住宿费）。

友情提示：如果导游员和司机服务得不错，您都很满意；参考导游员和司机参考小费：每人每天 100 元人计算。

3. 入境游接待报价说明

（1）单房差。游客参加旅游团时，因为性别或人数的原因可能出现单男或单女，这个人只好单独享用一个双人间，于是他（她）就要把空出来的另一张床的费用也出了，这就是“单房差”。这是否应由游客出，旅行社应提前说明。

（2）陪同人员的费用。入境团队的陪同主要是海外领队或者全陪，国内接待社会就陪同人员费用向国外组团社报价，一般包括大交通费和陪同床位费。

（3）儿童价和老人价。

（4）报价包含的服务项目及标准。报价主要包括住宿（注明酒店星级）、团餐（注明用餐标准）、城市间大交通（注明交通工具、等级）、旅游客车（小交通）、导游服务、景点门票（一般是首道门票）和旅游保险。

（5）报价不包含的服务项目。一般来说，入境接待报价不包含火车上用餐、景区内用餐、航空意外保险、各种资费项目等。

（6）结算方式。入境游中，一般是国内接待社向海外组团社先收一部分预付款，其余部分在团队离开前结清。

（7）免责声明。入境游接待报价在实施过程中若不可抗力造成的损失，旅行社不承担责任，由此产生费用客人自理。还有因天气原因需调整游览顺序，旅行社有权进行调整，但是要确保不减少计划游览项目。

相关链接5－2

一份细致的报价单

一份报价单需要接待社做的文章很多。

（1）不管是往返大交通还是区间交通，甚至包括景点间的交通，在行程上最好表明班次、出发和抵达时间，交通的价格最好有所体现。

（2）景点上表明价格，包括对内、对外价格，景区中需自费的小景点的票价，还要标明景点游览时间，至于具体的游览线路也最好要有体现。而像上海东方明珠、海南博鳌水城这样外景的景点也要注明景点价格。

（3）用餐上需要针对不同地方的游客设计不同口味的菜式，这一点报价单也要有所体现。

（4）住宿中，除了说明房差之外，每晚住宿的位置、星级或宾馆的新旧甚至宾馆的名称都应该体现出来。

（5）线路的综合报价。接待社设计的每条线路，都应有所指向或体现特色，把这些在报价单上特别宣传，说明设计主旨。

（6）要标明该线路价格的有效时间。

（7）作为接待社报价，建议引入承诺制，尤其是组团社关心的旅游质量的承诺，如承诺日均近点不超一个；承诺无强制消费等。

总之，一份细致报价单极能体现接待社的工作细致程度，进而考虑接待社接待服务大牛股各方面的落实情况。

【任务实训】

入境旅游线路的报价

▶实训目的

掌握入境旅游线路报价的构成和方式。

▶实训内容

黄山某国际社入境部接到一个东南亚16人的入境团的询价，要求3天内游览黄山、西递、宏村、九华山，住黄山玉屏楼酒店和九华山的五溪山色大酒店，餐标50元/人（正餐），请作为入境计调员结合当地实际情况快速给出报价。

▶实训步骤

第一步：设计三天的行程安排。

第二步：向相关接待部门询价。

第三步：进行内部计价。

第四步：向境外组团社报价。

▶实训成果

提交一份境外组团社报价单。

【任务完成】

通过对该任务的学习，学生了解了影响入境旅游线路开发的因素、开发原则及开发类型，掌握了入境接待社旅游线路价格的构成要素、计价和报价的基本方法，能够独立地为境外旅游者设计旅游线路。

任务5.3 入境接待计调的采购业务

【任务导入】

▶案情介绍

上海某一国际旅行社正好有一个入境去西藏的团队，计调员小吴也很有经验。以前，去西藏的入境团一直有个稳定的合作伙伴——西藏某旅行社，接待服务质量很不错。这次，他在安排当地接待社时，考虑到在西藏有位大学同学正新开了一家有入境接待资格的旅行社。前不久这位同学来上海了，聊天后，他了解到同学开的这家旅行社是一家专门做西藏地接的，而且同学信誓旦旦，说一定能接待得让客人很满意，价格也很合理。所以，小吴就把这个团队发给了自己的同学。客人入藏后，这位同学亲自接团，还另外安排了送鲜花的环节，6天的行程安排得妥妥帖帖，服务得非常周到，客人非常满意。后来，几次接待业务后，小吴与同学成了真正意义上的合作伙伴。

▶问题

入境接待计调应该如何为入境团队选择异地接待社？

▶案例解析

入境旅游团在异地游览时，入境计调员应寻找合法的、服务规范的地接社。在该案例中，上海某国际旅行社的入境接待计调小吴是一个老计调员，通过和同学面谈及对专业接待的考虑，他果断发团考察，最终客人满意、同学满意、他也很满意，而且寻到了在西藏的另一个稳定的合作伙伴，为以后入境西藏游的接待计调提供了更多的选择空间。

【任务分析】

入境接待旅行社主要是采购本地旅游服务，但是很多时候入境游客除了在本地游之外，还要到异地游览，这时入境接待社又充当了国内组团社的角色，还需要采购大交通、异地接待社、全陪、办证等服务，下面分别阐述。

5.3.1　入境接待社本地旅游服务的采购

入境计调员本地旅游服务的采购主要包括本地交通、住宿、用餐、门票、购物、娱乐、地陪等服务的采购。

5.3.2　国内大交通的采购

入境团队赴异地旅游时，入境计调需要及时采购城市之间大交通服务，国内大交通主要的是航空服务的采购（航空见图5.18）和铁路服务的采购。

图5.18　航空

5.3.3 外宾全陪服务的采购

1. 外宾全陪服务知识准备

全陪服务有两种类型：一是陪同旅行社组织的海外旅华团队在国内跨省市旅游，即外宾全陪服务；二是陪同旅行社组织的国内旅游团队到外地旅游，即内宾全陪服务。入境接待社派遣的是外宾全陪。外宾全陪一定要掌握中国传统文化习俗和客源地国家的基本知识。应该熟悉接待计划，能根据不同国家的风俗习惯和不同的人群的兴趣爱好，确定重点服务和服务方向，要能使用流利的外语提供服务。

2. 外宾全陪服务的采购流程

1）确定采购对象

入境计调员要根据本社经营情况，调查、收集外宾全陪的相关信息资料，经过初步筛选后，对基本符合本社要求的外宾全陪进行考察，重点对声誉好、经验丰富的外宾全陪进行考察，通过考察后，进行综合比较和评价，与符合本社要求的外宾全陪联系。

2）签订协议书

通过与外宾全陪谈判，协商具体的合作事宜，入境计调员根据协商的结果，利用本社的标准采购合同文本，拟定《外宾全陪聘用协议书》，签订双方认可的《外宾全陪聘用协议书》。

3）整理相关资料

将签署的《外宾全陪聘用协议书》进行整理、编号、存档，并报送相关部门备案，将《外宾全陪聘用协议书》分发给本社相关部门。

4）落实带团工作

入境计调员根据入境游客的要求，通过对已签协议外宾全陪进行筛选，选择合适的外宾全陪，将入境接待社的旅游行程、人数、时间、注意事项等具体要求，以出团计划单的形式发给外宾全陪并提醒导游员携带各项证件资料，协助外宾全陪处理带团过程中的各项事宜。

5）报账结算

根据本社的财务规定和《外宾全陪聘用协议书》的相关规定，及时将该团服务费费用明细报财务部门，财务部门根据财务规定和《外宾全陪聘用协议书》审核无误后与外宾全陪办理结算。

5.3.4 国内异地接待社的采购

入境旅游者在本地入境，还需要到异地旅游时，入境接待社还需要选择异地接待社。入境接待社应根据旅游客源市场的需求和发展趋势，有针对性地在各旅行社目的地旅行社中间进行挑选和比较。

1. 异地地接社的主要功能

异地接待社的主要职能是根据入境接待社的预订，向当地旅游服务供应商订购有关服务，如客房、餐饮、汽车、景点门票、文娱门票及赴下一站的机（车、船）票等，将它们组合成包价旅游产品并在制定价格后预售给组团社。第一接待社在旅游者到达本地后，向他们提供上述已销售出去的各项服务，组织安排他们在本地旅游，并在事先或事后和入境接待社结算和收费。

2. 异地接社的选择途径

异地接待社的选择，是入境接团社发团管理中的一个重要环节，对整个旅游活动起着关键的作用。入境接待社对异地接待社要多方选择、重点培养，建立长期、稳定的合作关系。入境接待社在掌握了众多异地地接社的情况后，要根据本次旅游团队的特点和要求，综合考虑各种因素，选择合作过的旅行社作为异地地接社。有时，一个团队的旅游目的地不止一个，那么，就会涉及两家以上的地接社，所以，还要考虑各地接待社之间的衔接和协作等因素。入境接待社选择地接社的主要途径有以下几种。

1）在旅游行业组织中选择

参加旅游行业组织，建立广泛的合作网络。入境接待社可以积极参加旅游行业协会和组织，如中国旅行社协会、中国旅游城市协会等，以获取全面、可靠的信息，结识更多的旅行社和相关的旅游企业，形成广泛的合作网络。这样，才不至于在发团之前匆忙地选择地接社。

2）在旅游博览会中选择

参加国内旅游博览会（见图5.19），如大连旅游博览会、南京旅游博览会、中国江西红色旅游博览会等，结识更多的合作伙伴，结交更多的合作朋友。

图5.19 2011年中国森林旅游博览会现场

3）实地考察

入境接待社可以委派本社经验分丰富、资历较深的工作人员赴目的地实地考察，走访当地各接待社，进行比较分析，挑选出满意的接待社并建立合作关系。

4）发团考察

发团考察是一种很实际的考察方式。入境接待社通过与地接社的实际合作，可以获得切身感受和可靠的第一手资料。入境接待社通过业务联系可得知对方的人员素质、办事效率，通过本社的全陪，可以了解地接社导游员的素质、服务水平，接待用车、用餐情况等。组团社还可以组织专门的考察团，对地接社各方面的情况进行详细考察。

总之，通过各种选择渠道，将意向性的合作伙伴的资料存档，填制地接社基本情况一览表。在建立合作关系之后，应按时记录地接社的接团情况。

相关链接 5-3

获取供应商的渠道

1.《旅游同业》杂志

现在各省都有免费赠阅的《旅游同业》杂志，上面有许多旅行社和批发商的广告。

2. 网络

（1）利用 QQ 群、MSN 可以找到合适的供应商。现在的旅行社都有大大小小的 QQ 群，如山东半岛专线群、海南群等。

（2）通过各地旅游局的网站，可以查到当地旅行社、酒店等供应商的信息。比如，若想找安徽池州的合作社，可以到池州旅游局网站，上面登录着所有在册的池州市旅行社、酒店信息。

（3）利用专业旅游网站。可以利用如同程网、携程网等专业旅游网站获取供应商的信息。例如，同程网上面有 50 000 多名旅游经理人，17 000 多家宾馆酒店、3000 多个旅游景区的信息。可以以采购商的名义去询价，与全国的供应商交流。

3. 同行交流会

可以参加全国旅游交易会和北方旅游交易会等同行交流会的方式，获取供应商的信息。

【任务实训】

针对东南亚市场设计的一条九华山拜佛祈福三日游旅游线路

▶实训目的

明确入境旅游线路设计的原则；掌握入境旅游线路设计的流程。

▶**实训内容**

以东南亚入境市场为例，设计一条九华山拜佛祈福三日游旅游线路。

▶**实训步骤**

第一步：确定线路名称。

第二步：确定行程特色。

第三步：安排三天的行程安排（包含每天六大要素的安排）。

第四步：报价（注明费用包含的内容、不含的内容）。

第五步：说明注意事项。

第六步：附上本地交通线路图和景点导游图。

▶**实训成果**

提交一份九华山拜服祈福三日游旅游线路方案。

【任务完成】

通过对该任务的学习，学生了解了入境旅游线路的类型、开发原则及开发流程，掌握了入境接待社旅游线路价格的构成要素、计价和报价的基本方法。能够独立地为境外旅游者设计旅游线路，并进行计价和报价。

任务5.4 入境接待计调的工作流程

【任务导入】

▶**案情介绍**

入境部小梅是专门负责西班牙语市场的。该市场在C旅行社一直不太景气，可是，凭借小梅的热情、执著和良好的专业素养，西班牙一家大旅行社答应给她一个团让她接待，如果接待得好，今后可以发系列团给她。天公作美，这个团一路上很顺利，领队和客人都非常满意。可是到了最后一站，就在团队离境的倒数第二天，地陪出现了漏接事故，使得先前各个环节的一切努力都付之东流。

该团是一个二次返京团，离境的倒数第二天从西安返京。该团的北京地陪因临时套团，在此团到京当天去机场送另外一个团，送彼团和接此团的时间比较接近，所以就直接到机场等候了。按照常规，二次返京的团，陪同都是到汽车公司集合的，除非有特殊情况，计调员会根据外联下发的更改通知单，另行安排。

小梅和计调部的小柯是很要好的朋友。小柯也是个负责、细心的老计调员。小梅有一些急事需要马上处理，所以就口头对小柯说，陪同临时套团，汽车直发机场。小柯不经意地回答说，没问题。然而，时值旺季，团队非常密集，所有员工都是以一当十地忙碌着。接完一个紧急电话之后，小柯就把这个临时更改忘得一干二净了。结果在团队到达的当天，地陪是左等不见车，右等还是不见车。司机也觉得奇怪，眼看团队所乘班机都快落地了，可是地陪怎么还不出现，赶紧与计调部联系，可碰巧那天小柯又在外办事，好不容易联系上了，谁料他也是“丈二和尚——摸不着头脑”。接着又与小梅联系……就这样，折腾了半天，结果还是让团队在机场干等了半个小时。这下，一切努力全白费了，领队的脸色可想而知。事后，小梅埋怨小柯，而小柯却直喊冤枉，友谊从此有了裂痕，系列团自然是另归他社。

▶问题

小梅从此案例中应该吸收哪些教训？

▶案例解析

旺季时，团量集中，工作量大，几乎所有员工都会加班加点地超负荷工作。此种情况下最容易出差错，就像司机疲劳驾驶，遵守交通规则都容易出问题，何况不遵守呢。因此，团量越大、工作越是繁杂，就越要按流程操作。“尊重流程，减少事故”。关系再好、事情再多，小梅也不应靠口头更改，而必须严格按流程规范，发书面更改单给小柯，而且必须要有小柯接到更改后的签字确认。这时，即使小柯正在忙其他的事情，他也会把签收后的更改单放入“待处理文件筐”中，事后逐一查看，并按轻重缓急的顺序逐一处理。这样操作，就不会出现漏接事故了。即便出现，责任也是有据可查的。事故避免了，小梅和小柯的友谊便也不会出现裂痕了。

无碳复写的更改单一般都是一式三份，一份给计调员、一份给财务、一份外联留底。目前，一些大的旅游企业，通过高科技手段实现“无纸办公”，开发相应的软件和系统进行业务操作，大大提高了工作效率。但是，不管是以什么形式操作，都会有相应的业务流程，业务流程是不容忽视的。

【任务分析】

入境接待计调的操作与国内接待计调的操作流程基本相同，只是国外入境团队在入境前需要准备好相关手续，如邀请函、中转机票、入境客人的资料登记等。另外，入境团队往往行程长，不单纯是在某一个城市或者区域游览，这样就需要多家旅行社共同操作完成。入境游客从报名、游览到最后结束游览需要很长的时间，在这个过程中入境计调员不仅需要扮入境接待计调的角色，还需要扮演国内组团计调的角色，因此，一定要严格按照工作流程来操作。其操作流程分为 17 个步骤，见图 5.20。

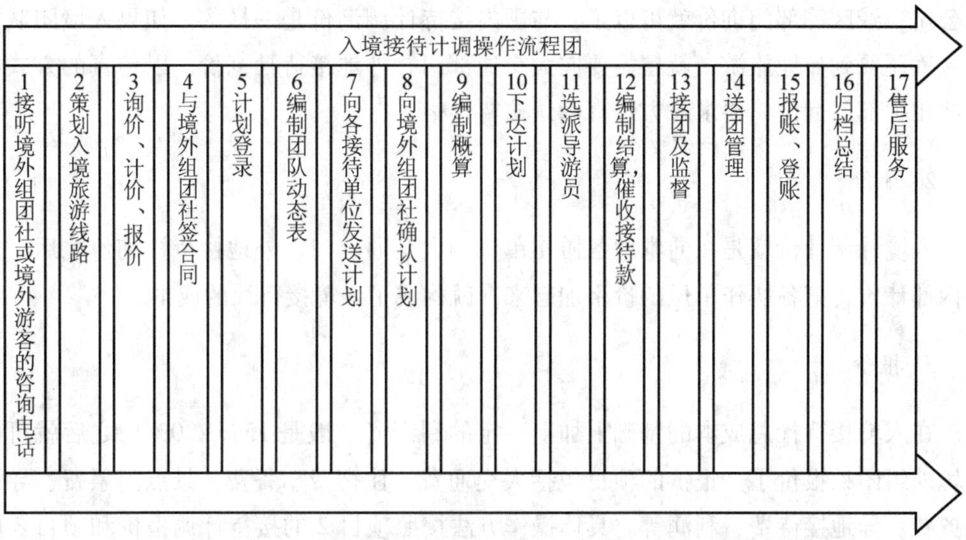

图 5. 20　入境计调员的操作流程

5.4.1　接听境外组团社或境外游客的咨询电话

入境接待计调的工作流程是从接境外组团社或境外游客的咨询电话开始的。境外组团社或境外游客打电话主要是咨询旅游线路和报价。入境计调员在接听电话时应该问清对方的单位、姓名、电话（最好能问到手机号码）、传真、团号、抵离时间、往返大交通、所需产品（行程线路）、等级标准、团队大概人数、出行日期、客人有无特殊要求（如风味餐、回民餐、增减住房、禁忌等）、是公司哪位业务员的客户及相关信息，并做好相应的记录。

5.4.2　策划入境旅游线路

如果境外组团社提供了旅游线路，入境计调员就要仔细阅读并审核境外组团社的行程，如认为安排不合理，或地接方面的特殊情况不可能实施的，要向境外组团社说明情况要求更改，并提出相应合理的、可行的建议。如果境外组团社没有提供旅游线路，入境计调员就可以根据境外组团社客户的要求推荐旅行社现有的旅游线路。如果境外组团社对现有的旅游线路不满意，可以根据游客的要求重新设计旅游线路。经双方协商同意后作为最终的旅游线路。

5.4.3　询价、计价、报价

1. 向协作单位询价

如果入境团队是本地入境，只在本地旅游，只需要向本地的餐饮、酒店、汽车租赁公司、景区等部门询价就可以了，与国内接待计调询价是一样的。如果入境团队本地入境还要到异地旅游，就还需要向大交通部门、外地接待社询价。以传真的方式向这些相关部门询价，要求对方传真确认接待价格。

2. 计价

入境计调计价就是在向本地各协作单位、大交通部门、外地接待社询价之后，进行内部计价，把各协作单位的价格加起来，就构成了入境接待社的成本。

3. 报价

在入境接待社总成本的基础上加上一定的利润（一般是15%~20%）之后就可以向境外组团社报价了。报价的项目包括大交通费、住宿费、餐费、景点门票费、导游服务费、异地接待费、利润等。具体操作方法按照项目2的接待计调报价和项目3的组团计调报价方法进行。

相关链接5-4

汇率的变动对入境旅游的影响

首先，汇率变动对不同客源国的入境旅游人数的影响不同。亚洲地区客源国受汇率变动影响小，欧洲、北美洲所受影响程度居中，非洲地区受汇率变动影响最大。

其次，汇率变动通过影响入境人次和旅游外汇收入，间接影响着人均消费。其中，在外汇收入构成中，旅游基本的支出游览和餐饮受汇率变动影响不大；长途交通、住宿、商品销售、娱乐等受汇率变动的影响较大；而邮电通信由于在旅游中的价格弹性极大，故受汇率波动影响最大。

由于旅游企业在经营出入境旅游时，通常在一个月或者更长时间内进行结算，故汇率每天的波动给旅游企业带来极大风险。在人民币升值呼声极高的当下，旅游企业要更加关注汇率的变动，制定风险规避对策，以避免因汇率变动带来损失。

5.4.4 与境外组团社签合同

行程和报价确定之后，入境计调员就与境外组团社签正式的旅游合同了。其中，对双方约定的事项进行程序上的确认，是入境计调员在操作上必不可缺的程序。入境合同没有固定的格式，有些旅行社仍然使用国内合同，但是，一般入境接待旅行社都事先与境外组团社签订了长期的合作协议，基本上都是使用外文入境合同，每次接待入境游客都是直接签订已经拟定好的合同就可以了。合同内容包括旅游时间、付款方式及付款时间，交付金额，双方的权利、义务、违约责任等。在双方协商时注意文字的准确性，避免发生争议。应该向对方提醒合同中的敏感条款，并适当进行解释和说明。在双方没有任何异议的情况下，签字生效，计调员一定要注意，如果任何一方没有签字，则该协议或旅游合同将被视为无效。

5.4.5 计划登录

接到境外组团社书面预报计划，将团号、人数、国籍、抵/离机（车）时间等相关信息登录在当月团队动态表中。如遇对方口头预报，必须请求对方以书面方式补发计划，或在我方确认书上加盖对方业务专用章并由经手人签名，回传作为确认件。

5.4.6 编制团队动态表

入境接待计调要编制接待计划，将人数、陪同数、抵/离航班（车）时间、住宿酒店、餐厅、参观景点、地接旅行社、接团时间及地点、其他特殊要求等逐一登记在《团队动态表》中。

5.4.7 向各接待单位发送计划

计划登录之后，就开始向各有关单位发送计划书，逐一落实。

1. 本地入境本地游览计划的发送

入境游客系本地入境本地游览，计划的发送与国内接待计调是一样的，只需要给本地的酒店、餐饮、汽车租赁公司等单位发送计划就可以了，要求各单位书面确认。

2. 本地入境本地异地游览计划的发送

入境游客从本地入境，除在本地游览还要到异地游览时，入境计调员除了向本地各接待部门发送计划外，还需要向异地接待社、大交通等部门以传真方式发送《团队接待通知书》并要求对方书面确认。如遇变更，及时做出《更改件》，以传真方式向协议地接社发送，并要求对方书面确认。

5.4.8 向境外组团社确认计划

境外组团社把团队接待计划传真给入境地接社时，在计划中会附有一份回执，要求入境地接社在收到接待计划后，将团队计划落实情况确认后盖章回传给境外组团社。这样，境外组团社收到回执后就可以放心发团。入境地接社对确认的接待计划负有法律责任，入境接待社以计划确认书的方式进行确认。

5.4.9 编制概算

编制团队“预算单”，注明现付费用、用途，交由主管审核后报财务部门审核；填写“借款单”，与“预算单”一并交部门经理审核签字后，再报总经理签字。最后，凭“预算单”、“接待计划”、“借款单”、“车队的回传确认单”、“房间回传确认单”等向财务部领取借款。

5.4.10 下达计划

入境计调员开始编制《接待计划》及附件，之后在其上签字并加盖团队计划专用章。接待计划包括团队基本情况（含个性要求）、日程安排、游客名单3个部分。

5.4.11 选派导游员

如果入境游客只在本地游览，只需要选派本地地陪就可以了，选拔有良好职业道德、语言对口、等级高、无不良投诉的优秀导游员来带入境带团。如果入境游客除了在本地游览之外，还需要到异地游览，就需要选派外宾全陪带领入境游客到异地游览。入境计调员把团队运行表、质量跟踪表、游客名单、概算单等资料发给导游员，如团队重点客人、民俗禁忌；用餐标准、司机及全陪住宿等内容。导游员必须严格执行接待计划，不得随意增减计划内容。如遇组团行程或旅游者行程与地接社行程不符时，必须立即向计调员汇报，不得擅自做主。运行前一天，再对有关要素进行确认，提醒导游员接团。

5.4.12 编制结算，催收接待款

入境计调员要填制公司《团队结算单》，经审核后加盖公司财务专用章。于境外团队抵达前将结算单传真至境外组团社，催收对方把接待款划入该旅行社账户。

5.4.13 接团及监督

境外团队到达的前一天，入境计调员要再次提醒导游员注意接团，安排导游员准时到机场（火车站、码头、车站）等接团。接团工作开始后，旅行社接待计调员将从

多方面为旅游者提供服务，旅游者与旅行社的接触也随之增加。因此接团工作的好坏，直接关系到旅行社的知名度和效益。

入境计调员在实际操作过程中一定要重视对接团工作的监督管理。如产生问题或投诉，应及时与客户沟通，以最快的速度解决问题，尽量把问题处理在当地，不要给组团社带回麻烦。要有明确的处理意见书，需领队及陪同签字确认。如是重点团队，可请领导看望团队。

5.4.14 送团管理

在团队顺利结束本地行程或异地行程之后，入境接待计调还要做好送团管理工作，安排导游准时到机场送机，不要造成误机。还要与游客保持良好的关系，努力使之成为自己的朋友，为第二次销售工作打下基础。

5.4.15 报账、登账

入境团队行程结束，通知导游员凭《导游报账单》、《接待计划》、《陪同报告书》、《质量反馈单》、原始票据等及时向部门计调员报账。入境计调员要详细审核导游员填写的《陪同报告书》，以此为据填制该《团费用小结单》及《决算单》，交部门经理审核签字后，交财务部并由财务部经理审核签字，总经理签字，向财务部报账。报完账之后入境计调员将涉及该团的协议单位的相关款项及时登录到《团队费用往来明细表》中，以便核对。

5.4.16 归档总结

1. 建立团队档案

入境团队结束之后，入境计调员要整理该团的原始资料，每月底将该月团队资料登记存档，以备查询。建立团队档案的主要内容有境外组团社的询价单（历次询价）、双方签字的确认单（盖章）、客户名单表、合同、缴费单、最终行程表、订车单、订票单。送团后双方结算的单据和地陪日志，游客意见反馈单等。这些资料保存期为两年以上。

2. 总结工作

首先由地陪对整个带团工作进行总结，然后入境计调员检查地陪的带团日志。处理表扬与投诉：有表扬和投诉都需要报告给部门负责人，有的表扬需要对当事人进行褒奖，或通过一定的宣传，提高旅行社的美誉度；有的投诉涉及多个部门，处理不好，旅行社可能会有名誉或经济损失，入境计调员要搞清情况，如实报告给部门领导，做好协调工作。

5.4.17 售后服务

入境计调员的售后服务内容：一是信息反馈。向境外组团社了解旅游者在旅游中的满意度；根据地接导游收集的游客意见反馈单可以得到旅游的基本信息。入境计调员对这些信息进行整理、分类，并及时向旅行社主管经理汇报。二是调整策略。入境计调员根据境外组团社或旅游者反馈的信息，可以及时、有针对性地调整经营策略，以适应境外旅游者需求不断变化的需要。三是保持联系。入境计调员与境外组团社或旅游者经常保持联系，可以促进彼此的了解，加深感情。

【任务实训】

入境接待计调操作流程模拟

▶实训目的

让学生掌握入境接待计调的操作流程。

▶实训内容

通过不同角色扮演进行入境计调员的操作流程模拟实训。

▶实训步骤

第一步：以小组为单位进行，把全班同学分成6组，一组代表境外组团社、一组代表本地接待社，一组代表异地接待社、一组代表本地导游、一组代表外宾全陪，一组代表境外游客。

第二步：每组同学分别代表不同的旅行社和不同的人员，进行模拟实训。

第三步：组与组之间可以互换不同的角色进行模式实训。

▶实训成果

让每个同学都掌握入境接待计调员的操作流程。

【任务完成】

通过对该任务的学习，学生掌握了入境接待计调在各个阶段的操作流程和工作内容，通过模拟实训，对入境接待计调工作流程有了更深的把握，基本上能够从事入境接待计调工作。

同步练习

一、填空题

1. __________是一国主管机关发给本国公民出国或在国外居留的证件，证明其国籍和身份。

2. __________是一国主管机关在本国或外国公民所持的护照或其他旅行证件上签注、盖印，表示准其出入本国国境或者过境的手续。

3. 中国公安部授权的__________机关设立在下列口岸：北京、上海、天津、大连、福州、厦门、西安、桂林、杭州、昆明、广州（白云机场）、深圳（罗湖、蛇口）、珠海（拱北）。

4. __________是指外国人前往不对外国人开放的地区旅行，必须向当地公安机关申请的旅游证件。

5. __________是港澳同胞来往于香港、澳门与内地之间的证件，由广东省公安厅签发，有效期十年。

6. 台湾同胞旅行证明由我国公安部委托__________签发，证明为一次性有效，出境时由口岸边防检查站收回。

二、单项选择题

1. 旅游签证属于（　　）。

A. 外交签证　　B. 礼遇签证　　C. 公务签证

D. 普通签证　　E. 长期签证

2. 入境旅游者将备齐的办理证件资料于星期一和星期二两天交到外事办，然后于星期五到外事办取旅游批准文件，之后到旅游局办理（　　）。

A. 入藏函　　B. 外国人旅行证　　C. 军区通行证

D. 边防证　　E. 签证

3. 外国人到西藏旅游，如还需到山南、林芝（鲁郎除外）旅游时，还应增加办理（　　）。

A. 边防证　　B. 外国人旅行证　　C. 军区通行证

D. 入藏函　　E. L字签证

4. 外国人到西藏旅游，如还需到昌都、阿里等非开放地方，还应增加办理（　　）。

A. 入藏函　　B. 外国人旅行证　　C. 军区通行证

D. 旅游签证　　E. 边防证

5. 入境旅游者抵达拉萨后由导游员将行程任务单和办证资料及入藏函到公安局办理，当时便可办理（　　）。

A. 入藏函　　B. 外国人旅行证　　C. G字签证

D. 边防证　　E. 军区通行证

6. 旅行证的有效期最长为（　　）。

A. 1月　　B. 3月　　C. 半年　　D. 1年　　E. 2年

7. 在接待西欧客人时尽量不要安排带有数字（　　）的客房。

A. 13　　B. 37　　C. 69　　D. 14　　E. 4、7

三、多项选择题

1. 海关通道分为（　　）。

A. 红色通道　　B. 快速通道　　C. 绿色通道

D. VIP 通道　　E. 安全通道

2. 外国人前往（　　）类地区旅行必须办理旅行证。

A. 甲类　　B. 乙类　　C. 丙类

D. 丁类　　E. 戊类

3. 到西藏旅游，只有（　　）才需要办理进藏签证。

A. 持外国护照者　　B. 台湾游客　　C. 大陆公民

D. 香港居民　　E. 澳门居民

四、判断题

1. 华侨入境旅游，同外国人一样，需要护照和中国签证。（　　）

2. 旅游资源是进行旅游线路设计的核心和物质基础，是旅游者选择和购买旅游线路的决定性因素。（　　）

3. 日本人忌讳“4”（与“死”同音），“9”（与“苦”同音），“6”（与“苦”同音），“13”（是 4 和 9 之和）。（　　）

4. 旅游服务是旅游经营者向旅游者提供劳务的过程，旅游服务质量直接影响旅游线路的质量，没有上乘的旅游服务水平，就没有优质的旅游线路。（　　）

5. 入境旅游团队购买的婴儿机票是免费的，而且有效期也是一年。（　　）

五、简答题

1. 入境旅游接待价格是由哪些内容构成的？

2. 入境旅游接待报价说明有哪些？

3. 入境旅游者在本地入境，还需赴异地旅游时，入境接待社应该如何选择异地接待社？

六、案例分析题

旅行社擅自调整行程，造成的损失由谁来承担？

北京某国际旅行社接待了 20 多个来自新加坡的游客游北京。按照行程计划，到达北京的第二天游长城，但接待导游员未与旅游者协商，擅自将游长城的行程改为第三天。就在第二天晚上，一场突如其来的大雪使旅游车无法去长城，游长城计划被取消。客人认为到了北京没看到长城是一大遗憾。游客回国后，要求新加坡组团社按照规定双倍赔偿长城门票。组团社找到北京社。该旅行社计调员认为是大雪自然原因造成无法游览，而且旅游合同中早已声明：在保证不减少行程的前提下，有权调整行程的顺序，所以拒绝承担赔偿责任。

请问

计调员的观点对吗？理由是什么？

参考文献

[1] 叶娅丽，王彪．旅行社计调师［M］．北京：旅游教育出版社，2010.
[2] 沈小君，吴繁．旅游业务操作师［M］．北京：中国劳动社会保障出版社，2009.
[3] 米学俭，尚永利．旅游计调师［M］．北京：旅游教育出版社，2010.
[4] 陈启跃．旅游线路设计［M］．上海：上海交通大学出版社，2010.
[5] 陈乾康，阙敏．旅行社计调与外联实务［M］．北京：中国人民大学出版社，2006.
[6] 吴国清．旅游线路设计［M］．北京：旅游教育出版社，2006.
[7] 郭春慧．旅行社计调实务［M］．上海：复旦大学出版社，2010.
[8] 杨晨晖．外联部操作实务［M］．北京：旅游教育出版社，2006.
[9] 熊晓敏．旅行社 OP 计调手册［M］．北京：中国旅游出版社，2009.
[10] 孙娈．旅行社计调业务［M］．上海：上海交通大学出版社，2011.
[11] http：//www. jd7cd. com/index. html.
[12] http：//www. lyjds0606. org/Index. asp.
[13] http：//www. jidiao. net/index. php.
[14] http：//www. dreams-travel. com/.
[15] 四川康辉国际旅行社 http：//www. cct-sc. com/.

北京大学出版社高职高专旅游系列规划教材

序号	标准书号	书名	主编	定价	出版年份	配套情况
1	978-7-301-19028-9	客房运行与管理	孙亮，赵伟丽	33	2011	电子课件，习题答案
2	978-7-301-19184-2	酒店情景英语	魏新民，申延子	28	2011	电子课件
3	978-7-301-19034-0	餐饮运行与管理	檀亚芳，王敏	34	2011	电子课件，习题答案
4	978-7-301-19306-8	景区导游	陆霞，郭海胜	32	2011	电子课件
5	978-7-301-18986-3	导游英语	王堃	30	2011	电子课件，光盘
6	987-7-301-19230-6	酒店市场营销	赵伟丽，刘天飞	36	2011	电子课件
7	978-7-301-19029-6	品牌酒店英语面试培训教程	王志玉	22	2011	电子课件
8	978-7-301-18893-4	茶文化与茶艺	檀亚芳，刘学芬	38	2011	电子课件，光盘
9	978-7-301-19337-2	会展概论	崔益红	28	2011	电子课件
10	978-7-301-19963-3	前厅服务与管理	黄志刚	28	2012	电子课件
11	978-7-301-19955-8	酒店经济法律理论与实务	钱丽玲	32	2012	电子课件
12	978-7-301-19932-9	旅游法规案例教程	王志雄	36	2012	电子课件
13	978-7-301-20477-1	旅游资源与开发	冯小叶	37	2012	电子课件
14	978-7-301-20459-7	模拟导游实务	王延君	25	2012	电子课件
15	978-7-301-20478-8	酒店财务管理	左桂谔	41	2012	电子课件
16	978-7-301-20566-2	调酒与酒吧管理	单铭磊	43	2012	电子课件
17	978-7-301-20652-2	导游业务规程与技巧	叶娅丽	31	2012	电子课件
18	978-7-301-21054-3	旅游行业礼仪实训教程	李丽	37	2012	电子课件
19	978-7-301-20884-7	酒店信息化与电子商务	袁宇杰	24	2012	电子课件
20	978-7-301-21137-3	旅游法规实用教程	周崴	31	2012	电子课件
21	978-7-301-21559-3	饭店管理实务	金丽娟	37	2013	电子课件
22	978-7-301-21891-4	酒店情景英语	高文知	36	2013	电子课件，听力光盘
23	978-7-301-22187-7	会展概论	徐静	28	2013	电子课件，习题答案
24	978-7-301-22316-1	旅行社经营实务	吴丽云，刘洁	28	2013	电子课件
25	978-7-301-22349-9	会展英语	李世平	28	2013	电子课件，mp3
26	978-7-301-22777-0	酒店前厅经营与管理	李俊	28	2013	电子课件
27	978-7-301-22416-8	会展营销	谢红芹	25	2013	电子课件
28	978-7-301-22778-7	旅行社计调实务	叶娅丽，陈学春	35	2013	电子课件

相关教学资源如电子课件、电子教材、习题答案等可以登录 www.pup6.com 下载或在线阅读。

扑六知识网(www.pup6.com)有海量的相关教学资源和电子教材供阅读及下载(包括北京大学出版社第六事业部的相关资源)，同时欢迎您将教学课件、视频、教案、素材、习题、试卷、辅导材料、课改成果、设计作品、论文等教学资源上传到 pup6.com，与全国高校师生分享您的教学成就与经验，并可自由设定价格，知识也能创造财富。具体情况请登录网站查询。

如您需要免费纸质样书用于教学，欢迎登陆第六事业部门户网(www.pup6.com)填表申请，并欢迎在线登记选题以到北京大学出版社来出版您的大作，也可下载相关表格填写后发到我们的邮箱，我们将及时与您取得联系并做好全方位的服务。

扑六知识网将打造成全国最大的教育资源共享平台，欢迎您的加入——让知识有价值，让教学无界限，让学习更轻松。

联系方式：010-62750667，pup6_czq@163.com，szheng_pup6@163.com，linzhangbo@126.com，欢迎来电来信咨询。